Architektur und Städtebau in Algerien

Dokumentation der bilateralen Zusammenarbeit im Bereich Ausbildung, Forschung- und Beratung

Hochschulpartnerschaft EPAU / SIAAL
L'Ecole Polytechnique d'Architecture et d'Urbanisme, Algier
Städtebau-Institut / FG Städtebau in Asien, Afrika, Lateinamerika,
Universität Stuttgart

Architecture et Urbanisme en Algérie

Documentation de la coopération bilaterale dans le secteur de l'éducation, recherche, consultation

Partenariat EPAU / SIAAL
L'Ecole Polytechnique d'Architecture et d'Urbanisme, Algier
Städtebau-Institut / FG Städtebau in Asien, Afrika, Lateinamerika,
Universität Stuttgart

Architecture and Urbanism in Algeria

Documentation of the bilateral cooperation in the field of education, research, consultancy

Academic Partnership EPAU / SIAAL
L'Ecole Polytechnique d'Architecture et d'Urbanisme, Algier
Städtebau-Institut / FG Städtebau in Asien, Afrika, Lateinamerika,
Universität Stuttgart

Herausgegeben vom
Städtebau-Institut, Universität Stuttgart
und
Deutsche Gesellschaft für Technische Zusammenarbeit (GTZ) GmbH, Eschborn

Projektleitung / directeur du projet / project manager
EPAU (1997-99)
M. Chemrouk , Y. Kanoun
D. Djeghaba (1995-97)
M. Mansouri (1991-94)

Algerische Kooperationspartner / participants Algériens / Algerian participants (1991-1999)
M. Abdeli / S. Ali-Cherkit / A.Arbaoui / H. Ayad / M. Azouz / F. Baghli / T. Baouni / H. Bendali / M. Benouar / R. Bensalem / B. Benyousef / B. Boudiaf / S. Bounaira / N. Brahimi / M. Chabou / M. Chemrouk / N. Chemrouk / Y. Chemaoui / R. Chouman / F. Dahimène / M. Damerdji / H. Djeghaba / C. Djilali / F. El Hadj / A. Feradci / A. Gazni / N. Hadj Arab / S. Hammache / F. Hammi / A. Ikhlef / Y. Kanoun / N. Kassab / T. Kassab / Y. Kehlia / G. Lalou / K. Lamara / S. Mansouri / M. Mezoued / M. Naitsaada / H. Ougouadfel / O. Oulderouis / N. Ouldhenia / M. Richa / M. Saidouni / M. Seffadj / L. Sidi-Moussa / H. Sifodil / A. Sigerdidjane / A. Zekagh.

Projektleitung / directeur du projet / project manager
SIAAL / Städtebau Institut / Universität Stuttgart (1991-1999)
E. Ribbeck

Deutsche Kooperationspartner / Participants Allemands / German Participants (1991-1999)
Q. Djallazada / A. Gangler / H. Honerman / M. Peterek / E. Ribbeck / W. Ruske / A. Schmidt / A. Schulz / A. Seebacher / K. Teschner / M. de la Torre / D. Wiest

Französische Übersetzung: Christoph Franz
Englische Übersetzung: Jaqueline Raft

Gefördert vom
Bundesministerium für
Wirtschaftliche Zusammenarbeit und Entwicklung (BMZ)
durch die
Deutsche Gesellschaft für
Technische Zusammenarbeit (GTZ) GmbH.

Impressum

ISBN: 3-930548-20-8

Préface

Cet ouvrage recueille les résultats obtenus et les expériences faites au cours d´une coopération universitaire de dix ans. Les partenaires étaient le département SIAAL (Urbanisme en Asie, Afrique et Amérique latine) de la Faculté d´Architecture et d´Urbanisme de l´Université de Stuttgart et l´Ecole Polytechnique d´Architecture et d´Urbanisme (EPAU), la plus importante institution d´enseignement spécialisé dans ce domaine en Algérie.

Nous tenons à remercier ici le directeur général de l´EPAU, **Prof. Dr. Mohamed Chemrouk**, ainsi que **Prof. Yousef Kanoun**, directeur d´études et **tous les collègues algériens** pour le travail effectué de manière si confiante pendant ces années et pour les rapports amicaux issus de cette coopération. Les nombreux contacts et activités nous ont donné un aperçu détaillé non seulement de l´école d´Alger mais aussi de la ville et du pays si fascinants; il en est naturellement de même pour les collègues algériens qui, au-delà de l´université et de la ville de Stuttgart, purent faire la connaissance de beaucoup d´autres villes allemandes.

Les listes des participants, des activités et des documents en disent long mais ne représentent cependant pas tous les résultats d´une coopération universitaire. En particulier, les expériences individuelles faites par les participants de la coopération ne peuvent être représentées ici.

Après l´expiration de l´aide financière à la coopération de la GTZ les relations, elles, ne s´arrêtent pas là : Elles entrent dans une nouvelle phase au cours de laquelle nous espérons, avec des moyens certes plus modestes, non seulement préserver mais plutôt approfondir les rapports de

Vorwort

Dieses Buch dokumentiert die Ergebnisse und Erfahrungen einer 10-jährigen Hochschulkooperation. Partner waren die Fakultät für Architektur und Stadtplanung, Fachgebiet SIAAL (Städtebau in Asien, Afrika und Lateinamerika), Universität Stuttgart und die größte Fachhochschule für Architektur und Städtebau in Algerien, die „l'Ecole Polytechnique d'Architecture et d'Urbanisme (EPAU)" in Algier.

Wir danken an dieser Stelle dem Direktor der EPAU, **Prof. Dr. Mohamed Chemrouk**, und dem akademischen Direktor**, Prof. Yousef Kanoun** sowie **den algerischen Kolleginnen und Kollegen** für die vertrauensvolle Zusammenarbeit und für die freundschaftlichen Beziehungen, die aus dieser Partnerschaft entstanden sind. Die zahlreichen Kontakte und Aktivitäten haben uns einen detaillierten Einblick in die algerische Hochschule, in die Stadt Algier und in ein faszinierendes Land ermöglicht. Das gilt natürlich auch für die algerischen Kollegen, die nicht nur die Universität Stuttgart und die Stadt Stuttgart, sondern viele andere deutsche Städte kennenlernen konnten.

Die lange Liste der Teilnehmer, Aktivitäten und Dokumente spricht für sich, stellt aber natürlich nicht das Gesamtergebnis einer Hochschul-Kooperation dar. Insbesondere können die individuellen Erfahrungen, die die Beteiligten in dieser Partnerschaft machen konnten, nicht im Einzelnen dargestellt werden.

Mit dem Ende der GTZ- geförderten Partnerschaft ist diese natürlich nicht beendet, sondern tritt in eine neue Phase ein, in der wir hoffen – wenn auch mit bescheideneren Mitteln – die engen-

Foreword

This book documents the activities and results of 10 years´ academic cooperation. The partners have been the Department SIAAL - Urban planning and design in Asia, Africa, Latinamerica, Faculty of Architecture and Urban Planning, University of Stuttgart, and „l´Ecole Polytechnique d´Architecture et d´Urbanisme (EPAU)" in Algiers, the most important school of architecture in Algeria.

In this context we would like to thank the general director of the EPAU, **Prof. Dr. Mohamed Chemrouk**, and the academic director, **Prof. Yousef Kanoun**, and **all Algerian colleagues** for many years of trustful cooperation and friendly relationships which have developed from this partnership.

The intensive contacts and joint activities provided excellent insight into the Algerian school of architecture, the capital city of Algiers and a fascinating country. Of course, this also applies to the Algerian colleagues who had ample opportunities to become aquainted with the University of Stuttgart, the city of Stuttgart and many other German cities.

The long list of participants, activities and documents clearly demonstrate the exceptional intensity and scale of the project. However, all this does not fully reflect the spirit and the contents of such a cooperation because the individual experience of the participants can hardly be documented in a book.

Of course, the academic relations between the German and the Algerian universities will not be terminated at the end of the GTZ sponsored project. Insteadthere will be a new phase in which both institutions will continue to have close contacts, although with fewer and different ressources. In any

longue date entre l´Université de Stuttgart et l´EPAU d´Alger.

Nous remercions **le Ministère Federal de la Coopération Economique et du Developpement (BMZ)** et l´**Agence Allemande pour la Coopération Technique (GTZ)** pour son soutien généreux durant de longues années et également pour l´opportunité de documenter les résultats de la coopération dans cet ouvrage.

Kontakte zwischen der Universität Stuttgart und der algerischen Hochschule EPAU zu erhalten und weiter auszubauen.

Wir danken dem **Bundesministerium für Wirtschaftliche Entwicklung und Zusammenarbeit (BMZ)** und der **Deutschen Gesellschaft für Technische Zusammenarbeit (GTZ)** für die langjährige und großzügige Förderung der Hochschul-Partnerschaft und für die Gelegenheit, das Projekt in diesem Buch zu dokumentieren.

Eckhart Ribbeck / Annette Gangler
Im September, 2002

case, we really hope that our contacts to the Algerian partners will not only be maintained, but strengthend in the future.

We would also like to thank the **Federal Ministry for Economic Cooperation and Development (BMZ)** and the **German Agency for Technical Cooperation (GTZ)** for generously supporting this cooperation for almost 10 years and for providing the opportunity to produce this documentation.

Contenu

Inhalt

Contents

1.0 Strukturwandel, Hochschulen, Kooperation
Changement structurel, universités, coopération
Global change, universities, cooperation

1.1 Changement de structure post-industriel

Modernisation

En à peine 20 ans, les pays industriels sont devenus une société scientifique ouverte dans laquelle, à côté de l'industrie, les finances, l'information, la recherche et le développement, le tourisme, la culture et d'autres services hautement spécialisés jouent un rôle de plus en plus important. Beaucoup de métiers traditionnels ont déjà disparus, alors que d'autres, nouveaux, émergent entre ou au-delà des disciplines classiques.

L'accélération due à la globalisation, ainsi que la mobilité des capitaux, technologies, informations et même de la main d'œuvre viennent encore renforcer la concurrence globale. Une des conditions locales déterminantes est la capacité d'absorber, d'adapter et de transmettre les connaissances. A ce niveau, les établissements d'enseignement supérieur jouent un rôle décisif.

La rapide évolution technologique écourte d'autre part le temps de validité des connaissances. Nul ne sait quelles activités ont un avenir à long terme. La société post-industrielle requiert un apprentissage perpétuel dans lequel la pensée conceptuelle et créative gagne continuellement de l'importance. Bien longtemps déjà, les universités n'ont plus le monopole des connaissances, puisqu'une grande partie de la recherche technologique s'effectue de manière commerciale dans de grandes firmes.

Universités

Tout ceci remet en question le sytème éducatif traditionnel avec ses racines historiques. La transformation des universités allemandes est déjà en cours; la revalorisation

1.1 Postindustrieller Strukturwandel

Modernisierung

In kaum 20 Jahren haben sich die Industrieländer in eine offene Wissensgesellschaft verwandelt, in der neben der Industrie zunehmend die Geld- und Informationswirtschaft, Forschung und Entwicklung, Tourismus, Kultur und andere hochspezialisierte Dienstleistungen eine wichtige Rolle spielen. Viele herkömmliche Berufe sind verschwunden, gleichzeitig entstehen neue, die zwischen oder jenseits der klassischen Disziplinen liegen.

Die durch die Globalisierung ausgelöste Beschleunigung und die Mobilität von Kapital, Technologie, Information und Arbeitskräften verschärfen den globalen Wettbewerb. Ein entscheidender Standortfaktor ist die Fähigkeit, Wissen aufzunehmen, zu verarbeiten und zu verbreiten. Dabei spielen die Hochschulen eine entscheidende Rolle.

Der rasche technologische Wandel verkürzt aber auch die „Halbwertzeit" jedes Wissens. Niemand weiß, welche Tätigkeiten langfristig eine Zukunft haben. Die postindustrielle Gesellschaft verlangt ein lebenslanges Lernen, wobei konzeptionelles und kreatives Denken immer wichtiger werden. Längst besitzen die Hochschulen nicht mehr das Wissensmonopol, weil sich ein großer Teil der technologischen Forschung kommerziell und in großen Firmen vollzieht.

Hochschulen

Dies alles stellt das historisch gewachsene Ausbildungssystem auf den Prüfstand. Der Umbau der deutschen Hochschulen ist bereits im Gange, wie z.B. die Aufwertung

1.1 Post-industrialization

Modernization

In less than 20 years industrialized countries have changed into post-industrial societies, where information, research, development, tourism, culture and other specialized services are the back bone of the economy. Many traditional jobs have already disappeared and at the same time new activities have been created which very often do not fit into the conventional disciplines any more.

Accelerated technological change shortens the validity of any knowledge and nobody knows which professional activities will be required in the long run. Due to changing professions, post-industrial society requires life-long learning as well as analytic and creative thinking.

Globalization accelerates capital exchange, technological development and the flow of information and thus intensifies competition. The capacity to accumulate, to process and to spread information will be of crucial advantage for any society or region. Of course, the universities still play a strategic role in this, in spite of the fact that they do not possess the monopoly of scientific knowledge any more. , Nowadays technological research and development is to a large extent performed in multi-national companies.

Universities

All this puts the traditional education system to the test. In Germany university reform is already under way, as is shown, for example, by the upgrading of "Fachhochschulen", international master courses,

des «Fachhochschulen», de nouveaux secteurs d'études et de nouvelles structures administratives en font foi. L'introduction de nouveaux parcours d'études d'après le modèle international bachelor /master représentera également un changement important. Les cotations et rankings d'universités favorisent la concurrence et amènent celles-ci à se repositionner entre elles.

Internationalisation

Les coopérations étroites, même au-delà des frontières et des langues, sont aujourd'hui de mise pour les universités allemandes. Une multitude de programmes d'échange ou de coopération dans la recherche ont d'ores et déjà supplanté la «tour d'ivoire» académicienne. Pratiquement toutes les universités allemandes ont instauré un «Auslandsamt» pour encourager et approfondir leurs relations internationales et ont à leur actif un grand nombre de coopérations nationales et internationales.

La majorité des étudiants passe un semestre ou un stage à l'étranger pour donner à leurs études un profil plus complet et ouvert; il en est de même pour les enseignants et chercheurs, qui y sont même contraints par la concurrence universitaire internationale.

Echanges universitaires

Les échanges universitaires nécessitent une compatibilité suffisante des systèmes de formation concernés. En Europe, ceci est assuré par le ECTS (European Credit Transfer System) qui permet de transposer et de valider les résultats des étudiants d'une université à l'autre. Des programmes de l'Union Européenne tels qu'Erasmus ou Sokrates contribuent également à faciliter le passage entre les universités européennes.

der Fachhochschulen, neue Studiengänge und Management-Strukturen in den Universitäten zeigen. Eine gravierende Veränderung wird die Einführung eines zweistufigen Studiums nach dem internationalen Bachelor- / Master-Modell sein. Evaluierungen und Ranking-Listen fördern den Wettbewerb und tragen dazu bei, dass sich die Hochschulen untereinander neu positionieren.

Internationalisierung

Die enge Zusammenarbeit über Grenzen und Sprachen hinweg ist an den deutschen Hochschulen heute eine Selbstverständlichkeit. Eine Vielzahl von Austauschprogrammen und Forschungskooperationen hat längst den akademischen „Elfenbeinturm" abgelöst. Praktisch alle deutschen Universitäten besitzen ein Auslandsamt zur Förderung ihrer internationalen Beziehungen und können eine längere Liste von in- und ausländischen Partnerschaften vorweisen.

Die Mehrzahl der Studierenden absolviert ein Auslandssemester oder -praktikum, um der Ausbildung ein „weltläufiges" Profil zu geben, das Gleiche gilt für Dozenten und Forscher, die sich im internationalen akademischen Wettbewerb profilieren müssen.

Akademischer Austausch

Ein akademischer Austausch setzt voraus, dass die Ausbildungssysteme hinreichend kompatibel sind. In Europa wird dies durch das ECTS (European Credit Transfer System) erreicht, das es ermöglicht, Studienleistungen problemlos von einer Hochschule auf eine andere zu übertragen. Auch EU-Programme wie Erasmus und Sokrates tragen zur Durchlässigkeit der europäischen Hochschulen bei.

reorganized faculties and new structures as far as university management is concerned.

The implementation of the bachelor / master-modell will constitute an important change. Furthermore frequent evaluation will promote academic competition on national and international levels and lead to a new ranking list among German universities.

Internationalization

Today, intensive cooperation across national borders goes without saying in most German universities. Numerous exchange programmes and research cooperations have long since replaced the academic "ivory tower".

Practically all German universities have a specialized department promoting international academic exchange and partnership. Many students, lecturers and research scholars stay abroad for a semester or two in order to acquire international experience.

Academic exchange

Intensive academic exchange programmes depend largely on the compatibility of academic systems. In Europe, the ECTS (European Credit Transfer System) enables students to transfer credits from one university to another without any problem.

In addition, the EU-programmes Erasmus and Socrates contribute considerably to promote international exchange activities. However, the objective of all this is not to standardize higher education, but, on the contrary, to make optimal use of the academic diversity which exists in Europe. In general, this also applies to the academic exchange with the USA, although these programmes still

L'échange base sur le principe que les universités européennes sont différentes mais égales en valeur. Le but n'est pas d'homogénéiser, mais d'utiliser la pluralité des universités européennes de manière optimale. L'échange avec les Etats-Unis, souvent unidirectionnel pour des raisons liées – entre autres – à la langue, a le même but.

Les contacts universitaires avec l'Asie, l'Afrique et l'Amérique latine sont moins bien structurés, malgré de nombreuses coopérations universitaires. Les différences de système et de niveau universitaire ainsi que les procédures bureaucratiques font obstacle, de sorte que l'échange s'effectue plutôt sur une base individuelle qu'institutionnelle; c'est aussi pourquoi le nombre d'étudiants venant en Allemagne d´un pays pauvre est beaucoup plus élevé que celui des étudiants allemands dans ces pays.

Nouveaux médias

L'extention de l'internet et l'usage des nouveaux médias aura un fort impact sur le développement futur des universités. Le télé-enseignement prolifère et déjà des études complètes peuvent être faites auprès de «cyber-universities». En même temps, les formes de cours classiques perdent en importance tandis qu'il devient primordial de traiter les gigantesques quantités d'informations de l'internet de manière sélective et critique.

Commercialisation

La commercialisation aussi a pris d'assaut les universités depuis longtemps. Ainsi se développe un marché dynamique de la formation qui, de plus en plus, a une valeur économique immédiate. Certains pays, tels les Etats-Unis, la Grande-Bretagne et l'Australie sont particulièrement actifs dans ce

Der Austausch geht davon aus, dass die europäischen Hochschulen zwar unterschiedlich, aber gleichwertig sind. Nicht die Vereinheitlichung ist das Ziel, sondern die optimale Nutzung der akademischen Vielfalt, die es in Europa gibt. Ähnliches gilt für die USA, wobei aber aus Sprach- und anderen Gründen der Austausch noch eine Einbahnstraße ist.

Die akademischen Kontakte mit Asien, Afrika und Lateinamerika sind weniger strukturiert, obwohl es auch dort viele Partnerschaften gibt. Probleme bereiten die verschiedenen Hochschulsysteme, das akademische Niveau und bürokratische Prozeduren, so dass sich der Austausch weniger institutionell, sondern individuell vollzieht. Deshalb ist auch die Zahl der Studierenden aus Entwicklungs- und Schwellenländern in Deutschland viel höher als die der deutschen Studierenden in diesen Ländern.

Neue Medien

Die Ausweitung des Internets und der Einsatz neuer Medien wird die zukünftige Entwicklung der Hochschulen prägen. Die e-learning-Angebote nehmen rasant zu und schon gibt es komplette Studiengänge und „cyber universities" im Netz. Gleichzeitig verlieren die klassischen Lehrformen an Bedeutung, während es immer wichtiger wird, mit der gigantisch wachsenden Informationsmenge im Internet selektiv und kritisch umzugehen.

Kommerzialisierung

Auch die Kommerzialisierung hat längst die Hochschulen erfasst. Dabei entwickelt sich ein dynamischer Bildungsmarkt, der zunehmend eine direkte ökonomische Bedeutung hat. Einige Länder agieren auf diesem Feld besonders aktiv, etwa die USA, Großbritan-

seem to be a one way street, due to the language barrier and other reasons.

Compared to Europe and the USA, the academic exchange with Asia, Africa and Latin America is less intensive, although a considerable number of contacts and partnerships do exist. The difficulties are due to different academic systems, educational standards and bureaucratic procedures. Consequently, the exchange very often does not take place on an institutional level, but individually. In any case there are many more students from Asia, Africa and Latin America studying in Germany than vice versa.

New media

The rapid expansion of new media, internet and e-learning will have an enormous impact on higher education. Numerous, already existing cyber-universities offer a wide range of bachelor and master courses in the internet.

At the same time, conventional education methods are losing importance, whereas the capability to handle the gigantic information pool of the internet becomes more and more essential for any professional performance.

Commercialization

The globalization process does not only transform the economy, but also the higher education system. Higher education is becoming more and more a commercial sector. With professional marketing strategies, the USA, Britain and Australia are promoting their bachelor and master courses all over the world.

To offer an excellent, but expensive higher education to foreign students and, after sucessful graduation or postgraduation, to select the most promising for research and teaching in their own

domaine, au point de presque prospecter la clientèle pour leurs cours dans de nombreux pays. Ainsi, il est déjà pratique commune de «vendre» une bonne formation à des étudiants de pays en voie de développement et de faire ensuite travailler les meilleurs d'entre eux pour sa propre prospérité. A l´avenir il en sera de même pour l'Allemagne, malgré la gratuité des universités qui attribue encore un rôle subordonné aux intérêts commerciaux immédiats.

Les hautes études risquent également d'être révolutionnées par la commercialisation des nouveaux médias dans la formation. Déjà de riches «trusts de formation» s'apprêtent à conquérir un marché mondial avec le télé-enseignement et l'internet.

nien und Australien, die in vielen Ländern aufwändig für ihre Kurse werben.

Studierenden aus den Entwicklungsländern eine gute Ausbildung „zu verkaufen" und die Besten für die eigene Prosperität zu nutzen, ist vielfach schon gängige Praxis. Dies wird zunehmend auch für Deutschland gelten, auch wenn die kommerzielle Komponente wegen der universitären Gebührenfreiheit noch eine untergeordnete Rolle spielt.

Eine völlig neue Perspektive für die höhere Ausbildung ergibt sich aus der Verbindung von Kommerzialisierung und neuen Medien. Schon formieren sich kapitalkräftige „Bildungskonzerne", um mit e-learning und Internet einen weltweiten Markt zu erobern.

academic institutions, has become common practice in many countries. In the long run, this will also occur in Germany, although the commercial aspect does not yet prevail because of the free education system.

A new and contradictory perspective results from the combination of commercial education and new media. In the near future, powerful "education multinationals" will try to conquer the global market, using the internet and e-learning as strategic tools.

1.2 Universités dans les pays en voie de développement

Rattrapper la modernisation
Le changement structurel frappe également les pays en voie de développement, bien qu'il reste ouvert combien ils arriveront à suivre une évolution si rapide. L'économie mondiale a crû énormément depuis 1980, mais l'écart entre les pays riches et pauvres s'est agrandi au lieu de s'atténuer.

Alors que dans les années 60/70 beaucoup de pays du sud bénéficiaient d'une énorme croissance économique et qu'il paraissait même possible de rattrapper le retard de développement, aujourd'hui il convient de différencier. Le «bloc des 77» pays en voie de développement, existant encore il y a 20 ans, s'est divisé en un

1.2 Hochschulen in Entwicklungsländern

Nachholende Modernisierung
Der Strukturwandel greift auch auf die Entwicklungsländer über, wobei es aber noch offen ist, ob diese mit der raschen Entwicklung Schritt halten können. Die Weltwirtschaft ist seit 1980 enorm gewachsen, dabei hat sich der Abstand zwischen den reichen und armen Ländern aber nicht verringert, sondern vergrößert.

Während es in den 60/70er Jahren in vielen Südländern ein stürmisches Wachstum gab und es durchaus möglich erschien, den Entwicklungsrückstand einzuholen, hat sich das Bild heute differenziert. Insgesamt hat sich der „Block der 77" Entwicklungsländer, den es noch vor 20 Jahren

1.2 Higher education in developing countries

Incomplete modernization
The post-industrial transformation does not only affect the rich countries, but also the poor ones. However, it is still an open question how far the developing world will be able to catch up with current post-industrialization and globalization process.

Since 1980 the world economy has expanded significantly, but the gap between rich and poor countries has not been diminished, but rather widened.

In the the sixties and seventies, many developing countries - particulary in Latin America - experienced a rapid growth period which permitted an optimistic perspective. However, this panorama changed considerably in the following decades.

groupe de pays pauvres, en stagnation, et en un autre de pays à forte croissance, ces deux groupes ayant des intérêts tout à fait différents. La dynamique du développement est spectaculaire dans certains pays, par exemple en Chine, dans d'autres, elle est désespérante. Arriérés et presque sans aucune industrie, ces pays devront relever le défi de ne pas perdre tout contact avec la changement de structure post-industriel.

Universités

Il en est de même pour les universités de ces pays. Jusqu'à maintenant occupés à copier les systèmes universitaires des pays riches, ils devront dans ce domaine également faire face à un contexte nouveau. Simultanément, les universités des pays pauvres sont confrontées à la situation difficile d'un gouffre grandissant entre une «société de survie», informelle, et la société scientifique, dynamique.

Contexte politique et économique

A l'instar des pays riches, les universités des pays en voie de développement reflètent l'évolution économique et sociale et, par là même, les problèmes existant au sein de la société. L'échec partiel des universités est moins dû à celles-ci qu'à un cadre de conditions économiques et sociales défavorable.

En particulier, c'est le développement économique instable qui oppose les universités à des incertitudes structurelles; de plus, le contraste des conditions sociales, surtout entre la campagne et les villes, enraye le développement d'un système éducatif efficient.

A quelle couche sociale les universités doivent-elles surtout servir? Quel modèle de développement adopter? Quelle identité cul-

gab, in arme, stagnierende und rasch wachsende Länder aufgespalten, die völlig unterschiedliche Interessen haben. Die Entwicklungsdynamik ist in einigen Ländern – z.B. in China – spektakulär, in anderen dagegen fast hoffnungslos. Rückständig und kaum industrialisiert, kommt auf diese Länder die Herausforderung zu, den Anschluss an den postindustriellen Strukturwandel nicht völlig zu verlieren.

Hochschulen

Dies gilt auch für die Ausbildungssysteme in diesen Ländern. Eben noch damit beschäftigt, die Hochschul-Modelle der reichen Länder zu kopieren, müssen sich die Entwicklungs- und Schwellenländer auch in diesem Bereich auf ein neues Panorama einstellen. Dabei stehen die Universitäten der ärmeren Länder vor der schwierigen Aufgabe, die Kluft zwischen einer informellen „Überlebensgesellschaft" einerseits und einer dynamischen Wissensgesellschaft andererseits zu überbrücken.

Rahmenbedingungen

Wie in den reichen Ländern, so sind auch in den Schwellen- und Entwicklungsländern die Universitäten ein Spiegel der wirtschaftlichen und sozialen Entwicklung. Das teilweise Versagen der Hochschulen ist zum großen Teil weniger diesen selbst, sondern den ungünstigen Rahmenbedingungen anzulasten.

Vor allem stellt die unstabile oder unzureichende ökonomische Entwicklung die Universitäten vor strukturelle Unsicherheiten, darüber hinaus erschweren soziale Kontraste – inbesondere zwischen Stadt und Land – den Aufbau eines effizienten Bildungssystems. Die Frage, welcher sozialen Schicht die Universitäten vorrangig dienen, welches Entwicklungsmodell ver-

Today the "block of the 77" developing countries has split up into the poor or stagnating ones on the one hand and the rapidly expanding ones on the other, both with very different interests and perspectives. The economic performence of China is spectacular, compared with many African countries where the situation often seems to be hopeless. Poor and without an efficient industry, these countries are now being challenged to find a new role in the dynamic post-industrial world.

Universities

Universities in developing countries are also being challenged to react to the woldwide transformation process. Many academic institutions are still involved in copying the higher education system of the rich countries. Now they face the difficult task of bridging the huge gap between the basic educational needs of an informal "survival economy" on the one hand, and of a dynamic information society on the other.

Political and economic context

In the developed and developing world the universities are reflecting the structure and the problems of society as a whole.

The serious deficiencies of higher education, which exist in most developing countries, are mainly due to an unstable economy, inefficient policies and social conflicts, and - to a smaller extent - to the universities as such.

Above all, the weak economy is leading to permanent insecurity as far as the future is concerned, and social disparities undermine any efficient education. The important questions: which model of modernization should be followed, which social strata should be served, and which cultural identity should be

turelle communiquer? Autant de questions qui restent souvent sans réponse.

Politique et universités
Même si le rôle-clé des universités pour un développement auto-portant est toujours souligné, la politique quotidienne les met souvent en concurrence avec d'autres secteurs problématiques quand il s'agit d'attribuer des moyens financiers déjà menus. La pauvreté rurale et urbaine, les catastrophes naturelles et les guerres en sont les meilleurs exemples.

Les universités se plaignent de trop peu d'influence sur la politique, les politiciens de la théoricité de l'enseignement universitaire. De plus, le délai entre les investitions pour les universités et les premiers résultats rend les mesures à prendre politiquement peu attractives. Dans les pays autoritaires les universités sont politiquement isolées, car l'on suppose que les forces oppositionnelles s'y regroupent.

La restructuration permanente des institutions et le changement rapide de politiciens laissent d'autre part peu de temps aux universités pour une consolidation. Beaucoup d'entre elles souffrent d'une bureaucratie hypertrophiée, en opposition totale à l'informalité de beaucoup de domaines de vie.

Souvent le «nation building» prévaut sur une science critique. D'autre part, la pression démographique agit sur les universités, obligées d'admettre un nombre croissant d'étudiants. Dans beaucoup de pays, les personnes ayant achevé leurs études sont contraintes de survivre au sein des universités car les emplois font défaut.

L'héritage colonial, souvent bien présent, pousse de sa part beaucoup de jeunes dans des études qui, par le passé, assuraient un poste administratif prestigieux,

folgt und welche kulturelle Identität vermittelt werden soll, ist in vielen Fällen noch ungeklärt.

Politik und Hochschulen
Die Rolle der Hochschulen als Schlüssel für eine selbsttragende Entwicklung wird überall betont, tatsächlich geraten sie in der Tagespolitik aber oft ins Hintertreffen, weil sie mit vielen anderen Problembereichen um die knappen Mittel konkurrieren. Zu nennen sind hier vor allem die ländliche und städtische Armut, Naturkatastrophen und Kriege.

Die Hochschulen beklagen den geringen Einfluss auf die Politik, die Politiker die Praxisferne der Universitäten. Auch die Tatsache, dass Investitionen im Bildungsbereich keine kurzfristigen Resultate zeigen, senkt den politischen Stellenwert. In autoritären Ländern sind die Universitäten politisch isoliert, weil sie als Sammelbecken von oppositionellen Kräften gelten.

Der permanente Umbau institutioneller Strukturen und rasch wechselnde Politiker lassen den Hochschulen kaum Zeit zur Konsolidierung. Ebenso leiden viele Universitäten unter einer aufgeblähten Bürokratie, die im Gegensatz zu Informalität vieler Lebensbereiche steht.

Oft ist *nation building* und weniger eine kritische Wissenschaft gefragt. Auch der demografische Druck schlägt auf die Universitäten durch, die eine große Zahl von Schulabgängern aufnehmen müssen. Dies gilt in einigen Ländern auch schon für ausgebildete Akademiker, die in großer Zahl an den Universitäten überleben, weil es keine andere Beschäftigung gibt.

Auch das koloniale Erbe ist in vielen Ländern noch präsent, was sich etwa in der Präferenz für bestimmte Studiengänge zeigt, die früher einen prestigereichen Ver-

strengthened, are in many cases not yet answered by the universities.

Politics and universities
In most developing countries the university´s role as a key factor for self sustained and sustainable development is politically emphazised. However, this paradigma is often disregarded in daily politics because the education sector competes with many other sectors and large scale problems, e.g. urban and rural poverty, natural desasters and wars.

Thus, universities complain about having little influence on politics and politicians complain about sterile or unproductive academic education. The fact that public investment in higher education does not yield quick results, also tends to reduce the political weight of the education sector.

In non-democratic countries universities are often academic ghettos for political opponents, which makes them potentially suspicious for political leaders.

In unstable countries nation building is more important than critical science. Frequent political and institutional changes prevent universities form consolidating. In addition, academic activities are sometimes hampered by excessive bureaucracy which forms a curious contrast to the informality of daily life.

Due to the rapid population growth universities are forced to absorb a large number of secondary school leavers, who frequently lack qualifications. In some countries, this even applies to graduates, postgraduates and well-trained professionals who remain at the university because there are no adequate jobs.

After decades of independence, some colonial habits still survive, e.g. a preference for certain disci-

alors que les études d'ingénieur ou de sciences physiques ou naturelles paraissent moins attrayantes.

Les universités des pays en voie de développement mènent donc un combat presque héroïque pour des améliorations souvent victimes de la prochaine crise. Des cours réguliers ne sont fréquemment assurés que grâce à l'engagement des enseignants qui relèvent le défi d'atteindre un bon standard universitaire malgré les conditions difficiles.

Enseignement et recherche
Un enseignement et une recherche efficients ne sont pensables qu'avec des enseignants et chercheurs qualifiés. Pour ce, les pays en voie de développement doivent – et souvent ne peuvent pas – remplir une série de conditions:
- Possibilité de se concentrer exclusivement sur le travail universitaire;
- Revenu suffisant et régulier;
- Liberté d'action individuelle suffisante;
- Attrait financier ou autre pour des efforts et des succès hors du commun;
- Bonne infrastructure.

En ce qui concerne la recherche elle-même la liste de problèmes est aussi longue:
- Le manque d'une «masse critique», faite de personnalités de l'université, de l'expérience de la recherche et des débats sur différents thèmes;
- Une recherche séparée des universités et de l'enseignement;
- Une recherche sans rapport avec la pratique et les problèmes concrets du pays en question.

waltungsposten sicherten, während die Natur- und Ingenieurwissenschaften vernachlässigt werden.

So wird in den Entwicklungsländern ein fast heroischer Kampf um jede Verbesserung der Hochschulen geführt, die oft der nächsten Krise zum Opfer fällt. In vielen Fällen wird der geregelte Unterricht nur durch das Engagement der Dozenten aufrecht erhalten, für die es eine Herausforderung ist, auch unter schwierigen Bedingungen einen akademischen Standard zu erreichen.

Lehre und Forschung
Eine effiziente Lehre und Forschung gibt es nur, wenn es qualifizierte Dozenten und Forscher gibt. Dazu müssen Voraussetzungen erfüllt sein, die in vielen Entwicklungsländern nicht gegeben sind, u.a.:
- die Möglichkeit zur ausschließlichen Konzentration auf den Beruf;
- ein ausreichendes und regelmäßiges Einkommen;
- eine ausreichende individuelle Handlungsfreiheit;
- Anreize für besondere Leistungen und Erfolge;
- eine gute Infrastruktur.

Was die Forschung betrifft, so ist die Problemliste ebenso lang:
- Mangel an Forschungserfahrung und Fehlen einer „kritischen Masse" an akademischen Persönlichkeiten, Themen und Debatten;
- eine von den Hochschulen bzw. der Lehre abgekoppelte Forschung;
- eine praxisferne Forschung, die sich nicht an der konkreten Problemlage des Landes orientiert.

plines and professions which in colonial times guaranteed access to a prestigeous administrative career, whereas natural and engineering sciences are more or less neglected.

As a result, universities in developing countries fight hard to consolidate and to develop. However, very often any improvements are hindered due to insufficient resources and instability. Often it is the result of the academic staff´s motivation and professional involvement that, in spite of all obstacles, courses are held regularily and successfully.

Teaching and research
Efficient teaching and research is only possible when highly qualified lecturers and research scholars are granted suitable working conditions. Apparently, these conditions are not available in many cases, e.g.:
- the possibility to concentrate on the academic job;
- sufficient and regular income;
- intellectual independence;
- incentives for good academic performance;
- a solid academic infrastructure.

As far as research is concerned, the list of problems is even longer:
- little research experience and lack of qualified research scholars;
- institutional separation of teaching and research;
- lack of scientific debates and contacts with the international scientific and professional community
- academic research which is detached from the real problems of the country.

Internet – une nouvelle chance?
L'internet et la propagation rapide du télé-enseignement amènent évidemment beaucoup de nouvelles possibilités aux universités des pays en voie de développement. L´apprentissage virtuel» peut pallier à maints déficits, tels que des bibliothèques désuettes ou des programmes d'enseignement incomplets; de plus, l'internet favorise les échanges internationaux. Même des pays pauvres peuvent permettre à leurs étudiants l'entrée dans le monde sans frontières de l'internet et ainsi compenser du moins en partie l'isolation et le préjudice porté par la situation géographique d'une petite université à l'écart des grands centres de la science.

Le potentiel des nouveaux médias est cependant loin d'être exploité. L'emploi de méthodes d'enseignement et d'apprentissage «virtuelles» et le télé-enseignement via internet peuvent représenter des éléments décisifs pour un enseignement et une recherche améliorés dans les pays en voie de développement.

Cependant, il est également concevable que les élites des pays pauvres se rabattent sur les «cyber-universities» en négligeant les universités locales.

Universités privées
La surcharge du système éducatif public appelle les universités privées, riches en capitaux, à «combler les trous» du marché de l'éducation. Le grand nombre d'universités privées qui apparaissent dans les pays pauvres en fait preuve.

Certes, cela enrichi le marché local de l'éducation mais mène également à une division progressive du système universitaire: Tandis que les universités publiques doivent se charger des masses d'étudiants démunis, les enfants des

Internet – eine neue Chance?
Offensichtlich bietet das Internet und die rasche Ausbreitung von e-learning auch für die Hochschulen in Entwicklungs- und Schwellenländern neue Chancen. Das virtuelle Lernen kann viele Defizite kompensieren, etwa veraltete Bibliotheken und ein lückenhaftes Lehrprogramm, auch wird der internationale Austausch durch das Internet enorm gefördert.

Der Computer ermöglicht auch armen Ländern den Sprung in eine grenzenlos vernetzte Welt und hebt so – zumindest teilweise – die Isolierung und Benachteiligung auf, die mit einem Studium an einer kleinen und peripheren Universität verbunden ist.

Das Potenzial der neuen Medien ist noch längst nicht ausgeschöpft. Die Anwendung virtueller Lehr- und Lernmethoden im Internet könnte ein entscheidender Baustein für eine verbesserte Lehre und Forschung in den Entwicklungsländern sein.

Allerdings ist es auch denkbar, dass die Eliten der armen Länder zunehmend das Angebot von international agierenden *cyber-universities* nutzen, während die lokalen Hochschulen zunehmend vernachlässigt werden.

Privatuniversitäten
Die Überlastung des öffentlichen Bildungssystems ruft kapitalkräftige Privatuniversitäten auf den Plan, um die Lücken im Bildungsmarkt zu füllen. Dies zeigt die große Zahl von Privatuniversitäten, die überall in den armen Ländern entstehen.

Das private Bildungsangebot bereichert zweifellos die Hochschullandschaft, leitet aber auch eine Spaltung ein. Dabei müssen die öffentlichen Hochschulen die Masse der mittellosen Studierenden bewältigen, während die

Internet - a new chance?
Obviously, the internet offers many new opportunities not only for European universities, but also for those in Asia, Africa and Latin America. Internet and e-learning can compensate for many deficiencies of poor universities, e.g. outdated libraries and teaching programmes. In addition, international contacts can be easily developed with the internet.

The world-wide-web and the internet enables poor countries to participate actively in the international academic community and thus eliminates some disadvantages of small and peripheral universities in developing countries.

For higher education the potential of the internet and e-learning is far from beeing explored and could provide a new chance for the universities in developing countries in the near future.

Naturally, there are also some risks involved. One risk would be the possibility that the elites of the poor countries will increasingly make use of commercial e-learning and international cyber-universities, which probably will lead to further negligence of local universities.

Private universities
In the developing countries, the deficiencies of public universities are one of the main reasons why private universities flourish. This is not necessarily a negative phenomenon, because it may stimulate academic competition and provide for a wider spectrum of courses.

On the other hand, this tendency contributes to the splitting up of the national education system into a public and private sector with very different characteristics. On the one side, there are the public universities, which have to deal with the mass of low income students, whereas, on the

hautes classes sociales mènent leurs études auprès d'universités privées priviligiées.

Etant donné que les universités privées payent en général mieux et offrent de meilleures conditions de travail, les universités publiques perdent leur meilleurs enseignants, ce qui aggrave les problèmes. De même, les universités privées se contentent souvent de proposer les programmes d'études les plus attractifs, alors que les universités publiques se doivent d'assurer l'éventail complet des formations.

Il est encore impossible de prédire si une industrie de la formation agissant mondialement mènera à une différentiation des universités en correspondance avec les conditions spécifiques du pays concerné ou à une «MacDonaldisation» de l'offre de formation, contrôlée par quelques grandes entreprises.

Marché du travail et «brain drain»

La situation de l'enseignement supérieur dans beaucoup de pays en voie de développement est paradoxale: D'une part, il y a potentiellement un grand besoin de personnel qualifié (au vu d'une population croissante), d'autre part l'offre d'emploi concrète est si petite que beaucoup d'étudiants sortant d'université ne trouvent pas d´emploi adéquat.

Ainsi, un «brain drain» devient inévitable, phénomène, qui n'est-d'ailleurs pas forcément négatif. Souvent, un retour de savoir-faire et de capitaux a lieu, même s'il faut pour cela des conditions propices et attendre beaucoup d'années; cela peut apporter une forte contribution à la dynamique économique d'un pays. Les revenus sont certes fréquemment plus faibles, mais le pays natal offre une identité sociale et culturelle que l'étranger ne saurait fournir.

Mittel- und Oberschicht ihre Kinder in teure Privat-Universitäten schickt.

Da die privaten Hochschulen in der Regel bessere Arbeitsbedingungen bieten, verlieren die öffentlichen Hochschulen ihre besten Dozenten, was die Probleme noch verstärkt. Ebenso besetzen die Privat- Universitäten meist nur die attraktivsten Ausbildungsbereiche, während die volle Breite des Bildungsangebots weiterhin von den öffentlichen Universitäten getragen werden muss.

Noch ist nicht abzusehen, ob eine weltweit agierende „Bildungsindustrie" zu einer Ausdifferenzierung der Hochschulen entsprechend den spezifischen Bedingungen eines Landes führt, oder aber zu einer „MacDonaldisierung" des Bildungsangebots, das zunehmend von einigen großen Unternehmen gesteuert wird.

Arbeitsmarkt und brain drain

Die Ausgangslage hinsichtlich der höheren Ausbildung ist in vielen Entwicklungs- und Schwellenländern paradox: einerseits gibt es einen enormen potenziellen Bedarf, wenn man die wachsende Bevölkerung zum Maßstab nimmt, andererseits ist das konkrete Stellenangebot oft so gering, dass viele Akademiker keine adäquate Arbeit finden.

So ist ein *brain drain* unvermeidlich, wobei dies aber nicht immer ein negatives Phänomen sein muss. Oft gibt es – wenn auch nur unter günstigen Bedingungen und nach vielen Jahren – auch wieder eine Rückwanderung von Know-how und Kapital, was zur wirtschaftlichen Dynamik eines Landes erheblich beitragen kann.

Auch wenn das Einkommen meist geringer ist, so bietet das Heimatland doch eine soziale und kulturelle Identität, die im Ausland nur schwer zu erreichen ist.

other side, the privileged middle and higher income groups attend exclusive private universities.

Private universities usually offer better salaries and working conditions for their staff, which is the reason why the public universities lose their best academics thus worsening the problem. Furthermore, private universities tend to concentrate on few attractive disciplines and courses, whereas the public universities have to provide the full range of faculties.

To sum up: it is difficult to predict to which extent commercial e-learning and private universities will help to consolidate and to develop the higher education system in developing countries, or whether this will finally lead to an increasing "McDonalization" of the higher education system, because the contents of courses and teaching methods are being increasingly controlled by a few education-multinationals.

Job market and brain drain

In most developing countries, the situation of higher education is a paradox one: on the one hand, the fast growing population and the national development process are urgently in need of a highly qualified and specialized labour force, on the other hand, attractive job opportunities for academics are rare so that many do not find an adequate job.

Therefore, a certain amount of brain drain seems to be unavoidable. This is not necessarily a negative phenomenon, because under favourable conditions re-migration might occur after many years, which may stimulate the economy considerably. Even though income at home is usually less than in the rich world, the mother country offers a social and cultural identity which is difficult to find abroad.

1.3 La coopération du développement et les universités

Problèmes

Avec le changement structurel mondial, ce ne sont pas uniquement les universités des pays riches qui entrent dans une nouvelle phase; une série de questions se pose aux pays en voie de développement:

- Quels modèles universitaires et de formation peut-on recommander aux pays pauvres, alors que ceux des pays riches sont sujet à la critique et compris dans un mouvement incertain?
- Quels sont les chances et les risques que comporte l'expansion du marché de la formation pour le système éducatif des pays à faible structure?
- Comment peut-on utiliser de manière conséquente les nouveaux médias, le télé-enseignement et les «cyber-universities» pour l'éducation supérieure des pays en voie de développement?
- Quel rôle peut jouer la coopération universitaire dans ce nouveau contexte et quelles formes de coopération universitaire sont efficientes et ont de l'avenir?

Politique structurelle globale

Le concept de politique structurelle globale poursuivi par le gouvernement allemand dans la coopération avec les pays en voie de développement va bien au-delà des points principaux traditionnels tels que la lutte contre la pauvreté, la justice sociale, la protection de l'environnement et des ressources, et finalement l'éducation et la formation. L'accent est aujourd'hui plutôt mis sur des dimensions politiques, en particulier l'aide à la société civile, la protection des droits de l'homme et la prévention de crises.

1.3 Entwicklungszusammenarbeit und Hochschulen

Fragen

Mit dem weltweiten Strukturwandel treten nicht nur die Universitäten der reichen Länder in eine neue Phase ein, auch für die Entwicklungs- und Schwellenländer stellen sich einige wichtige Fragen:

- Welches Hochschul- und Ausbildungsmodell kann man den armen Ländern empfehlen, wenn das der reichen Länder in Bewegung und in die Kritik geraten ist?
- Welche Chancen und Risiken enthält der expansive private Bildungsmarkt für das Ausbildungssystem strukturschwacher Länder?
- Wie können neue Medien, e-learning und cyber-universities für die höhere Ausbildung in Entwicklungsländern genutzt werden?
- Welche Rolle kann die Hochschul-Kooperation in diesem neuen Kontext spielen und welche Formen der akademischen Zusammenarbeit sind effizient und zukunftsfähig?

Globale Strukturpolitik

Das Konzept der „globalen Strukturpolitik", das die Bundesregierung bei der Zusammenarbeit mit den Entwicklungsländern verfolgt, geht über die traditionellen Schwerpunkte Armutsbekämpfung, soziale Gerechtigkeit, Umwelt- und Ressourcenschutz sowie Bildung und Ausbildung deutlich hinaus. Stärker einbezogen werden nun auch politische Dimensionen, vor allem die Förderung der Zivilgesellschaft, die Wahrung der Menschenrechte und Krisenprävention.

1.3 Development cooperation and universities

Key questions

The post-industrial transformation and the change of higher education systems which actually can be seen all over the world, raise some important questions in respect to the academic cooperation between North and South:

- Which model of higher education can be recommended to developing countries, when higher education in the rich world is increasingly subject to critical review and reform?
- What are the risks for the developing countries as far as rapid commercialization and privatization of the higher education sector are concerned?
- What are the risks and potentials of the new media, i.e. e-learning and cyber universities, for the higher education system in developing countries?
- Which role can the academic cooperation play in this new context and which form of academic partnership will be efficient and sustainable?

Global development policy

The concept of a "global development policy" which the German government promotes through its technical cooperation programme goes far beyond the conventional strategies of fighting against poverty, promoting social justice and protecting natural environment.

There is much stronger emphasis now on political objectives like good governance, human rights, prevention of political and economic crisis and natural disasters.

Dans tout ces domaines, les universités peuvent apporter une forte contribution. Le but des mesures de développement des universités est par conséquent de mieux intégrer celles-ci au développement régional, économique et social de leur pays. Les universités doivent non seulement assurer la formation mais ausi contribuer à la consolidation de la société démocratique, à la «good governance» et à un développement auto-déterminé.

Après la réduction de l'aide aux universités au cours des années 90 en faveur de la formation de base, l'importance des universités est aujourd'hui mieux reconnue surtout pour la durabilité du développement. Depuis le milieu des années 90 un large débat de politique de développement a lieu sur les chances à saisir et les défis à relever par les universités. Dans le cadre de la coopération technique (Technische Zusammenarbeit – TZ) cette discussion fut menée à un point culminant lors de la conférence mondiale des universités de l'UNESCO en 1998 à Paris.

"Learning regions"

Les universités sont également des «think tanks» pour un développement durable et, à travers cela, des éléments-clé pour le renforcement des «learning regions». Dans la concurrence globale pour les lieux d'implantation, la densité régionale des institutions d'éducation, de recherche et de développement (institutional thickness) représente un avantage décisif.

La concentration d'entreprises à haute dynamique technologique et économique et un milieu d'études innovateur et une recherche d'implantation régionale sont d'autres éléments favorables à la formation de centres régionaux Les systèmes d'information, le maintien des standards et le contrôle de la qua-

In allen diesen Bereichen können die Hochschulen einen wichtigen Beitrag leisten. Ein Ziel der Hochschul-Förderung ist es deshalb, diese stärker in die regionale, wirtschaftliche und gesellschaftliche Entwicklung ihrer Ländern einzubinden. Die Hochschulen sollen nicht nur Fachwissen vermitteln, sondern auch einen Beitrag zur Festigung der demokratischen Gesellschaft, good governance und einer selbstbestimmten Entwicklung leisten.

Nachdem in den 90er Jahren die Förderung des Hochschulsektors zugungsten der Grundbildung zurückgegangen war, wird die Bedeutung der Hochschulen gerade im Hinblick auf eine „nachhaltige Entwicklung" nun wieder stärker anerkannt. Seit Mitte der 90er Jahre wird deshalb wieder eine breite entwicklungspolitische Diskussion um die Herausforderungen und Chancen der Hochschulen geführt. Im Rahmen der Technischen Zusammenarbeit (TZ) fand diese Diskussion ihren vorläufigen Höhepunkt anlässlich der UNESCO-Welthochschul-Konferenz 1998 in Paris.

"Learning Regions"

Die Hochschulen sind "think tanks" für die nachhaltige Entwicklung und damit Schlüsselelemente zur Stärkung von "learning regions". In der globalen Konkurrenz ist die Dichte von Ausbildungs-, Forschungs- und Entwicklungsinstitutionen ein entscheidender Vorteil.

Ebenso wichtig für die Bildung regionaler Entwicklungszentren ist die Konzentration von Unternehmen mit hoher technologisch-wirtschaftlicher Dynamik und ein innovatives Bildungs- und Forschungsmilieu. Informationssysteme, Standardsicherung und Qualitätskontrolle bedürfen der wissen-

Without doubt universities can contribute significantly whenever they form a fully integrated part of the economic and social development process. In other words, universities are not only expected to provide the necessary scientific and professional know how, but also to contribute to the consolidation of a democratic society and to a sustainable development process.

In the nineties the academic cooperation programmes were reduced in favor of basic education programmes.

However, this has changed in recent years because the crucial role of universities within the national development process is fully recognized. Therefore, an intensive debate is presently taking place discussing the challenges and chances of universities, a debate which recently culminated on the occasion of the UNESCO-University-Conference in Paris, 1998.

Learning regions

The universities are "think tanks" for a self-contained and sustainable national development process. They are also key elements for promoting "learning regions". In the context of economic globalization, the regional concentration of education, research and development capacities is an important strategic asset.

The same is true for the concentration of dynamic and innovative enterprises, which also depend on a regionally embedded education and research framework. Highly sophisticated techologies like information processing, product development and quality control need scientific inputs which the universities could provide. Thus, the universities do not only play a major role in education and training, but also in cooperating closely with the private sector and

lité requièrent un accompagnement scientifique que les universités peuvent et doivent assurer.

Il devient clair que les universités devraient non seulement assurer la formation mais aussi faire office de conseiller ou d'organisateur de coopérations de recherche. De nouvelles recherches soulignent le rôle du «capital humain» hautement qualifié comme condition centrale pour le changement structurel et une croissance à long terme. L'attention apporté aux centre scientifiques ou «centers of excellence» contribue à un développement durable, à la croissance économique, à encourager les innovations sociales et finalement à renforcer la démocratie et la société civile.

Les universités sont donc appelées à s'améliorer de manière fondamentale, de trouver un nouveau profil et de nouveaux contenus. Ceci inclut:

- L'adaptation de la formation et de la recherche aux aspects concrets du processus de développement;
- L'amélioration de la qualité et de l'efficience de l'enseignement et de la recherche;
- Une interaction accrue avec la société et l'économie;
- L'introduction de concepts de gestion décentralisés et flexibles au sein des universités;
- Le développement de nouveaux systèmes de financement pour faire face au manque de moyens du trésor public.

Interconnection

De là découle une orientation nouvelle de l'aide aux universités dans la cadre de la coopération technique. Celle-ci doit se concentrer sur l'interconnection des universités entre elles et avec des partenaires-clé dans la politique de déve-

schaftlichen Begleitung, auch auf diesem Feld sind die Hochschulen gefordert.

Es wird deutlich, dass die Hochschulen nicht nur eine entscheidende Rolle bei der Aus- und Weiterbildung, sondern auch bei der Beratung- und als Organisatoren von Forschungskooperationen spielen sollten. Ein hochqualifiziertes Humankapital ist die zentrale Voraussetzung für Strukturwandel und langfristiges Wachstum. Die Fokussierung auf die wissenschaftlichen Zentren oder "centers of excellence" trägt zu einer nachhaltigen Entwicklung, zu wirtschaftlichem Wachstum, sozialen Innovationen und letztlich auch zur Stärkung von Demokratie und Zivilgesellschaft bei.

Die Hochschulen sind also gefordert, sich grundsätzlich zu verbessern und inhaltlich zu profilieren. Dies schließt u.a. ein:

- die Ausrichtung von Ausbildung und Forschung auf den konkreten Entwicklungsprozess;
- die Verbesserung der Qualität und Effizienz von Lehre und Forschung;
- eine stärkere Interaktion mit Gesellschaft und Wirtschaft;
- die Einführung dezentraler und flexibler Management-Konzepte im Hochschulbereich;
- die Entwicklung neuer Hochschul-Finanzierungssysteme angesichts knapper öffentlicher Mittel.

Vernetzung

Daraus leitet sich eine Neuorientierung der Hochschulförderung im Rahmen der TZ ab. Diese soll sich vor allem auf die Vernetzung der Universitäten untereinander und mit entwicklungspolitisch relevanten Partnern konzentrieren, um eine effektive Beteiligung an der modernen Wissens- und Technologiegesellschaft zu erreichen.

offering advice and consultancy to all agents of the national development process.

In other words, the universities should act as highly qualified partners in economic and technologic research and development. To focus the technical cooperation on such academic "centers of excellence" would stimulate the economic growth, social innovation, good governance and a democratic society.

However, in order to play such an important role, it is indispensable to further strengthen and develop the universities in developing countries. In particular, the cooperation must aim at:

- improving the quality of educa - tion and research;
- interacting closely with the economic sector and with the society as a whole;
- introducing decentralized and flexible academic management;
- mobilizing new financial resources for higher education because of limited public funds.

Networks

All this requires a new approach in respect of academic cooperation. Above all, the respective programmes should create networks between the universities and interact closely with the political, social and economic agents.

Thus it should be ensured that universities participate efficiently in the overall development process and that they play an important role in the society as a whole. Strong emphasis should also be layed on tackling the important development issues and in this connection, on seeking close interaction of universities and other technical cooperation projects.

loppement, pour assurer une participation effective à la société scientifique et technologique moderne.

Une importance particulière est attribuée à une orientation des universités sur les questions relevant du développement ainsi qu'à une liaison étroite avec les mesures de la coopération technique allemande (TZ) pour assurer leur durabilité.

Qualité
La forte croissance quantitative des universités depuis les années 70 n'a pas été accompagné par une augmentation de la qualité. C'est pourquoi un autre point fort de la stratégie de soutien allemande est d´assurer la qualité et d´améliorer les conditions d'enseignement et de recherche.

Une activité de soutien particulière consiste à faire participer les universités locales dans le cadre des projets de la coopération technique.

Dabei wird besonderer Wert auf eine stärkere Ausrichtung der Hochschulen auf entwicklungsrelevante Fragen sowie auf eine enge Verbindung mit den Maßnahmen der deutschen TZ gelegt, um deren Nachhaltigkeit zu stärken.

Qualität
Das starke quantitative Wachstum der Hochschulen seit den 70er Jahren wurde nicht ausreichend von einer Qualitätssteigerung begleitet. Deshalb sind Maßnahmen zur Qualitätssicherung und Verbesserung der Rahmenbedingungen für Lehre und Forschung ein weiterer Schwerpunkt der deutschen Förderstrategie.

Eine spezielle Förderaktivität besteht darin, bei den Projekten der Technischen Zusammenarbeit auch die lokalen Hochschulen einzubeziehen.

Quality
In most cases, the fast expansion of the higher education system in the seventies was not accompanied by adequate quality of education. Therefore, another priority of the German techical cooperation in developing countries will be to improve the quality of teaching and research by strengthening the institutional framework and quality control.

As a special activity, the active participation of local universities in other technical cooperation projects is promoted.

1.4 Formes de coopération

Il existe au niveau mondial une demande accrue de personnel qualifié ayant une expérience internationale et le nombre de projets bilatéraux et multinationaux augmente constamment. Aujourd'hui déjà, dans beaucoup de positions, une deuxième voire troisième langue et une «compétence interculturelle» s'entendent d'elles-même. Des études à l'étranger sont donc de mise, autant pour les étudiants allemands que pour les étudiants étrangers.

Les études en Allemagne
La forme classique de soutien à la formation universitaire dans les

1.4 Kooperationsformen

Im Rahmen des universitären Austauschs mit den Entwicklungsländern kommt eine Vielzahl von Institutionen und Instrumenten zum Tragen. Die Spannweite reicht dabei vom Normalstudium in Deutschland über die DAAD-Programme bis zum GTZ-Sektorprogramm „Postgraduale Ausbildung und Forschung".

Studium in Deutschland
Die klassische Form, die Entwicklungsländer bei der akademischen Ausbildung zu unterstützen, ist die Aufnahme von Studenten an

1.4 Academic cooperation

There are many institutions and instruments involved in academic exchange and cooperation with developing countries. This includes studies at German universities and the programmes of the DAAD and other national or regional institutions. In addition, there is a specific programme of the GTZ in the area of postgraduate education and research.

Studies in Germany
The traditional way to support developing countries in higher education are courses in Germany.

pays en voie de développement consiste à accueillir des étudiants étrangers dans les universités allemandes. Il s'agit là d'une contribution importante à la formation de personnel qualifié et de personnel scientifique, tel que le démontrent les chiffres.

Ainsi, par exemple, 2500 étrangers font leurs études à l'université de Stuttgart, dont 250 auprès de la faculté d'architecture, ce qui correspond à une dizaine de cours «master» de taille respectable. La part des étudiants du sud-est asiatique grandi particulièrement rapidement et représente déjà 50% des étrangers à la faculté d'architecture.

Les études ordinaires en Allemagne ont pour les étrangers des avantages et des inconvéniants. L'accès à des études établies et de qualité, l'apprentissage d'une nouvelle langue et l'intégration à une nouvelle culture sont les aspects positifs. De plus, les diplômes délivrés à la fin des études sont des titres réguliers reconnus en Allemagne et en Europe, et non pas des constructions peu translucides telles certains certificats de bachelor ou master.

Les désavantages sont tout aussi évidents: Les difficultés avec la langue à travers des années entières, le sacrifice de temps, le contenu des cours ayant peu de rapport avec le pays d´origine et un diplôme reconnu en Europe, mais pas toujours dans le pays natal.

Matières orientées sur l'étranger
L'internationalisation progressive aidant, des matières nouvelles ont été introduites auprès des universités allemandes. Elles établissent des liens avec l'Asie, l'Afrique et l'Amérique latine en proposant des cours correspondants. Ainsi, par exemple, à la faculté d'architecture de Stuttgart, le domaine «SIAAL – Städtebau in Asien, Afrika und Lateinamerika» (urbanisme en Asie, Afrique et Amérique latine)

deutschen Hochschulen. Dies ist ein wichtiger Beitrag zur Ausbildung von Fachkräften und Wissenschaftlern, wie die Zahlen zeigen.

So studieren z.B. an der Universität Stuttgart rund 30.000 Studenten, darunter 2.500 Ausländer, und an der Architektur-Fakultät mit rund 1.800 Studenten kommen 250 aus dem Ausland, was einer Kapazität von 10 gut besetzten Master-Kursen entspricht. Der Anteil ostasiatischer Studenten steigt besonders schnell und beträgt an der Architektur-Fakultät schon 50% der ausländischen Studierenden.

Das Normalstudium in Deutschland hat für ausländische Studierende Vor- und Nachteile. Positiv ist der Zugang zu einem qualitativ anspruchsvollen Studiengang, das Erlernen einer neuen Sprache und das Einleben in eine andere Kultur. Auch der Abschluss ist keine „Sonderkonstruktion", wie es manche Bachelor- und Master-Zertifikate sind, sondern ein reguläres Diplom, das in ganz Deutschland und Europa anerkannt ist.

Die Nachteile sind ebenso klar: Sprachschwierigkeiten über Jahre hinweg, erhöhter Zeitaufwand, Lehrinhalte mit geringem Bezug zum Heimatland und das Problem, dass das Diplom zwar in Deutschland und Europa, aber nicht immer im Heimatland anerkannt wird.

Auslandsorientierte Fächer
Im Zuge der fortschreitenden Internationalisierung haben sich an deutschen Hochschulen auch Fächer etabliert, die eine Brücke nach Asien, Afrika und Lateinamerika schlagen, indem sie einschlägige Themen anbieten. So gibt es z.B. an der Architekturfakultät Stuttgart seit 10 Jahren das Fachgebiet SIAAL – Städtebau in Asien, Afrika und Lateinamerika. Diese und ähnliche Lehrangebote tragen dazu bei, dass sich deutsche und

After a certain decline in the nineties, the number of foreign students in Germany is increasing again.

At the Universität Stuttgart about 30.000 students are enrolled, among these 2.500 foreigners. The Faculty of Architecture and Urban Planning has a total of 1.800 students, 250 of whom are foreigners. This is a significant number which equals 10 master courses, approximately. In particular, the number of Chinese and South Korean students is increasing very fast.

For students of developing countries studying in Germany has both advantages and disadvantages. The advantages are: having access to well established courses, aquiring a recognized degree (e.g. Dipl.-Ing.), learning a new language and getting to know another culture. This means gaining valuable experience and is an asset for the future career.

The disadvantages are: language problems, long duration of studies and very often courses with little relevance to the home country. Sometimes the academic degree aquired in Germany is not automatically recognized at home, which may cause lengthly bureaucratic procedures.

Special courses for developing countries
As a consequence of rapid internationalization, German universities offer an increasing number of special courses for students from Asia, Africa and Latin America.

This is also the case at the University of Stuttgart. At the Faculty of Architecture and Urban Planning, the department SIAAL (Städtebau in Asien, Afrika, Lateinamerika) was created in 1990 in order to run courses on urbanization, urban planning and housing in non-European regions, i.e. in Asia, Africa and Latin America. In these courses and projects both German

existe depuis 10 ans, et contribue à ce que les étudiants allemands et étrangers puissent étudier la planification et la construction dans d'autres pays et même s'y spécialiser aux cours de leurs études ordinaires.

Cours d'études orientés sur l'étranger

Bien entendu, il est souhaitable que dans les pays en voie de développement la formation supérieure soit assurée dans le pays même. Ceci s'avère néanmoins être particulièrement difficile dans les petits pays, où on manque de capacités et où le marché du travail est souvent si petit que ces formations hautement spécialisées semblent inutiles.

Le remède à cela sont les cours d'études orientés sur l'étranger, qui existent déjà en grand nombre auprès des universités allemandes. Un des cours les plus anciens, entretemps solidement établi, est le «master of infrastructure planning (CIP)» à l'université de Stuttgart, qui accueille tout les deux ans trente étudiants venant de pays en voie de développement. L'expérience montre que les étudiants revêtent de bonnes positions quelques années plus tard, preuve du succès du cours.

Des cours de planification urbaine et d'urbanisme existent en grand nombre surtout en Grande-Bretagne et aux Etats-Unis, ce qui laisse entrevoir un déficit dans ce domaine dans les pays en voie de développement.

Echange universitaire et recherche

Au cours de l'internationalisation le nombre de coopérations universitaires avec l'Asie, l'Afrique et l'Amérique latine a considérablement augmenté, que ce soit à travers des activités spontanées et individuelles ou des programmes continus institutionalisés.

ausländische Studierende auch im Normalstudium über das Planen und Bauen in anderen Ländern informieren oder sich in diesem Bereich sogar spezialisieren können.

Auslandsorientierte Studiengänge

Natürlich sollte in den Entwicklungsländern auch die höhere Ausbildung im Lande selbst erfolgen. Dies erweist sich aber in einigen Ländern als schwierig, weil die Kapazitäten fehlen, auch ist der lokale Arbeitsmarkt oft so eng, dass sich ein hochspezialisierter Studiengang kaum lohnt.

Diese Lücke füllen die auslandsorientierten Studiengänge, die es an den deutschen Universitäten bereits in größerer Zahl gibt. Einer der ältesten und gut etablierten Kurse ist der englischsprachige Masterkurs Infrastructure Planning (CIP) an der Universität Stuttgart, der im zweijährigen Turnus rund 30 Studierende aus Entwicklungsländern aufnimmt. Die Erfahrung zeigt, dass die Absolventen nach einigen Jahren in ihrer Heimat meist in guten Positionen zu finden sind, der Kurs also sein Ziel erreicht.

Im Fach Stadtplanung und Städtebau gibt es vor allem in Großbritannien und in den USA eine ganze Reihe ähnlicher Kurse, was auf eine Ausbildungslücke gerade in diesem Fach in den Entwicklungsländern hinweist.

Gastdozenten und Forschung

Im Zuge der fortschreitenden Internationalisierung haben auch die Hochschulkooperationen mit Asien, Afrika und Lateinamerika erheblich zugenommen. Diese reichen von spontanen und individuellen Aktivitäten bis hin zu institutionalisierten und kontinuierlichen Programmen.

and foreign students, who are interested in aquiring specialized knowledge and competence in this field, participate.

International master courses

Naturally, higher education opportunities should not only be provided in Europe or in the USA, but also in developing countries. However, this proves to be difficult in many poor countries because specialized lecturers are lacking and beause the job market for academics is limited. In this case, the international master courses offered at German (and European) universities are the answer.

In Germany one of the oldest and well established courses is the international master course "Infrastructure Planning (CIP)" at the University of Stuttgart. The 2-year-course is taught in English and approximately 30 students from developing countries are enrolled. Back in their home countries many former alumnis can be found in good positions which seems to prove that the course meets the demand.

A considerable number of similar courses also exist in Britain and in the USA. This clearly indicates a lack of higher education opportunities in the field of urban and regional planning in developing countries.

Guest lecturers and research

In the last decade, the academic cooperation with Asia, Africa and Latin America has been considerably intensified. This includes institutional and permanent programmes as well as many spontaneous and individual activities.

The German Academic Exchange Service (DAAD) grants scholarships for lecturers, research scholars and PhD.- students. Semi-

L'échange de personnel et certains petits projets sont soutenus par le DAAD (Deutscher Akademischer Austauschdienst), surtout à travers des bourses pour des enseignants et des chercheurs étrangers à l'université, pour des étudiants en promotion, ainsi que par l'allocation de sommes pour des stages ou des excursions. La société Carl Duisberg (CDG – Carl Duisberg Gesellschaft) et le programme ASA offrent également aux étudiants et à de jeunes salariés la possibilité d'aller quelques temps en Asie, en Afrique ou en Amérique latine pour y amasser de l´expérience.

Le DED (Deutscher Entwicklungsdienst) soutient également des universités dans ces pays. De plus, il est possible de travailler comme enseignant en tant qu'«expert intégré» ou dans le cadre de la coopération technique (GTZ).

La DFG (Deutsche Forschungsgemeinschaft – communauté allemande des recherches) soutien des projets de recherche dans toutes les disciplines et cela, bien sûr, aussi dans les pays en voie de développement. Des programmes complémentaires donnent l'occasion d'intégrer de manière active l'université partenaire. Certains programmes de l'Union Européenne sont semblables, tel Med-Campus, qui encourage la coopération universitaire autour de la méditerranée.

Coopération sur place

Le but principal de la coopération technique (TZ) dans le domaine de la formation n'est évidemment pas le développement des universités allemandes mais celui des établissements d'enseignement supérieur en Asie, Afrique et Amérique latine. Néanmoins, les buts et les concepts de la TZ ont changé plusieurs fois au cours des dernières décennies. L'aide unilatérale au

Dieser Austausch und kleinere Projekte werden vom Deutschen Akademischen Austauschdienst (DAAD) gefördert, vor allem durch Stipendien für Gastdozenten, Gastforscher und Doktoranden sowie durch Zuschüsse für Praktika und Exkursionen. Auch die Carl Duisberg Gesellschaft (CDG) und das Asa-Programm bieten Studierenden und jungen Berufstätigen die Möglichkeit, für einige Zeit in Asien, Afrika oder Lateinamerika Erfahrungen zu sammeln.

Möglich ist auch eine Dozenten-Tätigkeit als „integrierter Experte" oder im Rahmen der Technischen Zusammenarbeit (GTZ), ebenso unterstützt der Deutsche Entwicklungsdienst (DED) Hochschulen in Asien, Afrika und Lateinamerika.

Die Deutsche Forschungsgemeinschaft (DFG) fördert Projekte in allen Fachrichtungen und natürlich auch in Entwicklungsländern. Ergänzende Programme geben Gelegenheit, auch die Partner-Hochschule aktiv in die Forschung einzubinden. Ähnliches gilt für einige EU-Programme wie Med-Campus, das die universitäre Zusammenarbeit im Mittelmeerraum fördert.

Kooperation vor Ort

Das Hauptziel der Technischen Zusammenarbeit (TZ) im Bildungsbereich ist natürlich nicht der Ausbau deutscher Universitäten, sondern der Hochschulen in Asien, Afrika und Lateinamerika. Dabei haben sich in den vergangenen Jahrzehnten die Ziele und Konzepte der TZ mehrfach gewandelt.

Die einseitige Entwicklungshilfe früherer Jahre ist längst von einer partnerschaftlichen Zusammenarbeit abgelöst worden, ebenso steht heute nicht mehr der Transfer von fertigen Lösungen,

nars, excursions and workshops in developing countries are also sponsored by the DAAD.

The Carl Duisberg Society (CDG) and the ASA-programme are running exchange programmes for students and young professionals, providing opportunities to work in developing countries for a limited time.

With the framework of the German Technical Cooperation Programme (GTZ) and the German Development Service (DED) it is also possible to work as a lecturer or research fellow in Asia, Africa and Latin America. In addition there is an "integrated expert programme" which is also sponsored by the GTZ.

The German Research Society (DFG) sponsors academic research in developing countries and in all disciplines. There are special programmes which ensure close participation of local universities in such projects.

Similar programmes exist within the framework of the European Community, e.g. the programme "Med-Campus" which promotes academic cooperation in the Mediterrean region.

Academic cooperation in situ

Of course, the main objective of technical cooperation is not to strengthen German universities, but the partner- universities in Asia, Africa and Latin America. During the last decades, the focus of the academic cooperation has shifted from the traditional "development aid" towards intensive partnership.

Today, academic cooperation does not primarily aim at the transfer of education blueprints from the rich to the poor countries, but rather at strengthening the local institutions so that these will be

développement d'antan a fait place à une coopération de partenaires; de même, le transfer de solutions préconçues a été remplacé par la volonté de renforcer les structures institutionnelles de manière durable.

En effet, la transposition d'expériences allemandes sur d'autres pays n'est possible qu'en partie, car les conditions-cadre et les exigeances concrètes de l'enseignement et de la recherche sont très différentes. Copier un modèle étranger serait forcément contraproductif, car cela empêcherait de trouver des solutions propres et mettrait en péril la durabilité du chemin pris.

Les objectifs de la TZ dans le domaine universitaire vont donc bien au-delà des simples échanges universitaires et font certainement partie des défis les plus exigeants de la TZ à cause de leur complexité et de leur longue échéance. Le simple «export» d`enseignants étrangers à l'université est devenu de l'«institution building», qui comporte une grande gamme d'activités, entre autre:

- Le développement de nouveaux cours d'études, curricula et modules d'enseignement;
- L'activité de conseiller pour l'organisation et la gestion;
- Le perfectionnement des enseignants par des cours spéciaux et par des séjours auprès d'autres universités;
- Le développement et le soutien d'activités de recherche;
- L'extention de l'infrastructure matérielle (laboratoires, ateliers, ordinateurs, etc.).

A côté de l'extention des capacités d'enseignement et de recherche – donc les structures internes de l'université – il est important d'également renforcer le rôle des universités vers l'extérieur. Ceci est aussi bien valable pour un contact étroit avec la pratique que pour les

sondern die nachhaltige Stärkung der institutionellen Strukturen im Mittelpunkt.

Dabei ist die Übertragung deutscher Erfahrungen in andere Länder nur eingeschränkt möglich, weil die Rahmenbedingungen und die konkreten Anforderungen an die Lehre und Forschung sehr unterschiedlich sind. Die bloße Kopie eines ausländischen Modells wäre schon deshalb kontraproduktiv, weil dies die Suche nach eigenständigen Lösungen blockiert und damit die Nachhaltigkeit des eingeschlagenen Weges in Frage stellt.

Die Ziele der TZ im Hochschulbereich gehen also weit über den normalen akademischen Austausch hinaus und gehören auf Grund ihrer Komplexität und Langfristigkeit zu den anspruchsvollsten Aufgaben der TZ. Der einfache „Export" von Gastdozenten hat sich zum "institution building" erweitert, das ein weites Spektrum von Aktivitäten umfasst, u.a.:

- Entwicklung neuer Studiengänge, Curricula und Lehrbausteine;
- Organisations- und Management-Beratung;
- Fortbildung von Dozenten durch spezielle Kurse und Gastaufenthalte;
- Entwicklung und Förderung von Forschungsaktivitäten;
- Ausbau der materiellen Infrastruktur, z.B. Laboratorien, Werkstätten, Computer-Pools, etc.

Neben dem Ausbau der Lehr- und Forschungskapazitäten – also der internen Hochschul-Strukturen – ist es auch wichtig, die Rolle der Hochschulen nach außen zu stärken. Dies bezieht sich sowohl auf die enge Verbindung zur Praxis wie auf den Austausch mit anderen Universitäten im In- und Aus-

able to participate in a self-sustained and sustainable development process.

This implies that in most cases German academic know how cannot be directly transferred to developing countries, because the framework and conditions are very different.

Moreover, simply copying a foreign education model would not be helpful because this would seriously hamper the development of authentic and sustainable solutions in developing countries.

Thus, the goals of academic cooperation reach far beyond traditional academic exchange. The simple export of lecturers and courses has become the comprehensive task of institution building. Due to its complexity and long term involvement, institution building certainly is one of the most challenging activities within the technical cooperation programmes and includes:

- developing new courses and curricula;
- giving advice on university organisation and management;
- providing experts for certain disciplines;
- training local lecturers in modern teaching methods;
- promoting research activities;
- improving the university´s infrastructure and technical equipment, e.g. laboratories, workshops, computer-pools, etc.

Moreover, the development of teaching- and research capacities is one part of the job, the other being to strengthen the role of the university in the regional, national and international context. This means to develop close contacts with the professional environment, with government institutions and with the international academic community. In particular, this includes:

échanges avec d'autres universités en deçà et au-delà des frontières. Dans le détail cela mène à développer l'aptitude de l'université à:

- Organiser des symposiums et des congrès internationaux;
- Procéder à des coopérations scientifiques nationales et internationales;
- Publier et répandre les résultats de l'enseignement et de la recherche;
- Conseiller des ministères et d'autres institutions importantes du pays;
- Participer à d'important projets du pays;
- Concevoir et réaliser des programmes de perfectionnement pour le personnel spécialisé local.

Le programme du secteur «formation post-graduée et recherche»
La GTZ soutien des coopérations universitaires depuis 1990 qui vont de la médecine vétérinaire aux énergies renouvelables en passant par l'«appréciation des risques d'influence sur l'environnement des écosystèmes tropicaux».

Dans le cadre de la politique de développement il existe depuis quatre décennies des aides aux universités. Ces aides encouragent:

- Les études de formation complémentaire internationales;
- Les coopérations de recherche;
- Les partenariats liés à des disciplines scientifiques particulières;
- Les bourses d'études;
- Les programmes d'encadrement poursuivi Alumni.

Les objectifs de ce programme sont:

- Perfectionnement du jeune personnel spécialisé à haute qualification au niveau post-gradué dans les disciplines relevant de la politique de développement;
- Transfer des plus nouvelles connaissances et méthodes pour renforcer l'université partenaire dans l'enseignement et la recherche.

land. Im Einzelnen wird dabei die Fähigkeit einer Hochschule gefördert,

- internationale Tagungen und Kongresse zu veranstalten;
- wissenschaftliche Kooperationen im In- und Ausland zu betreiben;
- Ergebnisse aus Lehre und Forschung zu publizieren und zu verbreiten;
- Ministerien und andere Institutionen des Landes zu beraten;
- an wichtigen Projekten des Landes mitzuarbeiten;
- Fortbildungsprogramme für lokale Fachkräfte zu konzipieren und durchzuführen.

GTZ-Sektor-Programm „Postgraduale Ausbildung und Forschung"
Seit 1990 fördert die GTZ Hochschulkooperationen, wobei die unterstützten Fachrichtungen von der Veterinärmedizin über die Umweltrisikoeinschätzung tropischer Ökosysteme bis zu erneuerbaren Energien reichen.

Im Rahmen der Entwicklungspolitik gibt es seit vier Jahrzehnten eine Hochschulförderung. Gefördert werden u.a.:

- internationale Aufbaustudiengänge;
- Forschungskooperationen;
- fachbezogene Partnerschaften;
- Stipendium-Programme,
- Alumni-Nachbetreuungs-Programme.

Die Ziele dieses Programms sind:

- Weiterbildung von hochqualifizierten jungen Fachkräften auf postgradualem Niveau in Fächern mit besonderer entwicklungspolitischer Relevanz;
- Vermittlung neuester Kenntnisse und Methoden, um die Partneruniversitäten in Lehre und Forschung zu stärken;
- Nutzung der ausgebildeten Fachkräfte als Multiplikatoren für eine nachhaltige Anwendung der vermittelten Kenntnisse;

- organizing international meetings and academic events;
- promoting the academic cooperation with national and international institutions;
- documenting and publishing the results of teaching and research activities;
- offering scientific advice to local and national institutions;
- cooperating with municipalities and other public agents;
- organizing training programmes for local professionals.

The GTZ-programme "postgraduate education and research"
Since 1990 the German Technical Cooperation (GTZ) has been involved in university cooperaton in such different fields as veterinarian medicine, renewable energy and environmental risk asessment of tropical ecosystems.

For more than 4 decades, the German technical cooperation has promoted academic partnerships between German universities and Asian, African and Latin American counterparts. At present the main emphasis in this field is to promote:

- international master-programmes,
- research cooperations,
- academic partnership in specific scientific areas,
- postgraduate scholarships,
- alumni-programmes.

The objectives of the sector-programme are:

- postgraduate education of highly qualified young professionals in such fields which have a strong impact on the national development process;
- spreading academic up-to-date knowledge in order to strengthen the partner´s teaching and research capacities;

- Exploitation du personnel spécialisé formé comme multiplicateur pour une assimilation durable des connaissances données;
- Intensification des contacts entre les universités, l'économie privée et la coopération technique bilatérale allemande;
- Prolongation indépendante de la coopération après expiration des aides;
- Extention des capacités des universités allemandes pour travailler sur les problèmes des pays en voie de développement.

La décision sur un partenariat d'universités se fait d'après les critères suivants:

Stabilité: L'université partenaire doit être une institution établie et suffisamment qualifiée pour garantir une formation adéquate.

Utilité: La formation de postgradués doit se concentrer sur les disciplines en relation avec la politique de développement, les cours étant orientés sur la pratique.

Compatibilité: Le titre délivré à la fin des études doit être internationalement reconnu, comme par exemple le «master of science».

Partenariat: La planification et la réalisation des cours d'études doivent être faites en commun et les droits et obligations des partenaires doivent être clairement fixés.

Interconnection: Une coopération étroite avec des projets de la coopération technique allemande ou d'autre pourvoyeurs de fonds est souhaitée.

Longévité et perspective: Les deux universités partenaires sont censées poursuivre la coopération après la fin des versements de fonds d'aide allemands.

- Intensivierung der Verbindungen zwischen Universitäten, der Privatwirtschaft und der deutschen bilateralen TZ;
- eigenständige Fortführung der Kooperation auch nach Beendigung der Förderung;
- Erweiterung der Kompetenz deutscher Universitäten im Hinblick auf die Probleme der Entwicklungsländer.

Die Auswahl der Partnerhochschulen erfolgt dabei nach folgenden Kriterien:

Stabilität: Die Partneruniversität sollte eine etablierte und ausreichend qualifizierte Institution sein, um die erfolgreiche Durchführung der Ausbildung zu garantieren.

Relevanz: Die postgraduierte Ausbildung sollte sich auf entwicklungspolitisch relevante Fachgebiete konzentrieren, dabei sollten die Lehrpläne auf Praxisnähe ausgerichtet sein.

Kompatibilität: Der Abschlussgrad sollte international anerkannt sein, mit Bevorzugung des Master of Science.

Partnerschaft: Die Planung und Durchführung der Studiengänge sollte gemeinsam und mit klarer Festlegung der beiderseitigen Rechte und Pflichten erfolgen.

Vernetzung: Eine enge Zusammenarbeit mit Vorhaben der deutschen TZ oder anderer Geber wird angestrebt.

Langfristigkeit und Perspektive: Beide Partneruniversitäten sollten die Fortführung der Kooperation nach Beendigung der deutschen Förderung gewährleisten.

- multiplying this knowledge through locally trained specialists;
- establishing strong links between universities, private enterprises and the German technical cooperation;
- ensuring the continuation of activities even after the project has finished;
- strengthening the capacity of German universities to cope with the needs and potentials of developing countries.

The selection of partner universities requires the following criteria:

stability: the partner university should be a solid and qualified institution which garantees the successful implementation of the programme;

pertinence: post-graduate education should focus on the major development problems of the country and on the population´s basic needs;

compatibility: the aquired academic grade should be internationally recognized, with preference to the Master of Science (M.Sc).;

partnership: new post-graduate courses should be jointly developed by both partners and the responsibilities should be clearly defined;

networking: close links should be established between the university and other technical cooperation projects;

sustainability and perspective: both partner universities should ensure the continuation of joint activities even after the project is finished.

1.5
Coopération technique avec l´Algérie

La GTZ est engagée dans la coopération technique bilatérale avec l´Algérie depuis plus de 25 ans. Les activités actuelles se concentrent sur l´accompagnement des processus de transformation économique et social des secteurs suivants :

Développement de l´économie et de l´emploi

Les aides de la coopération sont destinées à parvenir surtout aux petites et moyennes entreprises. Celles-ci sont confrontées à des problèmes d´ordre nouveau depuis l´ouverture du marché et la transformation de l´économie algérienne. La coopération entend donc renforcer ces entreprises à travers des centres de soutien locaux et le perfectionnement des associations professionnelles.

Environnement urbain industriel et secteur économique des eaux

Le programme de protection de l´environnement vise à renforcer les capacités des institutions de ce secteur au niveau communal, régional et national.
Pour cela il convient de développer: Le cadre juridique de l´administration, des systèmes appropriés pour le contrôle de l´environnement, de nouveaux concepts et instruments pour la politique communale et industrielle de l´environnement ainsi que pour l´ "Agenda 21" locale.

Le programme sur le secteur économique des eaux a de son côté pour but d´aider le partenaire algérien à implémenter une nouvelle politique pour ce secteur. Un élément central sera l´intégration de la gestion des ressources d´eau ainsi que la privatisation des entreprises d´eaux et d´eaux usées.

1.5
Technische Zusammenarbeit mit Algerien

Die GTZ ist seit über 25 Jahren im Rahmen der bilateralen technischen Zusammenarbeit in Algerien tätig. Das aktuelle Portfolio konzentriert sich auf die Begleitung des wirtschaftlichen und gesellschaftlichen Transformationsprozesses in folgenden Sektoren.

Wirtschafts- und Beschäftigungsförderung

Im Mittelpunkt des Förderansatzes steht die wachsende Gruppe der Klein- und Mittelunternehmen, die sich mit der Transformation der algerischen Wirtschaftsordnung und der Öffnung des nationalen Marktes mit neuen, grundsätzlichen Problemen konfrontiert sehen. Sie gilt es, mittels Fortbildung und Beratung, durch lokale Förderzentren und Qualifizierung ihrer Berufsverbände zu stärken.

Städtisch-industrieller Umweltschutz und Wasserwirtschaft-

Gegenstand des Umweltschutzprogramms ist die Stärkung der institutionellen Kapazitäten im Umweltbereich auf kommunaler, regionaler und nationaler Ebene. Vor allem soll der verwaltungsrechtliche Rahmen, angepasste Systeme zur Umweltüberwachung und -Monitoring sowie neue Konzepte und Instrumente für das kommunale und industrielle Umweltmanagement und für die lokale Agenda 21 entwickelt werden.

Ziel des Sektorprogrammes "Wasser" ist es, die Partner bei der Umsetzung der neuen algerischen Wasserpolitik mit den zentralen Elementen einer integrierten Bewirtschaftung der Ressource Wasser und Kommerzialisierung

1.5
Technical cooperation with Algeria

For more than 25 years the GTZ has been running technical cooperation projects in Algeria. The current activities focus the economic and social transformations of the country, with emphasis on the following sectors.

Economic development and employment

The cooperation supports an increasing number of small and medium size enterprises which, due to the transformation of the Algerian economy and the opening of the national market, are confronted with serious problems. The cooperation intends to strengthen these enterprises through the development of local support centers and associations which will provide training and consultancy to small and medium sized enterprises.

Urban-industrial environment and water managemen

The environmental programme of the GTZ aims at strenghtening the institutional capacities of the Algerian environmental agencies, on national, regional and local level.

Thus, the administrative framework, the monitoring and control system in the environmental sector will be strengthened and new management concepts and instruments will be introduced. The programme will also establish environmental management capacities on municipal level and the local "agenda 21". Another priority is the environmental management of industrial activities.

As far as the sector programme "water" is concerned, the objective is to support the Algerian counter-

Habitat et développement urbain
Ce domaine de la coopération vise à former un cadastre national complet qui contribuera à la libéralisation du marché foncier. Il veut en outre renforcer les capacités d´enseignement et de recherche de la plus importante école d´architecture d´Algérie : L´EPAU. Ces deux tâches appellent à améliorer les performances des institutions quant à appréhender les problèmes actuels de l´habitat et de l´urbanisme.

D´autre part il faudra développer et éprouver de nouvelles structures juridiques et de nouveaux systèmes de participation publique pour la réhabilitation des grands ensembles d´habitation.

Agriculture et pêche
Les experts de la GTZ font office de conseillers pour la privatisation et la commercialisation de l´agriculture ainsi que pour l´implémentation d´un système efficace de surveillance des ressources de peche algériennes.

Universités d´Oran, d´Alger et de Constantine
Malgré le fait que le domaine universitaire n´est jamais été explicitement visé par la coopération technique, il a cependant toujours constitué un élément important du partenariat avec l´Algérie.

Les universités d´Oran, d´Alger et de Constantine furent soutenues durant les années 1980 et 1990 alors qu´elles développaient leurs facultés de sciences naturelles. Pour cela, on déléga des enseignants et on fournit des équipements, mesures assurées en commun avec le service d´échanges universitaires allemand (DAAD).

bzw. Privatisierung öffentlicher Wasserver-und -entsorgungsdienstleistungen zu unterstützen.

Wohnungsbau und städtische Entwicklung
Die Unterstützung des Sektors betrifft die Erstellung und Nutzung eines nationalen Katasters als wesentlichen Beitrag zur Liberalisierung des Bodenmarktes sowie die Anpassung von Forschung und Lehre der bedeutensten algerischen Architekturhochschule an die neuen Erfordernisse des algerischen Wohnungs- und Städtebaus. Ebenso wird die Erprobung und rechtliche Absicherung eines bürgernahen Prozesses zur Rehabilitierung von Plattenbau-Großwohnsiedlungen gefördert.

Landwirtschaft und Fischerei
Die GTZ fördert die Umgestaltung des Saat-und Pflanzgutsektors im Hinblick auf Kommerzialisierung und Privatisierung sowie die Einführung eines angepassten Systems zur Erfassung der algerischen Fischereiressourcen.

Hochschulen Oran, Algier, Constantine
Obwohl die Förderung des Hochschulbereichs nicht explizit als Schwerpunkt der technischen Zusammenarbeit gilt, stellte sie immer ein wichtiges Element der technischen Zusammenarbeit mit Algerien dar.

Die Hochschulen in Oran, Algier und Constantine wurden in den 70/80er Jahren beim Aufbau der naturwissenschaftlichen Fakultät durch Dozenten und Sachgüter unterstützt. Die Maßnahmen wurden gemeinsam mit dem Deutschen Akademischen Austauschdienst (DAAD) durchgeführt.

parts in implementing a new Algerian water policy, which as a central element will include the integrated management of water resources and the privatization of public water supply and sewerage services.

Housing and urban development
This sector focuses on a national land register which will contribute significantly to the liberalization of the land market, and strengthening the research and teaching capacities of the EPAU, the most important school of architecturein Algeria. In both areas the institutional performance has to be improved, in accordance with the actual demand for housing and urban development. Another activity is to develop new legal procedures and public participation in the field of urban renewal and in particular in the large public housing estates.

Agriculture and fishery
The experts of the GTZ give advice in marketing and privatization of the seeds and plant sector, and also in implementing an appropriate monitoring system for the Algerian fishery resources.

Universities of Oran, Algiers, Constantine
Although the academic cooperation is not specifically mentioned as a priority in the German technical cooperation policy, this has been for many years an important activity in Algeria.

In the seventies and eighties the universities of Oran, Algiers and Constantine were supported in order to establish new faculties of natural science. In this context, guest lecturers and equipment were sponsored jointly by the GTZ and DAAD.

Institut Algérien du Pétrole (IAP)
La coopération la plus étendue et la plus longue du domaine universitaire servit au développement par l´Institut Algérien du Pétrole de la nouvelle discipline "chimie industrielle", d´abord au niveau gradué puis post-gradué.

La part allemande fut de fournir des enseignants, à court ou long terme, l´équipement technique de base, de la littérature scientifique et du matériel didactique. Le programme fut exécuté en coopération étroite avec de nombreuses universités et institutions scientifiques allemandes. Une partie des mesures fut appliquée par la GTZ directement sur ordre du ministère de l´intérieur algérien, ce qui représentait alors une innovation.

Université de Batna
Au cours des années 1990, deux autres projets sur le domaine universitaire eurent lieu. L´université de Batna obtint des soutiens pour l´introduction de la formation post-graduée d´électrotechnique à travers le partenariat avec les universités techniques de Berlin et de Cottbus. Ce projet s´acheva en 2001, mais d´étroits contacts scientifiques subsistent.

DRA / SIDER
Le second projet avait pour objectif de renforcer les capacités institutionnelles de la Direction de la Recherche Appliquée (DRA) du SIDER. Ici aussi, une coopération étroite avec des institutions allemandes eut lieu.

EPAU, cadastre. logement
Le soutien à l´EPAU est complété par la promotion du cadastre ainsi que par l´aide à la réhabilitation des grands ensembles.

Institut Algerien du Petrole (IAP)
Die Unterstützung des Institut Algérien du Pétrole (IAP) beim Aufbau der Fachrichtung Industrielle Chemie, zunächst im Grundstudium und später bei der postgraduierten Ausbildung, war die umfangreichste Hochschul-Kooperation in Algerien. Der deutsche Beitrag umfasste Lang- und Kurzzeitdozenten, technische Ausstattung, Fachliteratur und didaktisches Material.

Die Durchführung erfolgte in enger Zusammenarbeit mit deutschen Hochschulen und Fachinstitutionen. Ein Teil der Maßnahmen wurde durch ein sogenanntes "Drittgeschäft" abgewickelt, d.h. die GTZ führte die Aktivitäten im Auftrag des algerischen Industrieministeriums durch. Es handelte sich hierbei um einen seinerzeit sehr innovativen Ansatz.

Universität Batna
In den 90er Jahren wurden zwei weitere Hochschulprojekte in Algerien realisiert. Die Universität Batna wurde beim Aufbau einer qualifizierten postgraduierten Ausbildung im Fach Elektrotechnik unterstützt. Dies war eingebunden in eine schon bestehende Hochschulpartnerschaft TU Berlin und Cottbus. Das Projekt endete 2001, es bestehen aber weiterhin enge wissenschaftliche Kontakte.

DRA / SIDER
Das zweite Vorhaben sollte dieDirection de la Recherche Appliqué (DRA) des Eisenhüttenkomplexes SIDER. stärken. Auch hier erfolgte eine enge Zusammenarbeit mit deutschen Fachinstitutionen.

EPAU, Kataster, Wohnungsbau
Die Förderung der EPAU findet ihre Ergänzung in der Förderung des Katasterwesens und der Rehabilitierung von Großwohnsiedlungen.

Institut Algerien de Pétrole (IAP)
The "Institut Algerien de Pétrole (IAP)" was supported in order to establish the new discipline "industrial chemistry" first on graduate and later on postgraduate level. This was the most substantial and long lasting cooperation project in Algeria.

The German contribution included short and long term lecturers, basic equipment for laboratories, scientific literature and didactic material. The programme was implemented in close cooperation with numerous German universities and scientific institutions. Part of the programme was directly contracted by the Algerian ministry of industries, which was at that time a very innovative approach.

University of Batna
In the nineties two other academic cooperation projects were started. At the university of Batna some postgraduate courses in electrical engineering and related areas were established. This was based on an earlier academic partnership with the Technical Universities of Berlin and Cottbus. The project was finished in 2001, however, close academic contacts continue until today.

DRA / SIDER
This project aimed at strengthening the intitutional capacity of the "Directión de la recherche appliqué /DRA" of the ironworks "Entreprise Nationale de Siderurgie / SIDER". In this area an intensive cooperation with German institutions took place as well.

EPAU, land registration, housing
In addition to the EPAU there is a project which aims at strengthening the land registration system and another which supports the rehabilitation of the delapidated social housing estates.

Effets de la coopération

Les projets cités ont en commun qu´ils enrôlent les universités dans les priorités économiques du pays et qu´ils sont en correspondance avec la réalité pratique.

Le soutien des universités et des institutions scientifiques par la GTZ a considérablement contribué au développement de capacités d´enseignement et de recherche indépendantes et par là même au développement du pays. En outre, la relation entre les projets universitaires et les points forts des développements économique et social en Algérie est évidente. Ainsi, les universités jouent un rôle d´importance croissante pour le développement de l´Algérie.

(Pour une description plus précise des projets voir chapitre 7.0).

Ergebniss der Kooperation

Alle genannten Vorhaben stärken den Praxisbezug und die Einbindung der Hochschule in die wirtschaftlichen Schwerpunkte des Landes.

Die Unterstützung der algerischen Hochschulen und wissenschaftlich-technischen Institutionen hat erheblich die Ausbildungs- und Forschungskapazitäten gestärkt und damit einen wichtigen Beitrag zur Entwicklung des Landes geleistet, d.h. die Hochschulen erfüllen eine zunehmend wichtige Rolle im Entwicklungsprozess Algeriens.

(Eine genauere Beschreibung der genannten Projekte siehe Kapitel 7.0.)

Impact of the cooperation

A central objective of all academic cooperation projects is to bring the local universities closer to the realities and economic priorities of the country.

It can be said that the GTZ-sponsored projects have considerably contributed to the development of the Algerian universities and scientific institutions, thus furthering the capacity of self sustained development in higher education and research.
The current integration of these projects with the national development process is obvious and there is no doubt that the Algerian universities play an increasingly important role.

(For a more exact description of the above mentioned projects please refer to chapter 7.0)

Bibliografie

THE AFRICAN DEVELOPMENT BANK (Hrsg.): African Development Report 1998. Africa in The World Economy; Human Capital Development in Africa; Economic and Social Statistics on Africa Oxford, NY (Oxford University Press) 1998.

ALBRECHT, Herbert: Bildungsökonomie für das Arbeitsfeld, Hochschulen in der Technischen Zusammenarbeit. Eine Einführung. Eschborn 1997. (GTZ-Bildungsreport. 72)

ALBRECHT, Douglas; ZYDERMAN, Adrian: Deferred cost recovery for higher education - student loan programs in developing countries. Washington, D C. (The World Bank) 1991. (World Bank discussion papers. 137)

AMIN, A.; THRIFT, N. (Hrsg.): Globalization, Institutions, and Regional Development in Europe. Oxford (Oxford University Press) 1994.

BODENHÖFER, Hans-Joachim; RIEDEL, Monika: Bildung und Wirtschaftswachstum. Alte und neue Ansätze. Aus: Weizsäcker, Robert K. von (Hrsg.): Bildung und Wirtschaftswachstum. Berlin (Duncker & Humblot) 1998. (Schriften des Vereins für Socialpolitik, Gesellschaft für Wirtschafts- und Sozialwissenschaften. Neue Folge. 258) S. 11-47.

BRÄUNINGER, Michael: Human Capital and Growth in Small Open Economies. In: Jahrbuch für Wirtschaftswissenschaften, 50. Jg. (1999), S. 23-38.

BRUNNER, José Joaquin: Educación superior en América Latina. Cambios y desafiós. Santiago de Chile (Fondo de Cultura Eonómica) 1990.

CHALLENGES AND PERSPECTIVES OF UNIVERSITIES IN AFRICA.: Report on an International Seminar, Kampala, Uganda, March 2-5, 1998. Organised by DAAD, DSE, CIM, GTZ, in conjunction with the AAU. Eschborn 1998.

CHALLENGES AND PERSPECTIVES OF UNIVERSITIES IN AFRICA.: Annex Volume. Working Documents of the International Seminar Kampala, Uganda, March 2-5, 1998. Organised by DAAD, DSE, CIM, GTZ in conjunction with the AAU. Eschborn 1998.

COLCLOUGH, Christopher: Education and the Market: Which Parts of the Neoliberal Solution are Correct? In: World Development, 24. Jg. (1996), H. 4, S. 589-610.

DEUTSCHE GESELLSCHAFT FÜR TECHNISCHE ZUSAMMENARBEIT (HRSG.) (GTZ): Higher Education. Texts by Marina Winkler. Eschborn 1994.

DOHMEN, Günther (Hrsg.): Weiterbildungsinstitutionen, Medien, Lernumwelten. Rahmenbedingungen und Entwicklungshilfen für das selbstgesteuerte Lernen. Bonn (Bundesministerium für Bildung und Forschung) 1999.

EL-KHAWAS, Elaine: Quality Assurance in Higher Education: Recent Progress; Challenges Ahead. Koautoren: De Pietro-Jurand, Robin; Holm-Nielsen, Lauritz, Washington D.C. (The World Bank) 1998.

BUNDESMINISTERIUM FÜR WIRTSCHAFTLICHE ZUSAMMENARBEIT UND ENTWICKLUNG (Hrsg.): Entwicklungszusammenarbeit im Hochschulwesen. Herausgegeben anläßlich der UNESCO-Welthochschulkonferenz in Paris Oktober 1998. Bonn 1998. (BMZ aktuell. 093/September '98)

ESSER, Klaus: Neue Südpolitik Deutschlands. Aufgaben der Entwicklungspolitik im Rahmen einer substantiellen Partnerschaft mit Schwellenländern. Berlin, September 1999.

FRENKE, Michael; HEMMER, Hans-Rimbert: Grundlagen der Wachstumstheorie. München 1999.
FUJITA, Masahisa; KRUGMAN, Paul; VENABLES, Anthony J.: The Spatial Economy. Cities, Regions, and International Trade. Cambridge Ma., London 1999.
GIBBONS, Michael: Higher Education Relevance in the 21st Century. Washington, D.C. (The World Bank) o.J. [1998]. (Education)
GODDARD, John: Working Document: The Role of Universities in Regional Development. Aus: UNESCO (Hrsg.): World Conference on Higher Education. Paris, October 1998: Higher Education in the 21st Century - Vision and Action. Vol. IV-3: Thematic Debate: Contributing to National and Reglonal Development. o.O. 1998. (ED.99/HEP/WCHE/Vol.IV-3) S. 12-41.
GRAFF, Michael: Zur Bedeutung der Bildung im Prozess der wirtschaftlichen Entwicklung. In: Kölner Zeitschriff für Soziologie und Sozialpsychologie, 48. Jg. (1996), H. 2, S. 274-295.
HEALEY, Tom: Counting Human Capital. In: The OECD Observer, Jg. 1998, H. 212, S. 31-33.
HIGHER EDUCATION.: The Lessons of Experience. Washington, D.C. (The World Bank) 1994.
THE TASK FORCE ON HIGHER EDUCATION AND SOCIETY: Higher Education in Developing Countries. Peril and Promise. Washington, D.C. (The World Bank) 2000.
HOCHSCHULTAGUNG LATEINAMERIKA 1996: El papel de las universidades en el desarollo social.: Seminario de Docentes Universitarios Latinoamericanos realizado en la Universidad Austral de Chile en Valdivia/Chile Marzo de 1996.(CIM, DAAD, DSE, GTZ, UACH) o.O. 1996.
HOEPER, Bernhard: Quality, Relavance and Efficiency in Higher Education in Africa. Report on the International Seminar in Harare, Zimbabwe, 13-18 September 1992. Deutsche Stiftung für internationale Entwicklung. Zentralstelle für Erziehung, Wissenschaft und Dokumentation (ZED) Bonn 1992.
ASIAN DEVELOPMENT BANK, Economics and Development Resource Center (Hrsg.): Human Resource Policy and Economic Development. Selected Country Studies. Manila (ADB) 1990.
JOHNSTONE, Bruce D.: The Financing and Management of Higher Education: A Status Report on Worldwide Reforms. Collaboration: Alka Arora, William Experton. o.O. o.J. [1998]. (Education)
KANTER, R. M.: World Class: Thriving Locally in the Global Economy. New York (Simon and Schuster) 1995.
KAPPEL, Robert: Weiter so in der Afrika-Kooperation? - oder warum eine neue Diskussion im Lichte neuer Theorien ansteht. In: E + Z, 40. Jg. (1999), H.12, S. 336-39.
KEANE, Julie; ALLISON, Janelle: The Intersection of the Leaming Region and Local and Regional Economic Development: Analysing the Role of Higher Education. In: Regional Studies (Univ. of Sussex, UK), 33. Jg. (1999), H. 9 (December), S. 896-902.
KEEBLE, David; LAWSON, Klive; MOORE, Barry: Collective Learning Processes, Networking and 'Institutional Thickness' in the Cambridge Region. In: Regional Studies (Univ. of Sussex, UK), 33. Jg. (1999), H. 4, S. 319-332.

KEELY, Louise C.; QUAH, Danny: Technology in Growth. LSE, Centre for Economic Performance, Discussion Paper No. 391. In: http://www.econ.lse.ac.uk/~dquah/
KING, Kenneth (Hrsg.): Norrag News. Northern Policy Research Review and Advisory Network on Education and Training (Norrag). Number 23, October 1998: Special Theme: Knowledge Generation in Higher Education. New Challenges for North-South International Cooperation. Edinburgh (Centre of African Studies, University of Edinburgh / Institut Universitaire d'Etudes du Développement IUED, Geneva) 1998.
LINDHOLM DAHLSTRAND, Asa: Technology-based SMEs in the Göteborg Region: Their Origin and Interaction with Universities and Large Firms. In: Regional Studies (Univ. of Sussex, UK), 33. Jg. (1999), H. 4, S. 379-389.
PAYE, Jean-Claude: Strategies for a Learning Society. In: The OECD Observer, Jg. 1996, H. 199, S. 4-5.
PSACHAROPOULOS, George: Higher Education in Developing Countries: A Cost-Benefit Analysis. Washington, DC (The World Bank) 1980. (World Bank, Staff Working Paper. 140)
PUTNAM, R. D.: Making Democracy Work: Civic Traditions in Modern Italy. Princeton, N.J. (Princeton University Press) 1993.
QUALITY, Relevance and Efficiency in Higher Education.: Reglonal Conference with University Teaching Staff in Asia. October 1993, Universitas Gadja Mada, Yogyakarta. DAAD, GTZ, CIM, DSE. Bonn 1993.
RANSOM, Angela; KOO, Siew-Mun; SELVARATNAM, Viswanathan: Improving Higher Education in Developing Countries. Contributers: Manuel Castells, I. G. Patel, Adriaan M. Verspoor. Washington, D.C. (The World Bank) 1993. (EDI Seminar Series)
REDDING, Stephen: The Low-Skill, Low-Quality Trap: Strategic Complementarities Between Human Capital and R & D. In: The Economic Journal (Oxford, UK & Cambridge, USA), 106. Jg. (1996), H.435 (March), S. 458-470.
REVITALIZING UNIVERSITIES IN AFRICA.: Strategy and Guidelines. The Partnership for Capacity Building in Africa. Prepared by the Association of African Universities, The World Bank Washington, D.C. (World Bank) 1997.
v. RICHTER, W.; SEEL, H., STAHR, H.: Rolle der Hochschulen als Schlüssel für eine nachhaltige Entwicklung, GTZ, Eschborn 2000.
SCHWARTZMAN, Simon: Higher Education in Brazil: The Stakeholders. Version 2 - October 21, 1998. Washington D.C. 1998. (LCSHD Paper Series. 28)
SCHWARTZMAN, Simon: Higher Education in Latin America - Prospects for the Future. In: International Higher Education, Boston, the Boston College Center for International Higher Education, 17. Jg. (1999), H. (Fall), S. 9-10.
SCHWARTZMAN, Simon: Latin America: National Responses to World Challenges in Higher Education. Aus: Altbach, Philipp G.; McGill Petersen, Patti (HrSg.): Higher Education in the 21st Century: Global Challenge and National Response. Prepared for the Symposium on the new world challenges for higher education, organized by the Council for International Exchange of Scholars, Washington, December, 1998. Institute of International Education and the Boston College Center for International Higher Education. Boston 1999. S. 47-58.

BUNDESMINISTERIUM FÜR WIRTSCHAFTLICHE ZUSAMMENARBEIT UND ENTWICKLUNG (BMZ), (Hrsg.): Sektorkonzept Entwicklungszusammenarbeit im Hochschulwesen. Bonn 1992.
SOMMER, Winfried: Globalisierung der Bildungsmärkte durch moderne Informations- und Kommunikationssysteme - Neue Chancen für die Hochschulen. In: http://www.jtg-online.de/jahrbuch/band6/sommer_lf.html]
THE WORLD BANK (Hrsg.): Strategy for Higher Education Development. Executive Summary. Washington, D.C. o.J.
UNESCO-WELTERKLÄRUNG ÜBER HOCHSCHULBILDUNG FÜR DAS 21. JAHRHUNDERT: Ausblick und Handlungsperspektiven, angenommen von der Welthochschulkonferenz "Hochschulbildung im 21. Jahrhundert: Ausblick und Handlungsperspektiven", 9. Oktober 1998 In: UNESCO heute, Jg. 1999.
WALKER, James P.: Policy Paper. New Growth Theory and Development Assistance. 96/03, SP76A. Department of Foreign Affairs and International Trade (Canada), 1998. In: http://www.dfait-maeci.gc.ca/english/foreignp/dfait/policy_papers/1996/03/96-03.htm
WASMUTH, Werner: Zusammenarbeit zwischen TZ-Projekten und dem Hochschulbereich in Indonesien. Auswertung zur Umfrage (05/99). In: gtz-infos. Informationsschrift der Abteilung 4300. Arbeitsfelder Bildung, Wissenschaft, Jugend, Jg. 1999, H 13, Dezember, S. 10-12.
WEISS, Dieter: Priorität für wissenschaftliche Kooperation. In: E+Z. Jg. 41, 2000(5), S. 132-133.
WIECZOREK-ZEUL, Heidemarie: Rede von Bundesministerin Heidemarie Wieczorek-Zeul anlässlich des 25-jährigen Bestehens der GTZ am 10.09.1999 in Frankfurt-Hoechst. In: www.bmz.de
Wissenschaftsförderung, Hochschulkooperation und Migrationspolitik in der Entwicklungszusammenarbeit: Neue Herausforderungen und Schwerpunkte. Stellungsnahme des Wissenschaftlichen Beirats bei BMZ, 2001 (BMZ Spezial).

2.0 **Verstädterung, Städtebau, Architektur**
Urbanisation, urbanisme, architecture
Urbanization, urban planning, architecture

2.1
Le monde devient ville

Les lignes suivantes dressent une esquisse du complexe de problèmes à mettre en avant lors de la formation d'architectes et d'urbanistes dans les pays en voie de développement. De même, il s'agit d'attirer l'attention sur les champs de coopération où le travail en commun du Nord et du Sud semble particulièrement judicieux voire urgent.

Naturellement, dans beaucoup de domaines les problèmes sont très différents. Tandis que l'urbanisme des pays riches se consacre à des «problèmes de luxe» impliquant un standing élevé, la dépense de ressources et la motorisation, les pays pauvres sont confrontés à des questions élémentaires de survie.

Urbanisation
Il est inutile de répéter ici les chiffres souvent impressionnants de l'urbanisation globale, mais voici les faits centraux: 50% de l'humanité, soit environ 3 milliards d'hommes, vivent déjà dans des villes, et le taux augmente rapidement. Plus de deux tiers de tout les citadins vivent dans des pays en voie de développement et la rapide croissance de la population citadine mondiale est presque due exclusivement aux villes du sud.

Une apparition accompagnant l'urbanisation est la métropolisation. Les grande villes croissent par poussée démographique, par l'exode rural et par la jonction de plusieurs villes, jonction qui donne souvent naissance à des agglomérations énormes – par exemple en Chine – dont les noms demeurent encore inconnus. Le nombre de villes d'un million d'habitants et plus va dépasser les 300 en vingt ans et on comptera alors trente «Mégacités» de dix million d'habi-

2.1
Die Welt wird Stadt

Im Folgenden wird das Problemfeld skizziert, das bei der Ausbildung von Architekten und Stadtplanern in Entwicklungsländern im Blickpunkt steht. Ebenso werden einige Kooperationsfelder aufgezeigt, in denen eine Zusammenarbeit von Architekturschulen in Nord und Süd besonders dringlich und sinnvoll erscheint.

Natürlich ist in vielen Bereichen die Problemlage extrem unterschiedlich. Während sich die Stadtplanung in den reichen Ländern vielfach mit „Luxusprobleme n" beschäftigt, die ein hoher Lebensstandard, Ressourcenverbrauch und Motorisierung mit sich bringen, stehen in den Entwicklungsländern elementare Existenzfragen an.

Verstädterung
Die teilweise dramatischen Zahlen zur globalen Verstädterung sollen hier nicht wiederholt werden, einige Eckdaten mögen genügen: 50 % der Menschheit – also rund 3 Md. Menschen – leben bereits in Städten und dieser Anteil steigt rasch an. Über zwei Drittel aller Stadtbewohner leben in Entwicklungs- und Schwellenländern und der rasche Zuwachs der urbanen Weltbevölkerung findet fast ausschließlich im Süden statt.

Eine Begleiterscheinung der Verstädterung ist die Metropolisierung. Die Großstädte wachsen durch Bevölkerungsvermehrung, durch Zuwanderung vom Land und durch das Zusammenwachsen von Städten, wobei sich – wie z.B. in China – riesige Agglomerationen herausbilden, deren Namen noch fast niemand kennt. Die Zahl der Städte mit 1 Mio. Einwohnern oder mehr wird in den nächsten 20 Jahren auf über 300 steigen und die der Megastädte mit 10 Mio. oder mehr Einwohnern auf über

2.1
The urbanizing world

In the following text some phenomena will be pointed out which are closely related to the objectives and contents of higher education of architects and urban planners in developing countries. In addition, some priority areas are suggested where university cooperation between north and south seems to be particularily important and efficient.

Naturally, the problems in developing countries are very different from those in the affluent countries. Whereas in Europe urban planning and design deal to a large extent with "luxury problems" which are caused by a high standard of living, excessive motorization and energy consumption, urban planning in developing countries is predominantly confronted with elementary problems and basic needs.

Urbanization
It is not necessary to repeat the impressing figures of global urbanization, some few characteristics might be enough: 50% of mankind - i.e. 3 billion people - live already in urban centers and this proportion rises quickly. Two thirds of all urban dwellers live in developing countries, where also the fast increase of urban population takes place.

Urbanization is accompanied by metropolization. The large urban agglomerations grow due to the natural population increase, rural-urban migration and (like in China) large scale conurbation, i.e. the formation of huge urban agglomerations the names of which hardly anybody knows.

In the next 20 years the number of cities with 1 million inhabitants or more will rise to about 300 and the number of megacities with 10 million inhabitants or

tants et plus. Presque un demi milliard d'habitants peuplera alors les grandes et très grandes villes.

Les taux de croissance les plus élevés se trouvent en Afrique et en Asie, où la majorité des gens – environ 60% – habite encore à la campagne, ce qui donne une dynamique particulière à l'urbanisation due à l'exode rural. Le pourtour sud et est de la méditerranée a, lui aussi, un potentiel d'urbanisation énorme car la population d'environ 200 millions d'habitants va doubler en quelques décennies.

World cities et «métropoles de cabanes»

Les villes se développent de manière aussi différente que les pays. Alors que les villes industrielles du nord sont prises dans le changement de structure post-industriel, les métropoles du sud sont exposées à d'autres aléas. A Shanghai, à Mexico-City, à Bombay, partout se forment de nouveaux centres «périphériques» dont on ne sait combien il profiteront des grandes investitions internationales.

Si la «new economy» ne prend pas pied, il reste toujours la chance de poursuivre l'industrialisation pour accaparer les parties de la production devenues trop chères ou trop dangereuses pour l'environnement dans les pays développés. Quelques pays sont déjà devenu le «sweatshop» de grandes firmes internationales, ce qui mène parfois à une exploitation radicale de la main d'œuvre et de l'environnement.

Les pays les plus pauvres n'ont même pas cette opportunité et ainsi les villes y croissent sans aucune base économique. En Afrique, par exemple, la plupart des gens vit de la «street économy», économie informelle. Personne ne saurait expliquer la cohésion et le fonctionnement de ces

30. Fast eine halbe Milliarde Menschen wird dann in großen und sehr großen Städten leben.

Die höchsten städtischen Wachstumsraten gibt es in Afrika und Asien, wo die Mehrheit der Menschen – etwa 60 % – noch auf dem Lande lebt, was der Verstädterung durch die anschwellende Landflucht eine besondere Dynamik verleiht. Ein enormes Verstädterungspotenzial hat auch der südliche und östliche Mittelmeerraum, dessen Bevölkerung von rund 200 Mio. sich in den nächsten Jahrzehnten verdoppeln wird.

World Cities und Hüttenmetropolen

So unterschiedlich wie die Länder entwickeln sich die Städte. Die Industriestädte im Norden durchlaufen derzeit einen postindustriellen Strukturwandel, gleichzeitig geraten auch die Süd-Metropolen unter Druck. Shanghai, Mexiko-Stadt, Bombay – überall entstehen derzeit neue Zentren, wobei es aber noch offen ist, wieweit die internationalen Investitionsströme auch die peripheren Zentren erfassen werden.

Wo der Sprung in die new economy nicht gelingt, bleibt die Chance einer fortgesetzten Industrialisierung, etwa durch solche Produktionszweige, die in den hochentwickelten Ländern zu teuer oder umweltbelastend geworden sind. Nicht wenige strukturschwache Länder sind bereits zum "sweatshop" der transnationalen Konzerne geworden, was teilweise mit einer rücksichtslosen Ausbeutung der billigen Arbeitskraft und der Umwelt einhergeht.

In den ärmsten Ländern ist selbst diese Chance gering, so dass die Städte dort ohne wirtschaftliche Basis wachsen. Ein Beispiel ist Afrika, wo die informelle "street economy" die meisten Menschen

more to about 30. Nearly half a billion people will then live in large and very large cities.

Caused by increasing rural-urban migration, the most rapid urbanization occurs presently in Africa and Asia where the majority of people - about 60% - still live in rural areas. However, an enormous potential for urbanization exists not only in Asia and Africa, but also in the Mediterranean region where the present population of about 200 million will probably double within the next 30 years.

World cities and shanty towns

The cities of the north are presently suffering post-industrial transformation, and so do many southern metropolises, in spite of industrialization still being incipient.

Shanghai, Mexico-City, Bombay - in many southern megacities new modern centers are presently being built in order to compete with rich world cities. However, the question is still open whether the new ambitious architecture will actually be animated by the flow of international capital and by intensive economic activities.

In countries which are incapable of joining the exclusive club of post-industrial societies the only chance is to continue with conventional industrialization, maybe based on such industial branches which in the rich countries have become too expensive or environmentally intolerable. Due to weak economy, transnational companies are already using these countries as industrial "sweatshops", which is very often accompanied by drastic exploitation of the local workforce and environment.

In very poor countries even this chance does not exist, so that cities are forced to grow without any economic base. This is the case in

«métropoles de cabanes». L'opposition de celles-ci aux «world cities» étincelantes se retrouve au sein des villes mêmes: Les quartiers riches font face aux quartiers pauvres. La ségrégation sociale génère des conflits politiques et l'insécurité, ce qui accélère encore le repli des couches sociales élevées dans des «ghettos du luxe», en opposition aux cités spontanées qui recueillent fréquemment la moitié de la population citadine. La formation de lots et la construction, toutes deux spontanées, avancent de manière si massive et routinée qu'elles échappent à toute planification.

Les villes traditionnelles du monde islamique, de Chine, d'Inde ou autres sont, elles aussi, en danger. Beaucoup de vieilles villes, classées patrimoine mondial par l'UNESCO, sont néanmoins menacées par la pression démographique de la ville ou par la vétusté.

La ville post-européenne

Les développements économiques divergents donnent naissance à des villes très différentes: des villes high-tech, futuristes, des villes low-tech, fonctionnant par l'entraide, et les villes no-tech, qui ressemblent plus à des camps de réfugiés qu'à des villes. Le développement des villes d'une grande partie du monde semble se découpler de l'Europe, qui servi de modèle en architecture et en urbanisme durant plus d'un siècle.

Par goût ou par nécessité, les régions extérieures à l'Europe essayent de nouvelles structures urbaines, de nouvelles formes d'habitat et de nouvelles typologies, même si la question d'un développement urbain durable reste posée. Ici encore, les villes européennes ne sont pas forcément un modèle, tel que le démontrent les énormes surfaces sous l'emprise des villes et un trafic toujours crois-

über Wasser hält. Niemand kann mehr erklären, wie die improvisierten „Hüttenmetropolen" funktionieren und was diese zusammenhält.

Die Aufspaltung in glitzernde world cities auf der einen und Hüttenmetropolen auf der anderen Seite wiederholt sich in den Städten, die in reiche und arme Stadtgebiete zerfallen. Die soziale Spaltung erzeugt politsche Konflikte und Unsicherheit, was den Rückzug der Mittel- und Oberschicht in abgeschottete Luxus-Ghettos beschleunigt. Dem stehen die Spontansiedlungen gegenüber, in denen oft die Hälfte der Stadtbevölkerung lebt. Dabei vollzieht sich das spontane Siedeln und Bauen in vielen Ländern derart massenhaft und routiniert, dass es jede Planung überrollt.

Unter Druck geraten natürlich auch die traditionellen Städte etwa in der islamischen Welt, etwa in China und Indien. Viele historische Altstädte sind von der UNESCO als Kulturerbe der Menschheit anerkannt, aber vom städtischen Wachstumsdruck oder vom Verfall bedroht.

Die post-europäische Stadt

Die auseinander klaffende ökonomische Entwicklung lässt sehr unterschiedliche Städte entstehen: weit in die Zukunft greifende High-Tech-Städte, Low-Tech- oder Selbsthilfe-Städte und No-Tech-Städte, die eher Flüchtlingslagern als Städten gleichen. Offensichtlich koppelt sich die Stadtentwicklung in großen Teilen der Welt von Europa ab, das in Architektur und Städtebau über ein Jahrhundert lang unbestrittenes Vorbild war.

Gewollt oder notgedrungen experimentieren die außereuropäischen Regionen mit anderen Stadtstrukturen, Wohnformen und Bautypologien, wobei die Frage nach einer „nachhaltigen Stadtentwick-

many African megacities, where the urban population almost completely depends on informal street economy. No urban planner or academic researcher is able to explain how these cities function and what keeps the huge agglomeration of shanty towns together.

Glittering world cities on one side, and poor megacities on the other, - social segregation and polarization is also present within the cities, where extremely rich and poor urban areas can be found side by side. Of course, this causes serious political conflicts and permanent insecurity which accelerates the retreat of the middle and upper classes into gated communities, which are hardly accessible for the poor.

On the other end of the urban spectrum there are the spontaneous settlements, in which half of the urban population often lives. In many Asian, Latin American and African cities squatting and informal building takes place on such a large scale and with such routine that any attempt of urban planning and efficient control of land use is overrun.

The same pressure for land and housing exists in the traditional and historic cities. Many old cities in the Islamic world, in China, India and other countries are classified as cultural heritage by the UNESCO and thus protected, but nevertheless are threatened by population pressure, uncontrolled building and decay.

The post-European city

Unbalanced economic development produces unbalanced urban development. Thus, a large variety of extremely different urban typologies can be found: futuristic high-tech cities, low-tech or self-help cities and makeshift shanty towns. It is obvious that in many regions urban development takes a

sant. En comparaison avec les villes européennes, les villes du sud peuvent certes paraître des «monstres démographiques», mais par l'espace pris et leur urbanisme, elles sont plutôt des denses «villes de l'économie», qui assurent la subsistance de millions d'êtres humains avec peu de ressources.

Certes, les villes du sud ont un droit au développement, mais celui-ci ne pourra plus s'effectuer d'après les mêmes standards luxueux qu'au nord sans conséquences dramatiques pour l'environnement. Adapter nos habitudes d'utilisation des surfaces, de motorisation et de consommation d'énergie aux mégacités d'Asie, d'Afrique et d'Amérique latine mènerait rapidement à une catastrophe écologique.

Planification urbaine et urbanisme
L'urbanisation rapide en Asie, en Afrique et en Amérique latine pose des problèmes extrêmes à la planification et la construction urbaines, ce qui dépasse les possibilités des institutions locales de loin. A l'inverse de l'Allemagne, où la reconstruction, la modernisation, le renouvellement des villes et le changement de structure post-industriel se succédèrent et formèront tour à tour le point fort de l'urbanisme pendant dix ans ou plus, les villes du sud doivent relever tous ces défis en même temps.

Dans beaucoup de villes du sud l'urbanisme consiste à constamment parer au plus pressé pour éviter qu'un système d'ores et déjà surchargé ne s'effondre. Ceci n'est possible que grace à une grande confiance en l'auto-organisation urbaine qui fait apparaître des régularités dans ce qui semble chaotique.

Les planificateurs bataillent sur tous les fronts, sans avoir de méthode éprouvée pour maîtriser la croissance rapide des métropoles

lung" noch weitgehend offen ist. Aber auch hier ist die europäische Stadt nicht unbedingt ein Modell, wie die ausufernden Siedlungsflächen und die Verkehrsflut zeigen. Im Vergleich zu den europäischen Städten mögen die Süd-Städte „Bevölkerungsmonster" sein, räumlich und städtebaulich sind sie aber dichte „Sparstädte", die mit geringen Ressourcen viele Millionen Menschen über Wasser halten.

Natürlich haben auch die Süd-Städte einen Anspruch auf Entwicklung, die aber nicht mehr nach den üppigen Standards des Westens erfolgen kann, wie jede Hochrechnung zeigt. Die Übertragung unserer Flächen-, Motorisierungs- und Energiestandards auf die Megastädte Asiens, Afrikas und Lateinamerikas würde in kurzer Zeit zum ökologischen Kollaps führen.

Stadtplanung und Städtebau
Die rasche Verstädterung in Asien, Afrika und Lateinamerika stellt extreme Anforderungen an Stadtplanung und Städtebau, was die lokalen Institutionen weit überfordert. Im Gegensatz zu Deutschland, wo Wiederaufbau, Modernisierung, Stadterneuerung und postindustrieller Strukturwandel zeitlich aufeinander folgten und jeweils für eine Dekade oder länger einen Schwerpunkt der Stadtplanung bildeten, stehen in den Süd-Städten alle Aufgaben gleichzeitig an. Deshalb ist die Stadtplanung eine ständige Improvisation, bei der ein „Feuerwehr-Einsatz" dem anderen folgt, damit das überstrapazierte System nichtzusammenbricht.

Dies ist nur mit einem erheblichen Vertrauen in eine „urbane Selbstbildung" möglich, bei der auch im scheinbaren Chaos gewisse Gesetzmäßigkeiten zum Tragen kommen.

different form from the one in Europe, which for centuries has been an undisputed model of architecture and urban planning.

Voluntarily or forced by circumstances, the non-European regions are experimenting with new urban patterns and typologies of which nobody knows as yet if these will be sustainable or not. However, considering the urbanized landscape and the growing traffic in Europe, it is doubtful whether the European cities are still a model of sustainability which they insist on being. In comparison, the southern megacities are veritable "population monsters", however, they also ensure the survival of millions of people with a minimum of resources.

Of course, the poor megacities also have the right to develop and to prosper. However, it is impossible to copy the abundant standards of the western world. Any projection shows that just multiplying the western resource and energy consumption would cause global collapse in a short time.

Urban planning and design
The explosive urbanization process certainly is the greatest challenge for urban planning in Asia, Africa and Latin America. In contrast to Germany, where post-war reconstruction, modernization, urban renewal and post-industrial transformation could be planned and implemented one after another, urban planners in developing countries are simultaneously confronted with countless urban problems.

One urban crisis and emergency is followed by another so that urban planning is often reduced to permanent improvisation which tries to prevent urban collapse. In the case of megacities this improvisation requires a considerable confidence in the self-organizing capacity of urban agglomera-

New York
Los Angeles
Kathmandu
Karachi
Sahel

Shanghai (Pudong)
Kuala Lumpur
Tschad
Cairo
Beijing

et mégacités. La politique urbaine est constamment contrainte de réapprécier quelle tâche est primordiale: Pourvoir aux besoins élémentaires des masses ou pousser une modernisation coûteuse pour défendre le niveau international d'une ville.

Modèles

Les nouveaux concepts de planification du «monde riche» n'arrivent dans les pays en voie de développement qu'avec un retard considérable. Ainsi, le renouvellement des villes, de mise partout en Europe pendant les années 80, ne fut thématisé dans les pays du sud qu'au cours des années 90.

L'internet semble accélérer la diffusion mondiale des paradigmes de planification; la discussion sur la durabilité ou l' «Agenda 21», qui occupent aussi bien le nord que le sud en font preuve, malgré les lacunes observables partout dans la réalisation concrète.

Naturellement, toutes les nouvelles tendances de l'architecture et de l'urbanisme sont diffusées simultanément. Etant donnée l'abondance des nouveautés dont, d'ailleurs, le contexte reste souvent obscur, beaucoup d'innovations sont mal adaptées et donc condamnées à être supplantées par un développement nouveau quelconque.

Die Planer kämpfen an allen Fronten, wobei es an erprobten Konzepten fehlt, wie mit schnellwachsenden Metropolen und Megastädten umzugehen ist. Dabei steht die Stadtpolitik ständig vor der Frage, welche Aufgabe wichtiger ist: die elementare Grundversorgung der Massen zu gewährleisten oder eine kostspielige Modernisierung voranzutreiben, um die Stadt auf internationalem Niveau zu halten

Leitbilder

Neue Planungskonzepte aus der „reichen Welt" kommen in den Entwicklungsländern in der Regel mit einer beträchtlichen Verspätung an. Ein Beispiel ist die Stadterneuerung, die in den 80er Jahren ganz Europa beschäftigte, die aber in vielen Süd-Ländern erst in den 90er Jahren intensiv thematisiert wurde.

Mit dem Internet hat sich auch die weltweite Diffusion von Planungsparadigmen beschleunigt, wie die Nachhaltigkeits-Diskussion zeigt, die heute im Norden wie im Süden geführt wird, auch wenn es noch überall an einer konkreten Umsetzung fehlt.

Natürlich werden auch alle neuen Architektur- und Städtebau-Trends nahezu in Echtzeit verbreitet. Weil dies in schnellem Wechsel geschieht und der Kontext vielfach ungeklärt bleibt, wird aber vieles nur oberflächlich adaptiert, um bald darauf einem neuen Trend Platz zu machen.

tions. Nobody knows if the seemingly chaotic growth of megacities is in reality the result of some complex rules and mechanisms which so far nobody has been able to understand.

In particular, urban planners are confronted with difficult decisions on which priorities urban development should follow, e.g.: Is it more important for sustainable development to satisfy the basic needs of the low income population, or is it more appropriate to promote costly urban modernization in order to compete with other world cities?

Planning paradigms

In developing countries new planning paradigms are usually introduced with considerable delay. An example of this was the urban renewal policy in Europe which was there intensively promoted in the eighties, but appeared on the planning agenda in developing countries only one decade later.

Today, planning ideas are spread much faster by the internet. An example for this is the present discussion on "sustainable development" which takes place simultaneously in developed and in developing countries, although concrete implementation is still lacking everywhere.

In the same way every new trend in architecture and urban planning is spread almost immediately all over the world. However, as the local economic and cultural context is often disregarded, the introduction of new architectonic typologies and planning pradigmas often remains superficial and are rapidly replaced by new ones.

2.2 Domaines de coopération

Optimiser l'administration urbaine

L'instauration d'une «gestion de la ville» représente un thème majeur pour une coopération, car elle permet de moderniser les structures administratives ou de planification souvent désuettes ou inefficaces.

Pour cela un système d'information fiable est nécessaire et la politique fiscale communale ainsi que la planification des investitions doivent être socialement équitables. Bien entendu, la participation de la population au processus de planification et aux décisions de la politique communale doit être assurée voire renforcée.

Ceci est particulièrement urgent pour la planification des grandes métropoles, qui souvent sont des conglomérats fragmentés administrativement, formés de nombreuses communes plus ou moins indépendantes. Le renforcement des régions «métropolitaines» et des associations communales pour la planification ou pour d'autres desseins est une condition importante pour mieux diriger la croissance des grandes villes, pour pourvoir au besoins élémentaires et pour protéger les ressources naturelles.

L´aménagemennt urbain

La coopération peut également apporter une contribution importante au niveau des planifications de l'occupation des sols et de l'aménagement urbain, lesquelles sont particulièrement développées en Allemagne. Cela nécessite l'instauration d'instruments et de procédés de planification efficaces ainsi que des normes adaptées aux lieux pour le développement des espaces et de la construction.

Il en est de même pour des concepts de planification orientés

2.2 Kooperationsfelder

Stadtmanagement

Ein wichtiges Thema für eine Kooperation ist der Aufbau eines modernen Stadtmanagements, um die oft veralteten oder ineffizienten Planungs- und Verwaltungsstrukturen in den Süd-Städten zu modernisieren.

Hierzu gehört u.a. ein zuverlässiges Informationssystem und eine sozial gerechte Investitionsplanung, natürlich muss auch die Partizipation der Bevölkerung an stadtpolitischen Entscheidungen und am Planungsprozess sichergestellt werden.

Ein besonderer Handlungsbedarf besteht bei der metropolitanen Planung, weil viele große Städte adminstrativ fragmentierte Gebilde sind, die aus zahlreichen, mehr oder weniger selbstständigen Gemeinden bestehen. Die Stärkung von Metropolitanregionen, kommunalen Planungs- und Zweckverbänden ist eine wichtige Voraussetzung, um das Wachstum der großen Städte zu steuern, die Grundversorgung zu sichern und die natürlichen Ressourcen zu schützen.

Bauleitplanung

Auch bei der Flächennutzungs- und Bebauungsplanung, die in Deutschland weit entwickelt ist, kann eine Kooperation wichtige Beiträge leisten. Dazu gehört die Einführung effizienter Planungsinstrumente und -verfahren sowie lokal angepasste Normen für die räumliche und bauliche Entwicklung.

Das Gleiche gilt für ökologische Planungsansätze und ressourcenschonendes Bauen, die in der deutschen Planung schon vielfach verankert sind. Natürlich muss dabei berücksichtigt werden, dass in den

2.2 Areas of cooperation

Urban management

An important area of technical cooperation should be urban management. Weak urban planning and administration capacities in developing countries have to be strengthened and modernized. Among others, this requires a reliable urban information system and socially balanced urban investment policies. Widespread public participation and democratic decision making also has to be ensured in the urban development process.

In particular, this applies to metropolitan planning because many large agglomerations are composed of numerous municipalities and are thus politically and administratively fragmented. Strengthening metropolitan regions and municipal associations is necessary in order to control urban growth, to satisfy the basic needs of the urban population and to protect natural resources.

Land use planning

Another area of cooperation should be the planning and control of urban land use, which is particularily well-established in Germany. This includes appropriate planning mechanisms as well as technical standards for physical development and building The same applies to ecological planning, environmental protection and assessment methods which also form part of the German planning system.

Of course, one must consider that in developing countries only very robust planning concepts will work satisfactorily. Therefore, the sophisticated and sometimes bureaucratic planning procedures in Germany are not necessarily a model for other countries.

vers l'écologie, vers le respect de l'environnement ou vers l'économie des ressources, domaines déjà ancrés dans la planification en Allemagne. Evidemment, il faut tenir compte du fait que, dans les villes du sud, seuls des concepts de planification simples et robustes ont une chance de réussir; la planification en Allemagne, parfois accablée par les régulations et la bureaucratie n'est donc pas forcément un modèle.

Infrastructure urbaine
Un domaine de coopération important est l'infrastructure urbaine, entre autres les transports en commun. Des métropoles à croissance rapide ne peuvent fonctionner qu'avec un système de transports publics efficace. La mobilité citadine sera donc un thème majeur des prochaines décennies aussi bien dans les pays pauvres que dans les pays riches.

L'approvisionnement en eau, les canalisations, l'économie des ressources naturelles, la protection contre les tremblements de terre ou d'autres catastrophes sont autant d'autres conditions essentielles. Le cours «master of infrastructure planning» de l'université de Stuttgart est un exemple d'une formation supérieure dans ce domaine; des cours semblables seraient bénéfiques dans beaucoup de pays du sud.

Renouvellement des villes
Le renouvellement des villes, longtemps prioritaire dans la planification allemande, constitue un domaine de coopération prolifique. L'expérience du renouvellement des centres historiques accumulée en Europe peut servir aux pays pauvres. Ici aussi, il y a beaucoup à faire: Du Caire à Katmandou, de Marrakech à Mexico des vieilles villes menacées par la vétusté et la démolition ont besoin de program-

Süd-Städten nur sehr robuste Planungskonzepte eine Chance haben, die teilweise überregulierte und bürokratisierte deutsche Planung also nicht unbedingt ein Beispiel ist.

Städtische Infrastruktur
Ein wichtiges Kooperationsfeld ist die städtische Infrastruktur, vor allem der öffentliche Verkehr und Massentransport. Schnellwachsende Millionenstädte sind ohne ein effizientes öffentliches Verkehrssystem nicht funktionsfähig, die städtische Mobilität wird deshalb nicht nur in den reichen, sondern auch in den großen Städten der Schwellen- und Entwicklungsländer ein zentrales Thema der nächsten Jahrzehnte sein.

Ähnliches gilt für die Wasserversorgung und das Abwassersystem, den Umgang mit natürlichen Ressourcen, den Schutz gegen Erdbeben und andere Desaster. Der Master-Kurs "Infrastructure Planning" an der Universität Stuttgart ist ein Beispiel für eine höhere Ausbildung in diesem Bereich; ähnliche Lehrangebote wären zweifellos in vielen Süd-Ländern wichtig.

Stadterneuerung
Ein ergiebiges Kooperationsfeld ist die Stadterneuerung, die in Deutschland viele Jahre ganz oben auf der Planungs-Agenda stand. Bei der Erneuerung historischer Zentren gibt es in Europa eine umfassende Erfahrung, die für die Entwicklungsländer genutzt werden kann. Der Handlungsbedarf in diesem Bereich ist jedenfalls enorm, von Kairo bis Katmandu, von Marrakesch bis Mexiko-Stadt warten vom Verfall oder Umbau bedrohte Altstädte auf Programme und Projekte.

Eine derart massive Mobilisierung von finanziellen Mitteln und Planungskapazitäten, wie sie in

Urban infrastructure
In fast growing megacities urban infrastructure is another important area of cooperation. In particular, this refers to urban circulation and public transport systems. Without efficient transport, large urban agglomerations do not work. Therefore, to find innovative solutions for urban mobility is a major challenge for both northern and southern metropolises.

Energy, water supply and sewerage systems, natural resource management and disaster protection are other important areas of possible cooperation. The master course "Infrastructure Planning" at the University of Stuttgart is an example of higher education in this field. Similar courses are urgently needed in many developing countries.

Urban renewal
An efficient area of cooperation is urban renewal, because in Germany this has been on the urban planning agenda for almost two decades. Therefore, comprehensive experience exists in Europe in urban renewal and urban rehabilitation, which certainly could be used for developing countries.

As far as urban renewal in developing countries is concerned, the demand is gigantic. In Cairo, Katmandu, Marrakesh, Mexico-City and many other cities an outstanding historic heritage exists which urgently needs to be protected and renewed, in order to prevent decay and uncontrolled transformation.

However, in poor countries it will hardly be possible to mobilize such substantial planning capacities and financial resources as it was in Germany and Europe in the eighties. Therefore, urban renewal concepts are needed which require fewer experts and less resources than those in Europe.

›jets pour assurer leur

ıt, une mobilisation de
e capacités aussi mas-
ırope n'est pas pensa-
illes du sud. Il faudra
per des méthodes
et moins chères que
es riches.

logement constitue
aine important de la
Cependant, celui-ci
upart des pays pauv-
un secteur pauvre et
he, lesquels repré-
rmes de logement
différentes. Les
ıxe» des couches
es, où des sommes
t investies dans la
nmobilière ou des
uxe, atténuent l'im-
uvreté laissée par les

on à cela, l'habitat
evenu faible est peu
sont les program-
ıction du logement
poles du sud qui
fectivement à la
nunie; le plus sou-
ammes favorisent
population les plus
u réagissent ponc-
tre un état d'ur-
. Dernièrement, une
mique néo-libérale
les choses en aban-
rché libre le soin de
s démunies.
it que l'habitat des
s moyenne et éle-
e qu'une minorité,
s architectes se
moins sur celui-ci,
sont trop rares

ion de logement
démunies est donc
pourrait précisé-
ment pour cela être un domaine de

Europa möglich war, ist aber in den Süd-Städten nicht denkbar, auch in diesem Bereich müssen deshalb Konzepte entwickelt werden, die schneller greifen und billiger sind als in den reichen Städten.

Wohnungsbau
Natürlich stellt auch der Wohnungsbau ein wichtiges Kooperationsfeld dar. Allerdings ist der Wohnungsbau in den meisten Entwicklungsländern in einen reichen und armen Sektor gespalten, die extrem unterschiedliche Standards aufweisen. Die Luxus-Ghettos der Mittel- und Oberschicht relativieren das Bild von den armen Städten, wo riesige Summen in die Immobilienspekulation und in Luxusbauten fließen.

Dem steht das Wohnen der einkommensschwachen Massen gegenüber, das meist nur mit geringer Priorität betrieben wird. Nur wenige öffentliche Wohnungsprogramme erreichen tatsächlich die einkommensschwache Bevölkerung, meist zielen sie auf staatstragende Gruppen oder reagieren auf krasse Notstände. Dies wird noch durch eine neoliberale Wirtschaftspolitik verschärft, die auch die Wohnungsversorgung der Massen zunehmend dem freien Markt überlässt.

Obwohl der Wohnungsbau für die Mittel- und Oberschicht nur eine Minderheit betrifft, ist die Architekten-Ausbildung der lokalen Hochschulen vor allem auf diesen Sektor ausgerichtet, weil es nur hier einen lukrativen Arbeitsmarkt gibt.

Der Wohnungsbau für die einkommensschwachen Massen kommt dabei kaum zum Zug, ist aber gerade deshalb ein interessantes Kooperationsfeld. Dies auch, weil es in Deutschland eine lange Erfahrung mit dem sozialen und genossenschaftlichen Wohnungsbau gibt.

Housing
Of course, housing will also be an important field of cooperation. However, in most developing countries housing is split up into a rich and a poor sector with extremely different building typologies and standards.

The "ghettos of the rich", i.e. the gated communities of the middle and upper classes, demonstrate clearly that cities in developing countries are often less poor than it might seem at a first glance, because huge amounts of capital flow into luxury buildings and into real estate speculation.

This contrasts drastically to the poor housing sector, which in most cases receives little political attention and few financial resources. Few social housing programmes really deal with the needs of the poor. In most cases some limited groups benefit, which are closely related to the government (e.g. public employees, policemen, teachers) or there is a reaction in extremely critical situations.

In recent years the impact of social housing has been further reduced by neo-liberal policies which are based on the belief that the market will solve the housing problems of the poor.

In spite of the critical housing need of the poor, higher education in architecture is almost exclusively focussing on housing for the middle and higher income groups because only here profitable job opportunities exist. Thus, in many academic curricula housing for the poor hardly exists, which makes this neglected field particularily important for intensive cooperation.

This is underlined by the fact that Germany has long experience in social and cooperative housing which certainly could be used for solving the housing problems in developing countries.

coopération intéressant, d'autant plus que l'Allemagne est riche en expérience de la construction de logements sociaux ou de la construction en coopératives.

L'habitat spontané
La politique du logement faisant défaut dans la plupart des villes du sud, elle est remplacée par la construction d'habitat spontanée, qui souvent s'appuie sur des décennies de savoir-faire. Cet urbanisme et cette construction de logements, informels et d'effort personnel, représentent un vaste champ d'action, délaissé à quelques trop rares projets publics.

A l'instar de la construction de logements sociaux, l'habitat spontané est très peu thématisé au sein des écoles d'architecture des pays du sud. Ce domaine se prêterait donc, lui aussi, à établir une coopération, bien que du côté allemand les expériences concrètes avec l'habitat spontané soient rares.

Architecture
Une architecture compatible avec le climat des lieux et la culture locale est une autre tâche qui incombe aux écoles supérieures, afin d'éviter qu'une architecture commerciale, sans visage, se répande à travers le monde. Le résultat ambivalent d'un import d'architecture à outrance est visible par exemple dans les riches pays pétroliers, dont les édifices, parfois excellents, parfois totalement inadaptés, sont presque tous l'œuvre d'architectes étrangers. Les bases pour une architecture adaptée aux conditions locales doivent évidemment être posées dans le pays même, mais, ici aussi, une coopération peut apporter une aide précieuse.

Spontansiedlungen
Die fehlende Wohnungspolitik wird in den meisten Süd-Städten durch das spontane Bauen ersetzt, das sich oft schon auf eine jahrzehntelange Erfahrung stützt. Der informelle Selbsthilfe-Städte- und Wohnungsbau ist ein riesiges, aber vernachlässigtes Feld, wo es meist nur wenige öffentliche Projekte gibt.

Wie der soziale Wohnungsbau, so wird auch das spontane Bauen an den Architekturschulen der Süd-Länder kaum thematisiert. Auch in diesem Bereich bietet sich deshalb eine fachliche Kooperation an, wobei es aber auf deutscher (und europäischer) Seite meist nur wenig konkrete Erfahrung mit dem spontanen Bauen gibt.

Architektur
Im Hinblick auf ein klimatisch und kulturell verträgliches Bauen haben die Hochschulen der Entwicklungsländer eine wichtige Funktion, um der weltweiten Ausbreitung einer gesichtslosen Kommerz-Architektur etwas entgegenzusetzen. Das ambivalente Ergebnis eines massiven Architektur-Imports zeigt sich z.B. in den reichen Öl- Ländern, deren teils hervorragende, teils aber völlig unangepasste Bauten fast ausnahmslos von ausländischen Architekten stammen.

Auch wenn natürlich die Grundlage für ein klimatisch und kulturell angepasstes Bauen im Lande selbst gelegt werden muss, so kann auch bei dieser Aufgabe die Kooperation eine wertvolle Unterstützung leisten.

Spontaneous settlements
In most developing countries spontaneous settlements are a substitute for missing social housing programmes. As in many developing countries informal and spontaneous housing has existed for decades, considerable experience has been accumulated which enables millions of people to settle and to build without architects and urban planners.

Of course, informal housing should also be an important field of cooperation. Like social housing, informal and spontaneous housing is to a large extent absent in the curricula of architectural schools, in spite of the enormous scale of this problem.

However, north-south cooperation in this field is somewhat limited because the German (or European) partners usually do not possess practical experience in informal building and settling.

Architecture
The invasion of all current international building styles and typologies in developing countries is producing results which very often are inappropriate in respect to the local climate, economy and culture. Thus, the schools of architecture in developing countries should make a special effort in creating an appropriate and sustainable regional architecture.

The ambivalent result of massive architectural import can be seen in the the rich oil countries where practically every building is designed by a foreign architect.

Of course, an appropriate and sustainable architecture has to be developed locally, i.e. in the region concerned. There is no doubt that cooperation with German (or European) universities could provide substantial support in tackling this important task.

Spontansiedlungen
habitat spontané
spontaneous settlements

Bombay, Mexico-City
Izmir, La Paz

Résumé

Du point de vue quantitatif, la formation d'architectes est l'un des rares succès des systèmes éducatifs de beaucoup de pays du sud. Presque partout la demande en architectes peut être couverte dans le pays même, et dans quelques pays des problèmes de chômage font déjà leur apparition.

Un exemple en est l'Algérie, où dans les années 70 il n'existait presque pas d'architectes algériens, alors qu'aujourd'hui près de 10000 architectes se disputent le trop petit marché du travail. Les choses sont semblables en Egypte et au Brésil, où seulement la moitié des architectes formés trouvent un emploi approprié.

Le problème de la formation d'architectes dans les pays en voie de développement relève aujourd'hui moins de la quantité que de la qualité. Cela se voit également dans le fait que jusqu'à présent peu de pays du sud ont réussi à créer une architecture moderne de qualité, bien que des pays pauvres tels que le Mexique, le Brésil et l'Inde ont démontré qu'il leur est possible de développer une bonne architecture indépendante.

Dans la formation d'urbanistes et de planificateurs urbains, en revanche, les déficits sont qualitatifs et, de surcroît, quantitatifs. Cela concerne non seulement des petits pays pauvres, mais aussi des grands pays en développement tel que le Brésil, et des pays à croissance dynamique comme la Chine, où il manque du personnel qualifié dans les domaines de l´urbanisme et de la planification urbaine. Beaucoup de coûteux cours de «Urban Planning», proposés par des université britanniques, américaines ou australiennes, aboutissant à un master, vivent de ce déficit quantitatif.

Resümee

In quantitativer Hinsicht ist die Architekten-Ausbildung in vielen Süd-Ländern eine Erfolgsgeschichte, vielleicht eine der wenigen, die die dortigen Hochschulsysteme vorweisen können. Fast überall kann der Alltagsbedarf an Architekten im Lande selbst gedeckt werden, wobei es in einigen Ländern schon Beschäftigungsprobleme gibt.

Ein Beispiel ist Algerien, wo es in den 70er Jahren kaum einen einheimischen Architekten gab und wo sich heute fast 10.000 ausgebildete Architekten auf dem engen Arbeitsmarkt drängen. Ähnlich sieht es in Ägypten oder Brasilien aus, wo nur die Hälfte der Absolventen eine adäquate Arbeit findet.

Das Problem der Architekten-Ausbildung in den Entwicklungsländern liegt heute vor allem in der Qualität und weniger in der Quantität. Dies zeigt auch die Tatsache, dass es bislang nur wenigen Süd-Ländern gelungen ist, eine qualitätvolle moderne Architektur zu schaffen. Dass es auch in ärmeren Ländern durchaus möglich ist, eine gute und eigenständige Architektur hervorzubringen, zeigen u.a. Länder wie Mexiko, Brasilien und Indien.

Im Bereich Städtebau und Stadtplanung gibt es dagegen nicht nur qualitative, sondern auch noch große quantitative Ausbildungslücken. Dies gilt nicht nur für kleine und arme Länder, sondern auch für große Schwellenländer wie Brasilien oder dynamische Wachstumsländer wie China, wo es im Städtebau und in der Stadtplanung kritische Engpässe an Fachkräften gibt. Dies ist eine Lücke, von der viele teure Master-Kurse in Urban Planning an britischen, nordamerikanischen und australischen Universitäten leben.

Summary

In quantitative terms, there is no doubt that in most developing countries higher education in architecture has been a success. Today, in most countries such a large number of local architects exists that many of them do not find an adequate job.

Algeria is an excellent example of this. Until the early seventies there was almost no Algerian architect working in the country, whereas today about 10.000 are competing for the limited number of jobs.

This phenomenon is more or less the same in Egypt, Brazil and other developing countries where many locally trained architects do not find adequate jobs.

Thus, the main emphasis in this field is not so much quantity, but quality. This is underlined by the fact that - apart from some positive examples like Mexico, Brazil and India - very few developing countries have indeed succeeded in creating an authentic modern architecture.

In contrast to architecture the situation in the field of higher education in urban planning and design is quite different, because in most developing countries there is still a critical shortage of trained and experienced urban planners.

This does not only apply to very small and poor countries, but also to the large and dynamic ones like Brazil and China. There too, the lack of experienced urban planners is leading to critical bottlenecks in the rapid urbanization and modernization process.

Due to this worldwide demand for urban and regional planners, many expensive master courses in urban and regional planning have been established, particularily at British and American universities.

Il semble que la consolidation de la formation en construction et planification s'effectue de bas en haut, c'est-à-dire que partant d'un simple édifice en passant par l'urbanisme elle abouti à l'échelle de la planification urbaine et régionale.

La formation dans les domaines de l´urbanisme et de la planification urbaine, bien en retard, explique pourquoi, dans ces pays, on construit beaucoup mais on planifie peu et mal. Il n'y a donc aucun doute qu'une coopération renforcée dans ces domaines est urgente.

Wie es scheint, konsolidiert sich die Ausbildung in den Fächern Architektur und Stadtplanung „von unten nach oben", d.h. vom Entwurf einzelner Gebäude über den Städtebau hin zum großen Maßstab der Stadt- und Regionalplanung.

Die nachhinkende Ausbildung im Städtebau- und in der Stadtplanung ist ein Grund dafür, dass in den Entwicklungsländern zwar viel gebaut, aber kaum oder schlecht geplant wird. An der Dringlichkeit einer verstärkten Kooperation in diesem Bereich gibt es deshalb keinen Zweifel.

It appears the educational capacities in the field of architecture and urban planning are not developed simultaneously, but one after the other. Only when courses in architectural design and building technology have been firmly consolidated, can courses in urban planning and design be developed.

As this has not yet been reached in most developing countries, intensive building activities take place combined with a critical lack of urban planning. Therefore, cooperation in urbanism, urban and regional planning will be an important step.

3.0 Beispiel Algerien
L'Exemple de l'Algérie
Example Algeria

3.1 Histoire

Le pourtour de la Méditerranée mais surtout le Maghreb et l'Europe ont toujours, à travers l'histoire, été étroitement liés. Il en était ainsi pour l'antiquité grecque et romaine avec ses nombreuses fondations de villes sur le continent africain, pour les royaumes musulmans en Espagne et pour la colonisation française en Afrique du nord. Cette étroite liaison se perpétue aujourd'hui au travers de la migration et du tourisme.

Histoire précoloniale
L'histoire de l'Algérie se concentre en grande partie sur la région d'Alger. Le début est marqué par des colonies phéniciennes et romaines tombées dans l'oubli après l'effondrement de l'empire romain. La région n'est citée de nouveau qu'au Xième siècle, lors de la fondation d'une nouvelle ville, mais les informations historiques sur la période suivante sont rares. Ce n'est qu'au XVIième siècle, sous l'empire Ottoman, qu'Alger prendra de l'importance au sein du Maghreb et autour de la Méditerranée.

Colonisation
Une nouvelle phase de l'histoire commence en 1830 avec la conquête du pays par la France. L'immigration massive d'européens est liée à la fondation de nombreuses villes et à l'expansion des surfaces agricoles au dépens de la population locale, refoulée dans des régions moins fertiles ou poussée à accepter des emplois sous-payés dans les nouvelles villes.

Avec la colonisation commence pour l'Algérie une ère douleureuse à laquelle le pays doit la langue française et un début de modernisation, mais qui mena aussi à une guerre coloniale impitoyable.

3.1 Zur Geschichte

Die Mittelmeer-Region, insbesondere aber der Maghreb und Europa, waren die gesamte Geschichte hindurch eng miteinander verbunden. Dies gilt für die griechische und römische Antike mit ihren zahlreiche Stadtgründungen auf dem afrikanischen Kontinent ebenso wie für die omaijadischen Königreiche in Spanien und die französische Kolonialherrschaft in Nordafrika. Über Migrationsströme und Massentourismus setzt sich diese enge Beziehung bis heute fort.

Vorkoloniale Geschichte
Die Geschichte Algeriens konzentriert sich weitgehend auf den Raum Algier. Am Beginn stehen phönizische Handelsniederlassungen und römische Siedlungen. Mit dem Untergang des Römischen Reichs gerät die Region weitgehend in Vergessenheit, bis im 10. Jh. die Neugründung einer Stadt erfolgt. Die historischen Informationen vom 10. bis zum 15. Jh. sind jedoch sehr rar, bis die Stadt im 16. Jh. unter osmanischer Herrschaft wieder eine Bedeutung im Maghreb und im Mittelmeerraum gewinnt.

Kolonialisierung
Eine völlig neue Epoche beginnt 1830 mit der französischen Eroberung. Die massive Zuwanderung von Europäern ist mit der Gründung zahlreicher Städte und mit einer Expansion der landwirtschaftlichen Flächen verbunden, dies auf Kosten der einheimischen Bevölkerung, die in unfruchtbare Gebiete abgedrängt oder als billige Arbeitskraft in die Städte einbezogen wird.

Mit der Kolonialisierung beginnt eine lange und schmerzvolle Geschichte, der das Land die

3.1 History

The Mediterranean region as a whole and the Maghreb and Europe in particular were closely interrelated throughout history. This refers to the Greeks and Romans, who founded a large number of cities in North Africa, the Omajad kingdoms in Spain and French colonization in the early 19th century.

Due to intensive migration and mass tourism, this intensive relationship continues.

Pre-colonial history
The history of Algeria is largely concentrated on the region of Algiers. At the beginning there were some Phoenician and Roman towns. With the decline of the Roman empire these settlements disappeared.

However, in the 10th century a new town was founded. Information is scarce until the 16th century, when the region came under Osmanic rule and gained new importance in the Mediterranean region.

Colonization
In 1830 a new historic phase started with the French conquest. The massive migration of Europeans led to the foundation of numerous new towns and settlements in Algeria. The agricultural areas were expanded at the expense of the indigenous population, who was forced to settle in less attractive areas or to gain a poor living in the new cities.

The colonization initiated a conflicting period for both countries, which introduced the French language and early modernization in Algeria, but finally led to a cruel colonial war.

L'Algérie n'était pas une colonie comme les autres mais un département d'outre-mer, faisait donc partie de la «mère patrie», ce qui pèse toujours sur les relations franco-algériennes. D'une part il y a une grande affinité linguistique et culturelle, d'autre part de forts ressentiments dûs à l'histoire, la domination et la dépendance.

Indépendance

La guerre de libération et la révolution algérienne firent du pays un important porte-parole du «tiers monde» et un modèle de développement à la recherche d'une troisième voie entre le capitalisme et le socialisme. Le prix élevé du pétrole renfloua les caisses du jeune pays et rendit ainsi possible un développement rapide dans certains domaines, tel que les nombreux grands projets des années 1970 le démontrent.

Avec la baisse du prix du pétrole l'essor économique fut enrayé. La structure économique trop spécialisée s'appuyant sur un développement industriel rapide, les expériences socialistes et les structures politiques inefficaces menèrent à une évolution néfaste et une stagnation. Dans certains domaines la modernisation fut trop rapide et sans ménagement, dans d'autres trop lente et incomplète, ce qui déçut la population et la rendit réticente. Les forces politiques traditionalistes profitèrent le plus de cet état de choses, ce qui finit par provoquer l'interrup-tion des élections de 1993. S'ensuivit le terrorisme qui coûta la vie à plus d´une centaine de milliers de personnes et paralysa le pays pendant presque dix ans.

französische Sprache und eine frühe Modernisierung verdankt, die aber auch zu einem erbitterten Kolonialkrieg führte. Algerien war keine Kolonie wie viele andere, sondern ein „department d'outre mer" – also ein Teil des französischen „Mutterlands" – was die franco-algerischen Beziehungen bis heute prägt. Einerseits gibt es eine große sprachliche und kulturelle Affinität, andererseits aber starke Ressentiments, was Geschichte, Dominanz und Abhängigkeit betrifft.

Unabhängigkeit

Die Befreiung aus eigener Kraft und die algerische Revolution machten das Land in den 70er Jahren zu einem prominenten Sprecher der „Dritten Welt" und zu einem Entwicklungsmodell, das einen „dritten Weg" zwischen Kapitalismus und Sozialismus suchte. Hohe Ölpreise füllten die Kassen des jungen Landes, was in einigen Bereichen eine rasche Entwicklung ermöglichte, wie zahlreiche Großprojekte aus den 70er Jahren zeigen.

Mit dem Verfall des Ölpreises Mitte der 80er Jahre stockte der Aufschwung. Die einseitige Industrialisierung, sozialistische Experimente und ineffiziente politische Strukturen führten zu Fehlentwicklungen und Stagnation. Die Modernisierung wurde in einigen Bereichen rasch und rücksichtslos, in anderen langsam und unvollständig vorangetrieben, was Widerstand und Enttäuschung auslöste und den traditionellen Kräften Zulauf verschaffte. Dem Abbruch der Wahlen 1993 folgte der Terrorismus, der über hunderttausend Menschen das Leben kostete und der das Land fast ein Jahrzehnt lang paralysierte.

Algeria was not just a colony like many others, but a "department d´outre mer", i.e. part of the "mother country" France, which gives a special meaning to Algero-French relations until today. On the one hand, there are strong cultural links, on the other much resentment still prevails as far as the complicated history and French dominance are concerned.

Independence

In the seventies, the successful anti-colonial war made Algeria a prominent speaker of the "third world" and a model of national development, which tried to find a "third way" between capitalism and communism. Due to the favourable oil price, Algeria enjoyed a high national income which allowed accelerated modernization, as is demonstrated by the large number of projects at that time.

In the eighties, however, the decline of the oil price put an end to this dynamism. Due to one-sided industrialization, socialist experiments and an inefficient political system, mismanagement and stagnation hampered rapid modernization. In some sectors modernization was pushed forward without any compromise, whereas in others modernization was badly lacking.

This caused widespread disappointment and opposition among the population and strengthened the traditional political forces. In 1993 the elections were cancelled by the government. Many years of terrorist activities followed paralyzing the country and causing the death of at least 100.000 people.

cnan

Perspectives
Depuis quelques années la situation s'est normalisée et l'on peut de nouveau se concentrer sur le développement.

La population de l'Algérie compte 30 millions d'habitants dont 17 % concentré dans la capitale. Beaucoup de problèmes (emploi, habitat, infrastructure) sont à résoudre, alors que la population croît de plus de 3% par an, accentuant ainsi la nécessité d'un développement rapide. Le plus grand défi sera de fournir formation et emploi à une population surtout formée de jeunes.

Etant donné que l'Europe ne peut pas se permettre une région avoisinante instable, un nouvel élan dans la politique de développement sera nécessaire. Il existe déjà des programmes européens et bilatéraux dirigés sur la Méditerranée, mais il manque encore une politique de développement européenne suffisamment vaste pour donner au Maghreb une opportunité de croissance économique et lui permettre de se rapprocher de l'Europe.

Perspektiven
Seit wenigen Jahren hat sich die Lage normalisiert, so dass wieder an Aufbau und Entwicklung gedacht werden kann. Viele Probleme – Beschäftigung, Wohnungsversorgung, Infrastruktur – warten auf eine Lösung, gleichzeitig wächst die Bevölkerung, was das Land unter einen enormen Entwicklungsdruck setzt.

Die Bevölkerung Algeriens beträgt rund 30 Millionen, wobei sich 17 % in der Hauptstadt konzentrieren. Das demographische Wachstum beträgt über 3 %. Eine der größten politischen Herausforderungen ist es deshalb, für Ausbildung und Beschäftigung der überwiegend jungen Bevölkerung zu sorgen.

Da sich Europa keine instabile Nachbarregion leisten kann, ist auch ein neuer Anlauf in der Entwicklungspolitik gefragt. Zwar gibt es bereits europäische und bilaterale Mittelmeer-Programme, noch fehlt aber eine umfassende europäische Entwicklungspolitik, die dem Maghreb Chancen auf ein wirtschaftliches Wachstum und die Annäherung an Europa sichert.

Perspectives
In recent years the political situation has improved considerably, so that normal life prevails and new development efforts are being undertaken.

Algeria´s population is approximately 30 million, with 17% living in the capital city of Algiers. Many major problems - employment, housing, infrastructure - are still to be solved. The demographic growth rate of more than 3% p.a. puts the country under enormous pressure. Education and jobs for the predominantly young population are major challenges.

An economically and politically unstable Maghreb would be an intolerable risk for the European Community. Therefore, a new policy is required for this region.

Some bi- and multilateral programmes for the Mediterranean region do exist, but what is still missing is a comprehensive development policy for the Maghreb, in order to provide better opportunities for economic growth and close political relations with Europe.

3.2 Alger

Le mythe d'Alger
Alger, «l'amphithéatre blanc» dans la pittoresque baie d'Alger, est un mythe; la bibliographie relative à ce sujet le démontre. Alger est aussi, comme la plupart des villes du Maghreb et du Moyen Orient, une ville fragmentée, formée de

3.2 Algier

Mythos Algier
Algier, das „weiße Amphitheater" in der malerischen Bucht von Algier, ist ein Mythos, wie die einschlägige Literatur belegt. Gleichzeitig ist Algier – wie fast alle Städte des Maghrebs und des Nahen Ostens – eine fragmentierte

3.2 Algiers

The myth of Algiers
Poetically, Algiers is sometimes called "the white amphi-theatre". Located on the picturesque bay of Algiers, this city seems to have a magic image, which is also reflected in Algerian and French literature.

zones très différentes: La Médina historique, ou Casbah, la ville coloniale française et la ville nouvelle, elle-même divisée en différentes zones. De plus viennent s'ajouter de nombreuses zones d'habitat spontané et des bidonvilles qui se trouvent dans Alger même ou autour de la ville.

Cette ville hétérogène est le résultat d'une histoire mouvementée, attribuant aux différents quartiers une signification particulière. En outre, la vétusté, la construction de nouveau édifices, l'émigration et l'immigration ont fortement influencé le caractère originaire des quartiers, en particulier de la Casbah et de la ville coloniale.

La Casbah

La Casbah est le foyer historique d'Alger et fut classé patrimoine de l'humanité. Le centre historique fut sérieusement endommagé par les changement effectués durant la colonisation, et son importance en fut fortement réduite. S'ensuivirent la dépravation et une dévalorisation qui entraînèrent tôt l'émigration des couches sociales moyennes et élevées. Aujourd'hui la casbah est un dense quartier pauvre occupé de locataires, avec de nombreux problèmes sociaux et urbanistiques.

L'UNESCO lança déjà un plan de revalorisation de la Casbah en 1976, lequel fut suivi par beaucoup d'autres plans et études. Ces plans ne menèrent cependant pas à des actions concrètes, car l'assainissement du labyrinthe de la vieille ville est difficile et cher; de plus, les conditions de propriété compliquées et les problèmes sociaux bloquent jusqu'à maintenant toute grande action. Bien que la restauration de la citadelle ait commencé, d'autres mesures se limitent à peu de maisons ou pâtés.

Stadt, die aus sehr unterschiedlichen Stadtzonen besteht: die historische Medina oder Kasbah, die französische Kolonialstadt und die Neustadt, die ihrerseits in viele Teilgebiete zerfällt. Hinzu kommen zahlreiche Spontansiedlungen und Bidonvilles, die in und um Algier zu finden sind.

Diese heterogene Stadt ist das Ergebnis einer bewegten Geschichte, was den einzelnen Stadtteilen eine ausgeprägte Bedeutung gibt. Gleichzeitig haben Verfall und Neubau, Zu- und Abwanderung den ursprünglichen Charakter der Quartiere stark verändert, was insbesondere auf die Kasbah und die Kolonialstadt zutrifft.

Kasbah

Die Kasbah ist die historische Keimzelle Algiers und seit 1985 ein UNESCO-geschütztes Kulturerbe der Menschheit. Die kolonialen Eingriffe haben die Altstadt erheblich beschädigt und ihre Bedeutung drastisch reduziert. Vernachlässigung und Abwertung folgten, was die traditionelle Mittel- und Oberschicht schon früh zur Abwanderung veranlasst hat. Heute ist die Kasbah ein dichtes Unterschicht- und Mieterquartier mit einer Vielzahl von sozialen und städtebaulichen Problemen.

Schon 1976 gab es einen UNESCO-Plan zur Aufwertung der Kasbah, dem viele andere Pläne und Studien folgten. Dies hat aber kaum zu konkreten Aktionen geführt, weil die Sanierung der labyrintischen Altstadt schwierig und teuer ist, auch blockieren komplizierte Besitzverhältnisse und soziale Probleme bislang jede größere Aktion. Die Restaurierung der Zitadelle hat zwar begonnen, andere Maßnahmen beschränken sich auf wenige Häuser und Baublöcke.

Like many other cities in North Africa, Algiers is a fragmented urban agglomeration consisting of many heterogeneous areas: the old city or medina, the colonial city and the modern city, which is also split up into many different subareas. In addition, a large number of spontaneous settlements and bidonvilles can be found in and around Algiers.

The fragmented city is the result of a turbulent urban history, which gives a special meaning to the different urban areas. However, decay and urban transformation have strongly affected the original character of these areas, which is particularily true of the Casbah and of the colonial city.

Casbah

The Casbah is the historic nucleus of Algiers and a cultural heritage of the world which has been protected by the UNESCO since 1985.

During colonial times the Casbah was severely damaged by new urban projects. Simultaneously its importance was drastically reduced. Negligence and downgrading followed so that the traditional middle and upper classes left the old city. Today the Casbah is a dense low income and tenant quarter with major urban and social problems.

As early as 1976 the UNESCO designed a plan for urban renewal. However, the attempt to renew the labyrinthine Casbah proved to be difficult and expensive. A considerable number of urban studies followed, however, with little result.

So far, the complicated ownership pattern and social problems have blocked any significant action in the old city. One of the few activities actually going on is the restoration of the citadel and a limited pilot project which aims at renewing a few blocks and buildings.

Medina von Algier
Medina d'Alger
Medina of Algiers

Palast und Wohnhäuser
palais et residences
palace and residences

die Medina um 1940
la medina en 1940
the medina in 1940

die Medina heute
la medina aujouord'hui
the medina today

La ville coloniale
La ville coloniale est un exemple impressionant de l'urbanisme français des Beaux-Arts. Avec ses façades, rues et places de représentation elle est presque le modèle contraire du labyrinthe de ruelles de la Casbah. En particulier, les importants escaliers et arcades du front de mer représentent un exemple remarquable de l'urbanisme colonial.

Après l'indépendance, la ville coloniale fut accaparée par la population algérienne, et l'état des maisons, débordantes ou subdivisées, se détériora nettement. Les appartements sont aujourd'hui en grande partie privatisés, mais les propriétaires n'ont pas les moyens de maintenir en état les édifices souvent somptueux.

La ville coloniale représente un héritage urbanistique qui a pour l'image Alger autant d'importance que la Casbah. Cependant, dans le débat public, son renouvellement occupe une place bien moindre que celui de la Casbah. A ce jour il n'existe pas de plan concret pour conserver l'énorme masse construite de la ville coloniale ou pour financer un assainissement.

La ville nouvelle
Au cours des années 1940, le modernisme influançant Alger, les paradigmes de planification changèrent radicalement. Suivant la charte d'Athènes la ville modèle était une ville aérée et fonctionnelle, et naturellement la motorisation fit des rues un objet de planification d'importance croissante.

La colonie et, plus tard, le jeune pays indépendant devinrent un champ d'expérimentation du modernisme, qu'il fût fonctionnaliste ou socialiste. Un projet fameux, proposé par Le Corbusier, est le Projet Obus (1934) qui prévoit une ville-cordon futuriste embrassant la baie d'Alger.

Kolonialstadt
Die Kolonialstadt ist ein eindrucksvolles Beispiel des französischen Beaux-Arts-Städtebaus. Mit ihren repräsentativen Fassaden, Straßen und Plätzen stellt sie nahezu das Gegenmodell zum Gassenlabyrinth der Kasbah dar. Insbesondere die aufwändigen Arkaden und Treppenanlagen der Uferfront sind ein hervorragendes Beispiel des kolonialen Städtebaus.

Nach der Unabhängigkeit wurde die Kolonialstadt von der algerischen Bevölkerung übernommen, wobei sich der Zustand der Häuser aber durch Überbelegung und Aufteilung der Wohnungen deutlich verschlechterte. Die Wohnungen sind heute weitgehend privatisiert, die Mittel der Besitzer reichen aber nicht aus, um die teilweise prachtvollen Gebäude zu erhalten.

Die Kolonialstadt stellt ein städtebauliches Erbe dar, das für Algier ebenso stadtbildprägend wie die Kasbah ist. Allerdings wird die Erneuerung der Kolonialstadt in der öffentlichen Diskussion weniger nachdrücklich gefordert als die der Kasbah. Noch gibt es keinen konkreten Plan, wie die riesige Baumasse der Kolonialstadt erhalten und eine Sanierung finanziert werden kann.

Neustadt
In den 40er Jahren änderten sich im Zuge der nach Algier dringenden Moderne die Planungsparadigmen radikal. Entsprechend der „Charta von Athen" war nun die aufgelockerte und funktionale Stadt das städtebauliche Modell, natürlich wurde mit der beginnenden Motorisierung auch der Verkehr zunehmend wichtig.

Die Kolonie und später das junge, unabhängig gewordene Land wurden ein Experimentierfeld der Moderne, wobei neben der funktionalistischen auch die

The colonial city
The colonial city of Algiers is a striking example of the classic French beaux-arts-urbanism. With its representative facades, streets and squares the colonial city represents the opposite urbanistic model to the Casbah with its narrow street pattern and courtyard houses. In particular, the splendid terraces, arcades and stairs of the famous waterfront of Algiers are an outstanding example of colonial urbanism.

After independence the colonial city was taken over by the Algerian population. The large flats were subdivided and overcrowding and deterioration followed.

Today the situation has improved because the flats are predominantly private property, but the financial resources of the new owners are not sufficient to maintain the splendid buildings.

Without doubt the colonial city represents an outstanding urbanistic heritage which, together with the Casbah, contributes to form the unique urban image of Algiers. In spite of that no large renewal programme for the colonial city has been launched so far, neither has it been possible to mobilize sufficient private capital in order to conserve and to rehabilitate the large number of colonial buildings.

The modern city
As early as the thirties the modern architectural movement had its impact on Algiers. This led to a drastic change of the colonial and classic planning paradigms which prevailed in the first decades of the last century. According to the Charta of Athens the functional city became the new urbanistic model in which zoning, the street network and circulation became increasingly important.

Ce projet ne fut heureusement jamais réalisé, en revanche, durant les années 1950, de nombreux édifices de style international furent construits. L'important Plan de Constantine de 1960 introduisit dans l'urbanisme algérien les conceptions modernistes de l'époque, telles que la séparation des fonctions et la répartition en zones.

Fernand Pouillon
Fernand Pouillon est un personnage important de l'architecture algérienne, qui projeta des quartiers d'habitation pour les populations française et algérienne au cours des années 1950. Ces projets sont remarquables par leur adaptation à la topographie et par le façonnement différencié des bâtisses et des espaces libres.

Sa tentative d'intégrer des éléments d'architecture traditionnelle africaine au bâtiment moderne lui valu la critique des adeptes du modernisme mais semble aujourd'hui presque représenter un «post-modernisme» précoce. Après l'indépendance Pouillon continua à faire des projets et à construire en Algérie, surtout des villages de vacances et des équipements de loisirs d'une qualité architecturale extraordinaire.

Dans les années 1970 l'architecte brésilien Oskar Niemeyer construisit l'Ecole Polytechnique d'Architecture et d'Urbanisme (EPAU), l'université d'Alger et celle de Constantine, alors que Kenzo Tange conçut l'université d'Oran. Durant cette période, beaucoup d'architectes étrangers travaillèrent en Algérie, parmi eux des chinois, des hongrois et des polonais.

La pratique d'engager des architectes étrangers pour les grands projets s'est par la suite poursuivie. Ainsi, le Mémorial des Martyrs, le symbole politique de la ville d'Alger, et le centre commer-

sozialistische Moderne zum Zuge kam. Berühmt geworden ist das "Projet Obus" von Le Corbusier (1934), eine futuristische Bandstadt, die sich um die Bucht von Algier legt. Dieses Projekt wurde glücklicherweise nie realisiert, dafür entstanden in den 50er Jahren zahlreiche Bauten im Internationalen Stil.

Wichtig war der Plan de Constantine (1960), der die modernistischen Konzepte jener Zeit – z.B. Funktionstrennung und Zonungspläne – in die algerische Stadplanung einführte.

Fernand Pouillon
Eine bedeutende Figur der algerischen Architektur war Fernand Pouillon, der in den 50er Jahren mehrere Wohnquartiere für die französische und algerische Bevölkerung plante. Bemerkenswert an seinen Projekten ist die Anpassung an die Topographie sowie die differenzierte Gestaltung von Gebäuden und Freiflächen.

Sein Versuch, traditionelle afrikanische Elemente in das moderne Bauen einzuführen, brachte ihm die Kritik der Modernen ein, stellt sich aber rückblickend fast als ein früher „Postmodernismus" dar. Auch nach der Unabhängigkeit plante und baute Pouillon in Algerien Feriensiedlungen und Freizeitanlagen mit einer hervorragenden architektonischen Qualität.

Gleichzeitig war der brasilianische Architekt Oscar Niemeyer in Algier tätig, der die Universitäten von Algier, Constantine und die l'École Polytéchnique d'Architecture et d'Urbanisme (EPAU) entwarf, während Kenzo Tange den Auftrag für die Universität von Oran erhielt. Darüber hinaus arbeiteten in den 70er Jahren Architekten aus vielen Ländern in Algerien, insbesondere auch Chinesen, Ungarn und Polen.

Thus, the colony and later independent Algeria became a laboratory of the modernist movement, in which both functional modernism and later socialist modernism were practised.

In 1934 Le Corbusier designed his famous "Projet Obus", a futuristic linear city which extended along the bay of Algiers. Fortunately, this project was never realized because it would have destroyed a large part of the traditional city. In the fifties and sixties, many modernist buildings were erected in the international style.

In the field of urban planning, it was the Plan of Constantine (1960) which introduced modernist planning concepts in Algeria, particularly the principle of the functional zoning.

Fernand Pouillon
An architect with an important impact on the Algerian architecture was F. Pouillon. In the fifties, he designed housing projects both for French and Algerian residents. His projects were characterized by a remarkable architectonic and urbanistic quality.

In particular, this applies to the appropriate use of the site characteristics, the intelligent design of buildinqs and open spaces. He also tried to integrate traditional African elements into his architecture, which earned him some criticism from modernists. From today's viewpoint he appears to be almost a "postmodern" avant-gardist.

After independence Pouillon continued to work in Algeria and designed a large number of tourist projects, many of which had the same architectonic quality.

In the late sixties the Brazilian architect O. Niemeyer worked iin Algiers, designing the Universities of Algiers, Constantine and the EPAU. At the same time, Kenzo Tange was in charge of designing

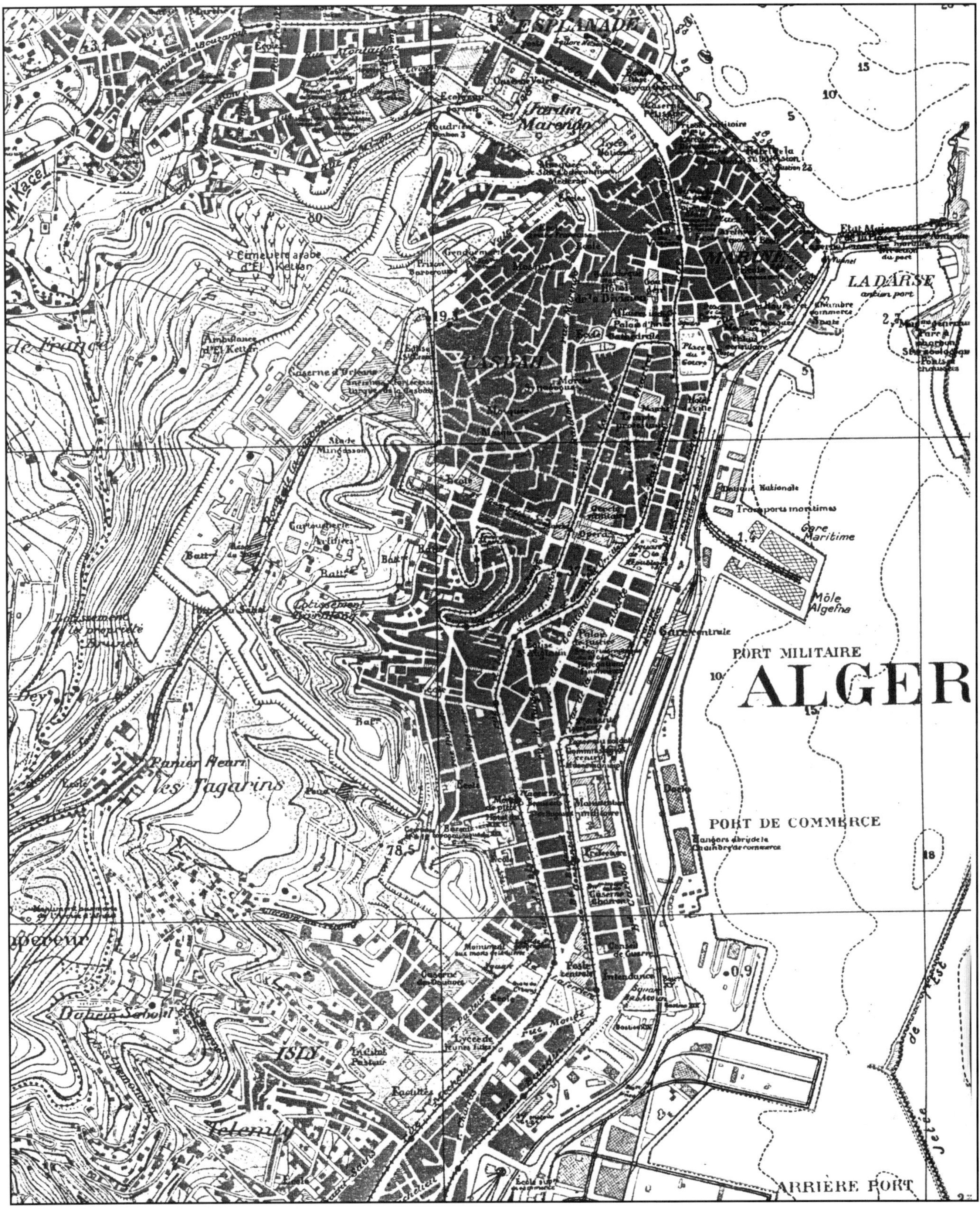
ESPLANADE
Jardin Marengo
Cimetière arabe d'El Kettar
Ambulance d'El Kettar
Caserne d'Orléans
CASBAH
MARINE
LA DARSE
Stade Mingasson
Transports maritimes
Gare Maritime
Môle Algefna
Gare centrale
PORT MILITAIRE
ALGER
Les Tagarins
PORT DE COMMERCE
Poste centrale
Intendance
ISLY
Telemly
ARRIÈRE PORT

die Kolonialstadt
la ville coloniale
the colonial city

1930 - 1970
moderne Architektur in Algierien
architecture moderne à Algérie
modern architecture in Algieria

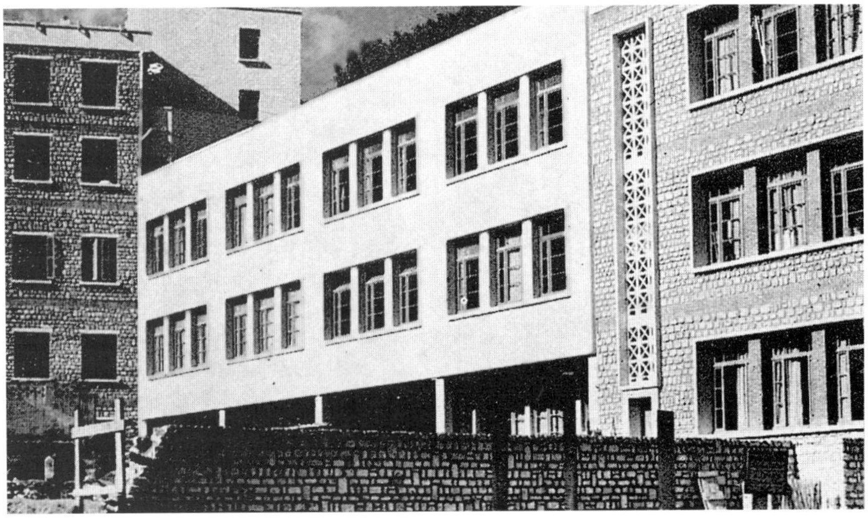

cial proche furent construits par des architectes canadiens. Quelques années plus tard, des architectes allemands participèrent à la construction du nouvel aéroport.

Les grands ensembles

Le manque extrême d'habitations mena, en Algérie comme dans quelques autres pays pauvres, à une politique du logement de caractère socialiste, basée sur la planification par l'Etat et la construction industrielle. Mal adaptés au climat et à la culture locales, ces grands ensembles monotones avec leur gigantesques immeubles ont toujours été problématiques, mais aujourd'hui beaucoup sont dans un état qui nécessitera bientôt un assainissement.

La privatisation du grand nombre d'appartements a commencé sans pour autant résoudre le problème urgent de l'assainissement ou celui de l'entretien, car les nouveaux propriétaires manquent de capital et d'expérience.

La construction du logement

Des grands quartiers de villas démontrent que les couches sociales aisées pouvant se permettre un style de construction coûteux existent à Alger. Néanmoins, exceptés ces privilégiés, le manque d'habitations est ressenti même par les couches moyennes. La densité des logements parfois extrêmement haute dans tout le centre-ville le démontre.

Les constructions sont aujourd'hui en majorité effectuées par des personnes privées , car il n'y a presque plus de programmes publics de construction du logement depuis des années. Les structures en béton inachevées que l'on voit partout dans la périphérie indiquent que les moyens pour construire un édifice d'une traite manquent souvent.

Die Praxis, sich bei wichtigen Projekten auf ausländische Architekten zu stützen, setzte sich auch später fort. So wurde in den 80er Jahren das politische Wahrzeichen von Algier – das Mémorial des Martyrs und das benachbarte kommerzielle Zentrum – von kanadischen Architekten entworfen und etwas später waren deutsche Architekten am Bau des neuen Flughafens beteiligt.

Les Grands Ensembles

Die extreme Wohnungsnot führte in Algerien wie in einigen anderen Entwicklungsländern zu einer sozialistischen Wohnungspolitik, die auf staatliche Planung und industrialisierte Bauweisen setzte. Klimatisch und kulturell schlecht angepasst, waren die monotonen Großsiedlungen mit ihren riesigen Plattenbauten schon immer problematisch, heute sind viele in einem so schlechten Zustand, dass ein dringender Sanierungsbedarf besteht.

Die Privatisierung des umfangreichen Wohnungsbestands hat begonnen, die dringende Frage der Sanierung und Unterhaltung ist aber nicht gelöst, weil den neuen Besitzern Kapital und Erfahrung fehlt.

Wohnungsbau

Weitläufige Villengebiete zeigen, dass es auch in Algier wohlhabende Schichten gibt, die sich einen aufwändigen Baustil leisten können. Abgesehen von diesen Privilegierten reicht die Wohnungsnot aber weit in die Mittelschicht hinein. Dies zeigen die extrem hohen Wohndichten, die fast überall in der Kernstadt zu finden sind.

Weil es seit Jahren kaum mehr öffentliche Wohnungsprogramme gibt, wird heute vor allem privat gebaut. Die unfertigen Betonstrukturen, die überall an der Peripherie

the new University of Oran. In addition. a large number of foreign professionals were contracted, including architects from China, Hungary and Poland.

Foreign architects were called in whenever an important project had to be designed. Thus, in the eighties Canadian architects designed the "Mémorial des Martyrs", the policial symbol of Algiers. Some years later German architects participated in building the new airport

Public housing estates

In the sixties and seventies Algeria, like many other developing countries, tried to respond to the housing need with a socialist approach, i.e. with centrally planned projects and with industrialized building methods.

However, the monotonous public housing estates with prefabricated multi-family units were clearly inappropriate in climatic and cultural terms with the result that today most of the projects have deteriorated and are badly in need of repair and maintenance.

The privatization of the state-owned buildings has begun, but hardly improved the situation. The new owners are hardly capable of maintaining the housing estates properly, as necessary experience, institutions and financial resources are lacking.

Private housing

Several high-standard housing areas show that in Algiers there is an upper class which can easily afford luxury housing. However, apart from these privileged groups the population is suffering severe housing problems. This is clearly shown by the extremely high residential densities, which can be found almost anywhere in the city.

F. Pouillon / 1950-60
Wohnungsprojekte
projets d'habitation
housing projects

F. Pouillon / 1970-80
Tourismus-Projekte
projets de tourisme
tourism projects

De nombreux investisseurs privés et beaucoup de coopératives sont actifs dans la construction du logement. Ils s'appuient sur une législation urbaine accordant beaucoup de libertés aux communes proches des grandes villes, aux firmes d'Etat et aux coopératives pour la réalisation de projets de construction du logement. Ceci et la spéculation foncière ont pour effet que les activités de construction échappent au contrôle de la planification. Les constructeurs privés aussi bien que les entreprises du bâtiment réalisent souvent leurs projets sur des parcelles illicites, démunies d'équipements urbains pendant des années.

Le manque de moyens financiers et de logements des villes est également à l'origine de nombreuses constructions d'habitat spontané et aussi de bidonvilles. Comme partout dans les villes du sud, l'administration municipale essaie de réprimer la construction spontanée, mais cependant la tolère dans la plupart des cas, car il n'y a pas d'alternative.

Infrastructure, circulation, environnement

Le début de l'industrialisation déclencha un afflux de population vers la capitale. Depuis, l'infrastructure urbaine est mise à rude épreuve.

Les transports en commun sont particulièrement sous-développés. Après avoir représenté 70% des déplacements au cours des années 1970, les omnibus publics sont passés à un taux de 40% aujourd'hui. Ce n'est pas la prospérité mais la simple nécessité qui fait augmenter le nombre de véhicules privés, lequel dépasse complètement la capacité des voiries d'une ville aussi dense.

L'approvisionnement en eau est également parfois critique et peut même en saison chaude défaillir

entstehen, weisen aber darauf hin, dass meist die Mittel fehlen, um die Häuser in einem Zug zu errichten.

Auch zahlreiche genossenschaftliche und private Bauträger sind im Wohnungsbau aktiv, die dabei von einer städtebaulichen Gesetzgebung profitieren, die den Randgemeinden, Staatsfirmen und Genossenschaften eine große Autonomie bei der Realisierung von Wohnungsbauprojekten einräumt. Dies und der spekulative Bodenmarkt haben zur Folge, dass private Bauherren ebenso wie Bauunternehmen ihre Projekte oft unkontrolliert und in irregulären Parzellierungen realisieren, die jahrelang keine städtebauliche Ausstattung haben.

Die städtische Armut und Wohnungsnot haben auch zahlreiche Spontansiedlungen hervorgebracht, einschließlich ärmlicher Hüttensiedlungen oder Bidonvilles. Wie überall in den Süd-Metropolen versucht die Stadtverwaltung, das spontane Bauen zu unterdrücken, in den meisten Fällen wird es aber toleriert, weil es keine Alternative gibt.

Infrastruktur, Verkehr, Umwelt

Die frühe Industrialisierung löste eine massive Zuwanderung in die Hauptstadt aus, seitdem steht die städtische Infrastruktur unter einem enormen Druck.

Vor allem der öffentliche Verkehr ist extrem unterentwickelt. Wurden in den 70er Jahren noch rund 70 % aller Fahrten mit öffentlichen Bussen bewältigt, so sind es heute nur noch 40 %. Nicht der Wohlstand, sondern die Notwendigkeit treibt die Zahl der privaten Kraftfahrzeuge in die Höhe, was das Straßennetz der hoch verdichteten Stadt völlig überfordert.

Kritische Engpässe gibt es auch bei der Wasserversorgung, die in der trockenen Jahreszeit zeitweise

Since public housing programmes have become almost insignificant during recent years, private building activities have increased considerably. However, many unfinished concrete structures on the periphery demonstrate that families are economically unable to finish the buildings.

Cooperatives and private real estate companies are also involved in housing, taking advantage of certain legal dispositions which allow to plan and to implement their housing projects rather independently, i.e. with little control from central planning agencie. Therefore, houses are often built in informal settlements where no infrastructure exists for years. Lack of control and a speculative land market make it extremely difficult to stop informal settlement activities.

In addition, widespread urban poverty has stimulated spontaneous building. Like anywhere else the administration tries to stop this and to eradicate the shanty towns or bidonvilles. However, very often these are tolerated because an alternative is missing.

Infrastructure, mobility, environment

Early industrialization in Algiers initiated mass migration towards the capital and since then urban infrastructure has been put under enormous pressure.

This applies mainly to the circulation and urban transport system which suffers from severe problems. Whereas in the seventies about 70% of all travellers made use of the public transport system, this figure has been reduced to 40% today.Not high income, but the necessity to be mobile is the reason for the fast growing number of private vehicles, which cause permanent traffic jams in the city.

There are also serious bottlenecks in the water supply system,

complètement. Les grands ensembles avec leur population dense en subissent les pires conséquences du fait des conditions sanitaires critiques. De plus, l'agglomération croissante et l'agriculture ont commencé à se disputer les maigres réserves d'eau et la ville l'emporte, évidemment.

L'avenir de la métropole

La métropole a une population d'environ 3,5 millions d'habitants qui atteindra les 5 millions en 2010. Administrativement, le Grand Alger se compose de 30 arrondissements et de 30 communes de banlieue. Sa surface en expansion rapide recouvre 800 km2 et déborde largement de la baie d'Alger. L'agglomération pénètre aussi de plus en plus les terres fertiles de la Mitidja et en menace l'écologie fragile.

Comme toutes les métropoles du sud, Alger est confrontée à d'énormes défis. Avant tout, la métropole a besoin d'une planification efficiente pour contrôler l'emploi des sols et la spéculation foncière. En vue d'une planification générale stratégique, se posent les questions suivantes:

– Dans quelle direction principale la ville grandira-t-elle et à quelle configuration faut-il s'attendre à long terme?
– Quel rôle les communes périphériques peuvent-elles jouer dans ce contexte?
– Comment peut-on empêcher la ville d'empiéter sur les terres agricoles des alentours et surtout de la Mitidja?
– Comment les ressources naturelles, la côte et la mer peuvent-elles être protégées?
– Comment assurer un développement urbain durable dans le contexte semi-aride de la région?

Avant tout, c'est la politique de la ville qui doit assurer une perspective réaliste pour la moderni-

völlig ausfällt, was in den dicht belegten Großbauten der grands ensembles zu untragbaren sanitären Verhältnissen führt. Ebenso hat zwischen der wachsenden Agglomeration und der Landwirtschaft im Umland ein Verteilungskampf um die knappen Wasserressourcen eingesetzt, der natürlich zu Gunsten der Hauptstadt entschieden wird.

Die Zukunft der Metropole

Algiers Bevölkerung beträgt rund 3,5 Mio., die bis 2010 auf 5 Mio. anwachsen wird. Groß-Algier umfasst etwa 30 Stadtbezirke und Randgemeinden. Die rasch expandierende Agglomeration erstreckt sich über 800 km^2 und greift weit über die Bucht von Algier hinaus. Sie dringt auch zunehmend in das fruchtbare Hinterland der Mitidja ein und bedroht dort die fragile Ökologie.

Wie alle Süd-Metropolen steht Algier vor gigantischen Herausforderungen. Vor allem braucht die Stadt eine wirksame Gesamtplanung, um die Flächennutzung und Bodenspekulation zu kontrollieren. Dabei stellen sich folgende Fragen:

– In welche Richtung wird die Stadt vorrangig wachsen und mit welcher räumlichen Konfiguration ist langfristig zu rechnen?
– Welche Rolle können die peripheren Gemeinden spielen, die zunehmend in die Agglomeration hineinwachsen?
– Wie kann die unkontrollierte Aufsiedlung der Agrarflächen im Umland – und insbesondere der Mitidja – verhindert werden?
– Wie können die natürlichen Ressourcen, die Küste und die Bucht von Algier vor Verschmutzung geschützt werden?
– Wie kann im semi-ariden Klima dieser Region eine nachhaltige Stadtentwicklung gesichert werden?

which in the hot season frequently collapses, causing critical sanitary conditions particularily in the large public housing estates.

As far as water resources are concerned, there are severe conflicts arising between the expanding urban agglomeration and the agricultural sector in the region. There is no doubt that the powerful capital city and not the deficient agricultural sector will control the water resources in the future.

The future of the metropolis

Today the capital´s population is about 3.5 million and will increase to about 5 million in the year 2010.

Greater Algiers includes about 30 districts and peripheral communities and extends over 800 square km far beyond the Bay of Algiers. The fast growing metropolis penetrates into the fertile hinterland thus threatening the agriculture of the Mitidja region.

Like all southern metropolises, Algiers is facing countless problems. An urban strategy is needed which has to give an answer to the following questions:

- In which direction will the urban agglomeration grow?
- Which role can the peripheral settlements play in this configuration?
- How can the uncontrolled invasion of agricultural land at the urban periphery be prevented?
- How can natural environment, the coastline and the sea be protected against pollution?
- What urban concepts should be applied in order to secure sustainable urban development in this semi-arid Mediterranean region?

Urban planners are also challenged to point out what important and dynamic role Algiers can play in the Mediterranean region. The location could function as a turnta-

Monument der Märtyrer
Monument des Martyrs
Monument of Martyrs

Straßenszenen
aperçu des rues
street scenes

sation, afin de bien replacer Alger vis-à-vis de la concurrence des villes méditerranéennes. La situation géographique fait de la ville une plaque tournante prédestinée du Maghreb et une porte d'entrée de l'Afrique, mais pour cela un renouvellement fondamental et d'énormes investitions sont nécessaires.

Avec le document stratégique «Alger dans le XXIième siècle» et les «Grands Projets Urbains», une vision du futur certes un peu vague et incomplète fut ébauchée en 1998. Il manque un plan stratégique qui, au-delà de certaines parties intéressantes du litoral, prenne en charge le développement général d'Alger, le renouvellement du noyau de la ville et la réorganisation de la périphérie chaotique.

Tâches de la planification

Les tâches urgentes à remplir à Alger et dans d'autres villes algériennes touchent à pratiquement tous les aspects du développement urbain:

- Agrandissement et renouvellement de l'infrastructure urbaine;
- Développement de nouveaux centres et centres subordonnés;
- Renouvellement des places publiques, des espaces libres et des espaces verts;
- Conversion des vieilles aires de port et d'industrie;
- Prise en charge des problèmes d'approvisionnement (eau) et de pollution (eaux usées et ordures).

Quelques grands projets en discussion ou en préparation:

- Un nouvel aéroport;
- La modernisation des équipements du port;
- Un front de mer représentatif;
- Un centre urbain secondaire à Hamma;

Die Stadtpolitik ist gefordert, eine Perspektive für die Metropole aufzuzeigen, um diese im Kontext der mediterranen Städtekonkurrenz neu zu positionieren. Die geographische Lage legt nahe, dass die Stadt als Brückenkopf zu Afrika fungiert, was jedoch eine grundlegende Erneuerung und enorme Investitionen voraussetzt.

Mit dem Strategie-Dokument „Alger dans le XXIième Siècle" und den „Grands Projets Urbains" wurde eine solche Zukunftsvision entworfen, die allerdings noch sehr vage und unvollständig ist. Es fehlt ein strategisches Konzept, das nicht nur einige attraktive Küstenabschnitte herausgreift, sondern sich ernsthaft mit der Gesamtentwicklung Algiers, mit der Erneuerung der Kernstadt und mit einer Neuordnung der chaotischen Peripherie beschäftigt.

Planungsaufgaben

Die dringenden Planungsaufgaben, die in Algier und teilweise auch in anderen algerischen Städten anstehen, umfassen praktisch alle Aspekte der Stadtentwicklung:

- Ausbau und Erneuerung der städtischen Infrastruktur;
- Wohnungsbau für untere und mittlere Einkommensschichten;
- Kontrolle der irregulären Siedlungen und Bidonvilles;
- Ausbau des öffentlichen Verkehrssystems;
- Entwicklung von neuen Zentren und Nebenzentren;
- Erneuerung der öffentlichen Räume, Frei- und Grünflächen;
- Konversion der alten Hafen- und Industrieflächen;
- Lösung der zahlreichen Versorgungs- und Umweltprobleme im Bereich Wasser, Abwasser, Müll.

Einige Großprojekte, die sich derzeit in der Planung befinden, sind:

ble between Europe and Africa. However, this would require profound modernization of the city and thus huge investments.

The recently published documents "Alger dans le XXIième Siècle" and "Grands Projets Urbains" outline an urban development strategy for Algiers. However, still missing is a solid development plan which does not only focus on attractive waterfront projects, but on comprehensive ideas for the agglomeration´s urban development, for the renewal of the old city and colonial city. The control of the chaotic land use at the periphery would also be an important aspect of such a plan.

Major planning tasks

The major tasks the Algerian planning agencies are confronted with include all aspects of urban development. There is a large number of urgent problems to be solved:

- expanding and consolidating the urban infrastructure;
- housing for lower and middle income groups;
- controlling the informal settlements and bidonvilles;
- expanding the public transport network;
- developing new urban centres and sub-centres;
- revitalizing public open spaces and green areas;
- renewing the old harbours and industrial areas;
- controlling environmental problems;
- improving water supply and sewerage system, etc.

Some important projects which are currently planned or implemented are:

- a new airport;
- modernization of the old harbour;

- La modernisation du noyau de la ville;
- Le renouvellement de l'infrastructure urbaine.

Un grand projet actuel est la ville nouvelle de Mahelma, à cent kilomètres d'Alger. Cette «ville d'investisseurs» à concevoir par l'architecte espagnol Ricardo Bofill sert d'une part à soulager Alger mais devient d'autre part une concurrence, car elle absorbe des capitaux dont la métropole a grand besoin.

- ein neuer Flughafen;
- die Modernisierung desr Hafens;
- eine repräsentative Waterfront;
- ein Sub-Zentrum in Hamma;
- die Modernisierung des Stadtzentrums;
- die Erneuerung der städtischen Infrastruktur.

Ein wichtiges Projekt ist eine neue Stadt in Mahelma, etwa 100 km südlich von Algier. Diese wird vom spanischen Architekten R. Bonfill geplant und von einem algerischen Investor finanziert. Die Auswirkungen werden für Algier zwiespätig sein, auf der einen Seite wird die Metropole entlastet, auf der anderen wandern dringend benötigte Investitionen aus der Metropole ab.

- a representative waterfront;
- an urban sub-center in Hamma;
- modernization of the core city;
- renewal of the urban infrastructure.

An important new project is the new city in Mahelma, located about 100 km South from Algiers. This new city will be planned by the Spanish architect R. Bonfill and financed by a private investor. If this project is implemented, it will have a somewhat ambigious impact on Algiers: on the one hand, it will relieve the urban ipressure on Algiers, on the other, the new center will absorb the real estate and investment capital which Algiers urgently needs.

3.3 Planification urbaine et urbanisme en Algérie

Petit historique

En Algérie trois phases de développement de la planification sont discernables:

- Une phase initiale (années 1960)
- Une phase de croissance urbaine explosive (années 1970 et 1980)
- Une phase de dépression économique et de «crise urbaine» (années 1990).

La première phase était marquée par le manque presque absolu de personnel spécialisé. En outre, d'important documents de cadastre et de planification disparurent avec l'administration colox Elementen einer integrierten Bewirtschaftung der Ressource Wasser und Kommerzialisierung

3.3 Stadtplanung und Städtebau in Algerien

Zur Planungsgeschichte

In Algerien lassen sich in der jüngeren Stadtentwicklung drei Phasen unterscheiden:

- eine Initialphase (60er Jahre),
- eine Phase des explosiven städtischen Wachstums (70/80er Jahre),
- eine Phase der wirtschaftlichen Depression und „urbanen Krise" (90er Jahre).

Die erste Phase war durch einen fast absoluten Mangel an Fachkräften gekennzeichnet, auch verschwanden mit der Kolonialverwaltung wichtige Kataster- und Planungsgrundlagen. Ein erheb-

3.3 Urban planning and urbanism in Algeria

Planning history

In Algeria, three phases of urban planning can be distinguished:

- the initial phase of the sixties;
- in the seventies and eighties, a phase of explosive urban growth;
- in the nineties, a phase of economic stagnation and urban crisis.

In the first phase urban planning suffered from an almost absolute lack of planning professionals and planning information which was lost with the end of colonial rule. A considerable part of these documents are still in French archives and hardly accessible for the public.

Großsiedlungen
grands ensembles
social housing estates

neue Wohnungsprojekte
nouvaux projets de logement
new housing projects

Au cours de la deuxième phase il fallut faire face à une croissance urbaine turbulente à l'aide de conceptions de planification soit importées soit jamais éprouvées.

Malgré une certaine expérience de la planification, la troisième phase, encore en cours, est marquée par les défaites dues aux moyens insuffisants, au manque d'intérêt de la politique et à la libéralisation de l'économie échappant de plus en plus à la planification urbaine.

Cette histoire de la planification, extrêmement difficile, se reflète dans une série de documents encore cités fréquemment de nos jours, entre autres:

- Plan d'Organisation Générale (POG, CNERU 1971);
- Plan d'Urbanisme Directeur (PUD, 1981–1983);
- Schéma National d'Aménagement du territoire (SNA, 1981);
- Schéma Régional d'Aménagement du Territoire (SRAT);
- Plan Directeur d'Aménagement et d'Urbanisme (PDAU 1991–1993).

COMEDOR

Les prix élevés du pétrole dans les années 1970 provoquèrent un boom économique accompagné d'une véritable euphorie de la planification. Le COMEDOR assura une mobilisation impressionnante de la planification urbaine au milieu des années 1970. Cet organe central de planification avec des pouvoirs étendus a conçu de manière intensive des plans surtout pour la région d'Alger.

De nombreux groupes de travail internationaux, dont des groupes venus d'universités allemandes, anglaises, italiennes et françaises, participèrent à l'élaboration de ces plans. De cette manière, COMEDOR voulait amasser des idées et des conceptions pour le

licher Teil dieses Materials befindet sich noch heute in französischen Archiven.

Die zweite Phase hatte mit der Schwierigkeit zu kämpfen, dem turbulenten Stadtwachstum mit unerprobten bzw. importierten Planungskonzepten zu begegnen.

Die dritte und aktuelle Phase, in der es schon eine gewisse Planungserfahrung gibt, scheitert vielfach an knappen Mitteln, am politischen Desinteresse und an der Liberalisierung der Wirtschaft, die sich der Stadtplanung zunehmend entzieht.

Diese extrem schwierige Planungsgeschichte kristallisert sich in einer Reihe von Dokumenten, die auch heute noch häufig zitiert werden, u.a.:

- Plan d'Organisation Générale (POG, CNERU 1971);
- Plan d'Urbanisme Directeur (PUD, 1981–83);
- Schema National d'Amenagement du Territoire (SNA, 1981);
- Schéma Regional d'Amenagement du Territoire (SRAT);
- Plan Directeur d'Aménagement et d'Urbanisme (PDAU, 1991–93).

COMEDOR

Hohe Ölpreise bescherten dem Land in den 70er Jahren einen Boom, der von einer regelrechten Planungseuphorie begleitet wurden. Eine eindrucksvolle Mobilisierung der Stadtplanung gab es Mitte der 70er Jahre durch COMEDOR. Dies war ein zentrales Planungsorgan mit weitreichenden Kompetenzen, das vor allem im Großraum Algier intensiv plante.

Daran waren auch zahlreiche internationale Arbeitsgruppen beteiligt, darunter Gruppen aus deutschen, englischen, italienischen und französischen Universitäten. Auf diese Weise wollte COMEDOR Ideen und Konzepte

The second phase had to deal with accelerated urban growth by using imported and often inappropriate planning concepts.

In the third phase which still exists, local planning experience can already be found. However, implementation often gets stuck because of financial or political problems. In addition, the change of the economic system from a centrally planned towards a market economy also tends to weaken urban planning.

Thus the urban planning history of Algeria has been – and contінies to be – extremely difficult. The result has been a series of historic planning documents which until today represent an important reference, e.g.:

- Plan d'Organisation Générale (POG, CNERU 1971);
- Plan d'Urbanisme Directeur (PUD, 1981-83);
- Schema National d'Amenagement du Territoire (SNA, 1981);,
- Schéma Regional d'Aménagement du Territoire;
- Plan Directeur d'Aménagement et d'Urbanisme (PDAU, 1991-93).

COMEDOR

In the seventies the high oil price iniciated an economic boom in Algeria which was accompanied by a veritable planning euphorism.

An impressive mobilization of planning know how took place in which COMEDOR, a central planning agency with considerable power, played an important role. The activities concentrated on the area of Grand Alger and several international expert groups were invited, including German, Italian, French and British universities.

With this international cooperation COMEDOR hoped to get access to new planning ideas and methods which could be applied in Algiers and in Algeria.

développement urbain et se donner un aperçu des différents styles de planification.

Au total il s'agit là d'une phase intéressante dans l'histoire algérienne de la planification et de la coopération universitaire, même si les jeunes écoles d'architecture algériennes ne jouaient pas encore un rôle actif.

Le résultat le plus important de COMEDOR est un plan de structure dénommé «Schéma d'Aménagement d'Alger» comportant une conception relativement pertinente pour le développement des surfaces de la métropole.

COMEDOR fut dissolu pour des raisons politiques, malgré le succès du travail de planification. Une telle intensité du travail de planification ne fut plus atteinte dans les années suivantes, raison pour laquelle le plan COMEDOR est resté un document important jusqu'aujourd'hui.

Planification urbaine et administration

En Algérie la planification et l'administration sont centralisées, de plus les concertations entre ministères (par exemple de la circulation, de l'infrastructure, du logement et de l'industrie) sont rares et il n'y a presque pas de possibilités de participation pour la population.

Les changements politiques et institutionnels rapides remettent en question toute planification continue. Souvent la planification est, pour des raisons politiques notamment, interrompue à moitié chemin pour reprendre au départ quelque temps plus tard. Beaucoup de plans n'entrent jamais en vigueur officiellement et n'obligent donc à rien.

Plusieurs retracements des limites administratives ont rendu la planification générale de l'Alger difficile. Le manque d'effet de la planification est naturellement dû

für die Stadtentwicklung sammeln und Einblick in unterschiedliche Planungsstile bekommen.

Insgesamt war dies eine interessante Phase der algerischen Planungsgeschichte und der universitären Kooperation, auch wenn die jungen algerischen Architekturschulen noch keine aktive Rolle spielten.

Das wichtigste Ergebnis von COMEDOR war ein Strukturplan oder "Schéma d'Amenagement d'Alger" mit einem relativ schlüssigen Konzept für die räumliche Entwicklung der Metropole.

COMEDOR wurde aus politischen Gründen aufgelöst, obwohl die planerische Arbeit durchaus erfolgreich war. Die intensive Planungsaktivität wurde in späteren Jahren kaum mehr erreicht, deshalb ist der COMEDOR-Plan bis heute ein wichtiges Dokument geblieben.

Stadtplanung und Verwaltung

Planung und Verwaltung sind in Algerien zentralisiert, gleichzeitig ist die Abstimmung zwischen den Fachministerien – z.B. Verkehr, Infrastruktur, Wohnungsbau, Industrie – relativ gering, auch partizipative Verfahren gibt es kaum.

Rasche politische und institutionelle Veränderungen stellen jede kontinuierliche Planung infrage. Oft wird der Planungsprozess aus politischen oder anderen Gründen auf halbem Wege abgebrochen, um nach einiger Zeit wieder neu zu beginnen. Viele Pläne erlangen nie einen offiziellen Rechtsstatus, bleiben also unverbindlich.

Die Gesamtplanung der Metropole wurde durch den mehrfachen Wechsel der administrativen Grenzen erschwert, natürlich tragen auch veraltete Kataster und fehlende Informationen zur Unwirksamkeit der Planung bei. Gibt es gültige Pläne, so werden diese

All in all, this was an extremely interesting phase of urban planning in Algeria and an early experiment in university cooperation, although the young Ècole Polytechnique et d'Urbanisme (EPAU) did not yet play an active role.

The most significant result of COMEDOR's activities was the "Schéma d'Amenagement d'Alger", an urban development strategy which proposed a fairly solid concept for future metropolitan growth.

COMEDOR was dissolved for political reasons, in spite of its successful technical work. It can be said that never again planning activities in Algeria were as intensive as at the time of COMEDOR and frequently the proposed strategy is still referred to.

Planning and administration

Administration and planning in Algeria are centralized, however, the coordination between the different ministries and sector agencies – e.g. urban transport, infrastructure, industry, housing – is relatively weak. In addition, frequent political and administrative changes undermine any continuity of planning.

The planning process is often stopped halfway for political and other reasons, only to be initiated again from scratch. Many plans never achieve an official and legal status and thus have little chance to be implemented.

Metropolitan planning is also hampered by the frequent modification of administrative boundaries and local institutions. In addition, incomplete or outdated land registration, maps and other planning data make any planning effort difficult. Where official plans and planning regulations exist, these are often ignored or distorted by inefficient control mechanisms.

privater und kooperativer
Wohnungsbau
logement privé et coopératif
private and cooperative
housing

informeller Wohnungsbau
habitat informel
informal housing

aussi à des cadastres désuets et des données manquantes. Quand un plan est en vigueur, il est souvent miné par des procédés d'autorisation négligents et par le manque de mécanismes de contrôle.

Même après trois décennies d'économie planifiée socialiste, la planification urbaine est un instrument jeune et peu efficace. Il manque encore un système de planification démocratique et efficace pouvant avoir recours aux instruments nécessaires:

- Des cadastres complets et un système d'information fiable pour la planification des espaces et pour la planification urbaine;
- Une planification stratégique d'ensemble de caractère obligatoire pour l'agglomération;
- Une planification directive de la construction qui fonctionne à tous les niveaux (agglomération, zones urbaines et quartiers), et un contrôle fiable de l'utilisation des bâtiments et de la construction.

Les Grands Projets d'Alger

La planification urbaine prit un nouvel élan en 1998 avec l'instauration du Gouvernorat du Grand Alger. Sur la base d'analyses plus ou moins approfondies on formula le document «Alger – capitale du XXIième siècle», dont le but principal est de renforcer le rayonnement international de la métropole en Méditerranée

Le Grands Projets Urbains, une série de projets métropolitains concernant Alger, travaille dans le même sens en s'occupant des parties stratégiques du litoral. Le but de ces projets est de donner à la ville un front de mer moderne, un thème certes important à Alger. Cependant, les plans négligent de grandes parties de la ville centrale, de même que la périphérie et sur-

durch nachlässige Genehmigungsverfahren und fehlende Kontrollmechanismen oft unterlaufen.

Auch nach drei Jahrzehnten sozialistischer Planwirtschaft ist die Stadtplanung ein junges und schwaches Instrument. Noch fehlt ein demokratisches und effizientes Planungssystem, das sich auf die notwendigen Instrumente stützen kann:

- flächendeckende Kataster und ein zuverlässiges Informationssystem für die räumliche und städtebauliche Planung;
- eine übergreifende und verbindliche Strategieplanung für die Agglomeration;
- eine auf allen Ebenen (Agglomeration, Stadtzonen, Quartiere) funktionierende Bauleitplanung, Nutzungs- und Baukontrolle.

Les Grands Projets d'Alger

Einen neuen Anlauf in der metropolitanen Planung gab es 1998 durch das neu geschaffene Gouvernorat d'Alger. Auf der Grundlage mehr oder weniger gründlicher Analysen wurde das Dokument „Algier – eine Metropole des 21. Jahrhunderts" formuliert, dessen Hauptziel es ist, die internationale Attraktivität der Metropole im Mittelmeerraum zu stärken.

Hierzu sollen die Grands Projets Urbains (GPU) beitragen, eine Reihe metropolitaner Großprojekte, die in strategischen Küstenabschnitten angesiedelt sind. Diese Projekte sollen der Stadt eine moderne Waterfront geben. Allerdings vernachlässigt die Planung große Teile der Kernstadt, die Peripherie und vor allem das fruchtbare Hinterland der Mitidja, auf der ein wachsender Siedlungsdruck lastet.

Auch ein internationaler Wettbewerb für einen metropolitanen Master-Plan wurde ausgeschrieben, was aber im Ansatz stecken blieb, weil das Gouvernorat de

Thus, after three decades of socialist and central planning, urban planning still is a weak instrument. What is missing is a democratic and efficient planning system based on the necessay instruments like:

- a reliable information system and up-to-date land registration;
- a strategic plan for the agglomeration;
- a coherent and solid system of land use planning and building control on macro and micro level, i.e. on the level of the agglomeration, city centre, periphery and residential districts.

Les Grands Projets d'Alger

A new effort in metropolitan planning was started by the "Gouvernorat d'Alger". Created in 1998 and based on more or less profound studies, the new local government published the document "Algiers – a metropole of the 21st century". The main objective of this strategy was to strengthen the role of the capital city Algiers within the Mediterranean region.

Thus some large scale projects (GPU) were defined, all located at strategic locations along the coast. A modern waterfront should be created which is without any doubt a most important objective in Algiers.

However, this planning document clearly neglects large parts of the urban area, e.g. the periphery and the cultivated hinterland of the Mitidja which suffers increasingly from uncontrolled urbanization.

An international competition for a new metropolitan master plan followed, however, this was cancelled because the new local government was eliminated. Evidently, this new "super-ministry" for metropolitan planning clashed with the vested interests of many other institutions.

tout l'arrière-pays fertile de la Mitidja, victime des excroissances de la métropole.

Un concours international pour un plan directif métropolitain fut également amorcé mais resta sans suite, car le Gouvernorat du Grand Alger disparut bientôt. Manifestement, il n'était pas politiquement opportun de créer un «superministère d'Alger», inévitablement en concurrence avec beaucoup d'autres institutions.

Images modèles

Comme la Casbah, la ville coloniale et les parties de la ville dues au modernisme, beaucoup d'images modèles de l'urbanisme se superposent à Alger. L'éventail est même élargi par le retour de masters ou de docteurs ayant conclu des études de urban and regional planning en Angleterre ou aux Etats-Unis d'Amérique.

Il s'avère difficile de concilier différents paradigmes de planification afin d'en faire un style de planification moderne, autre raison pour laquelle un concept clair pour la métropole n'existe pas encore. La concentration du débat urbaniste sur la Casbah et la ville coloniale, souvent pratiquée dans le milieu universitaire, contourne les vrais problèmes et ne sert pas la métropole.

Il serait préférable de travailler sur l'image modèle d'un «développement urbain durable». Bien que ce paradigme soit, évidemment, connu à Alger, il n'entre pas encore dans la pratique de la planification.

De même, des conceptions modernes jouant un rôle important dans le débat europeen, telles que «la ville compacte», «la ville des distances courtes » ou «la ville écologique», sont encore peu thématisées à Alger.

Grand Alger bald wieder verschwand. Offensichtlich war es politisch nicht opportun, ein "Superministerium" für Algier zu schaffen, das unvermeidlich in Konkurrenz mit anderen Institutionen steht.

Leitbilder

Wie die Kasbah, Kolonialstadt und Moderne, so überlagern sich in Algerien viele städtebauliche Leitbilder. Das Spektrum wird noch durch zurückkehrende Master-Absolventen und Doktoranden erweitert, die in England oder Amerika urban and regional planning studiert haben.

Es erweist sich als schwierig, die verschiedenen Planungsparadigmen zu einem modernen Planungsstil zu vereinen, auch deshalb gibt es bislang kein klares Konzept für die Metropole. Die Einengung der Fachdiskussion auf die Kasbah und die Kolonialstadt, die man in akademischen Kreisen häufig findet, wird der Metropole nicht gerecht, sondern weicht den eigentlichen Problemen aus.

Wichtig wäre es dagegen, an einem Leitbild für eine „nachhaltige Stadtentwicklung" zu arbeiten. Dieses Paradigma ist natürlich auch in Algier bekannt, aber noch kaum in die praktische Planung aufgenommen.

Auch moderne Konzepte wie die „kompakte Stadt", die „Stadt der kurzen Wege" oder die „umweltgerechte Stadt", die in der europäischen Diskussion eine wichtige Rolle spielen, werden in Algier noch kaum thematisiert.

Planning paradigms

Algiers can be considered as a mosaic of very different areas – e.g. Casbah, colonal and new city – , and in the same way urban planning in Algeria is a mosaic of very different planning paradigms, inherited from the past. The spectrum of the different urbanistic models is enlarged by those returning from postgraduate studies abroad, e.g. master courses in urban and regional planning in Britain, United States or other countries.

It proves to be difficult to combine the different planning paradigms to one coherent and modern planning system, which is one of the reasons why urban planning in Algeria often fails.

The limited discussion on the Casbah and on the colonial city which prevails in some academic circles does not reflect on the complex situation of Greater Algiers nor does it touch many of the real problems. What is needed is an intensive discussion on comprehensive development concepts and a "sustainable development" of Algiers and other Algerian cities, a paradigma which is well known but has so far no concrete impact on urban planning.

There are some other modern concepts like the "compact city", the "city of short distances", the "ecological city" etc., which play a significant role in current urban panning in Europe and probably would be worth to be tested in Algeria.

محافظة الجزائر الكبرى
GOUVERNORAT du GRAND ALGER
1 Zéralda
2 Cheraga
3 Draria
4 Birtouta
5 Bir Mourad Rais
6 Bouz
7 Bab El Oued
8 Hussein Dey
9 El Harrach
10 Baraki
11 Dar El Beida
12 Rouiba
un espace capital
anep
ملتقى الألفية
CARREFOUR DU MILLENAIRE
مقام الشهيد
SANCTUAIRE DES MARTYRS
المدنية
EL MADANIA

Baie d'Alger
GPU-Grands Projets Urbains

Planification régionale et construction

Tout ceci peut donner des impulsions, mais ne fournit pas d'identité culturelle. Il manque encore l'idée de la «ville maghrébine» qui fasse figure d'image motrice comme le fait la «ville européenne». Bien entendu, la «ville maghrébine» serait une ville hybride dans laquelle se mélangent des éléments hétérogènes mais ayant néanmoins un caractère individuel propre.

L'importation outrancière de modèles de planification modernistes a récemment mené à une certaine renaissance de la ville islamique traditionnelle dont on espère qu'elle apportera un plus d'identité culturelle. Certains projets d'étude de l'EPAU traitant de la Casbah d'Alger ou des oasis de Timimoun ou de Ghardaia le démontrent.

Bien que la manière dont les traditions régionales de l'architecture et de l'urbanisme peuvent servir la construction moderne ne soit pas claire, elles offrent cependant la chance d'opposer quelque chose à l'importation effrennée d'architecture.

Ce qui manque au Maghreb, c'est un débat d'architecture régional qui permette de faire connaître des exemples innovateurs bel et bien existants ici et là. Ainsi, beaucoup de terrain est cédé aux publications internationales sur papier brillant propageant mondialement la moindre tendance passagère mais qui contribuent relativement peu au développement d'une authentique culture régionale de la construction.

Regionales Planen und Bauen

Solche Konzepte können Anstöße geben, beantworten aber nicht die Frage nach der kulturellen Identität. Noch fehlt die Idee einer „maghrebinischen Stadt", die – ähnlich wie die „europäische Stadt" – als kulturelles Leitbild dienen kann. Natürlich wäre die „maghrebinische Stadt" eine hybride Stadt, in der sich viele heterogene Elemente mischen, die aber dennoch einen eigenständigen Charakter besitzt.

Der rigorose Import kolonialer und modernistischer Planungsmodelle hat in jüngerer Zeit zu einer gewissen Renaissance der traditionellen islamischen Stadt geführt, von der man sich ein höheres Maß an kultureller Identität verspricht. Dies zeigen auch Studien-Projekte der EPAU, die sich mit der Kasbah von Algier, den Oasen von Timimoun oder Ghardaia beschäftigen.

Auch wenn es durchaus offen ist, wie die regionale Architektur- und Städtebau-Tradition für das moderne Bauen genutzt werden kann, so enthält dies doch eine Chance, dem ungebremsten Architekturimport etwas entgegenzusetzen.

Was im Maghreb fehlt, ist eine regionale Architekturdebatte, um innovative Beispiele bekannt zu machen, die es hier und da durchaus gibt. So bleibt das Feld weitgehend den internationalen Hochglanz-Publikationen überlassen, die jeden flüchtigen Architektur-Trend weltweit verbreiten, aber zur Entwicklung einer authentischen regionalen Baukultur relativ wenig beitragen.

Regional planning and building

However, the above mentioned concepts can certainly stimulate urban planning in Algeria, but they do not provide an answer to the important question about the cultural identity. The idea of a "Maghrebian City" which like the "European City" could serve as a general orientation for urban planning, is still absent. Of course, the "Maghrebian City" would be a hybrid city with a mixture of many heterogeneous elements, but with it's own indistinguishable character.

The rigid implantation of colonial and modernistic urban models has led in recent times to a certain revival of the traditional islamic city, with an apparently higher degree of cultural identity. This is also shown by the study projects in the EPAU which increasingly deal with the Casbah, the Oasis of Timimoun or Ghardaia.

Even if it is still an open question how the regional tradition in architecture and urbanism can be integrated into modern building and planning, there is at least a chance to oppose the undiscriminated import of architecture and urban planning concepts from other regions and cultures.

What is still missing in the Maghreb is an intensive public debate on architecture and urban planning in order to support the positive examples which certainly exist here and there. So far the discussion is largely dominated by international journals which are spreading any trend and fashion in architecture and urban planning, but contributing relatively little to the development of an authentic regional architecture.

3.4
Marché du travail

Secteur formel

Auprès des écoles d'architecture algériennes presque 10.000 architectes ont été formés en environ 30 ans. C'est là une énorme performance quantitative, même si les répercutions sur la culture locale de la construction sont encore insuffisantes.

Environ 4.000 architectes travaillent officiellement et sont dans le registre professionnel, 1.000 autres sont enseignants auprès des universités. Naturellement, une grande partie de ce personnel qualifié travaille dans la région d'Alger, car le marché du travail est plus petit dans les petites villes que dans cette métropole.

Même si quelques bureaux d'architecture privés existent déjà depuis 1975, la plus grande partie des travaux de construction est prise en charge par des grands bureaux internes à l'Etat ou à des entreprises. L'architecture, l'urbanisme et la planification urbaine sont donc toujours presque monopolisés par l'Etat.

Etant donné que les activités de planification et les projets de l'Etat se déroulent au travers de travail de groupe, aucune élite nettement définie d'architectes algériens n'a pu se former jusqu'aujourd'hui, malgré l'existence incontestable de talents hors du commun. Ainsi, en règle générale, les architectes étrangers sont préférés aux architectes locaux, qui sont contraints de se contenter de projets d'ordre secondaire.

Le passage de l'économie planifiée à l'économie privée offre en même temps de nouveaux champs d'activité, en croissance surtout dans le secteur privé. Cependant, on ne sait pas combien d'architectes travaillent déjà actuellement dans le secteur privé. La rareté des

3.4
Arbeitsmarkt

Formeller Sektor

In den Architekturschulen Algeriens sind in 30 Jahren fast 10.000 Architekten ausgebildet worden, - eine enorme quantitative Leistung, auch wenn sich dies in der lokalen Baukultur noch unzureichend niederschlägt.

Rund 4.000 Architekten sind in das Berufsregister eingetragen und weitere 1.000 sind als Dozenten in den Hochschulen tätig. Natürlich arbeitet ein großer Teil dieser Fachkräfte im Großraum Algier, weil in den kleinen Städten der Arbeitsmarkt noch enger als in der Metropole ist.

Auch wenn es schon seit 1975 einige private Architekturbüros gibt, so wird die Masse der Bauaufgaben bis heute durch große staatliche oder firmeneigene Planungsbüros bewältigt. Der Staat besitzt also immer noch ein weitgehendes Monopol, was Architektur und Städtebau betrifft.

Da sich die staatlichen Entwurfs- und Planungsaktivitäten im Kollektiv vollziehen, hat sich bis heute keine profilierte algerische Architekten-Elite herauskristallisiert, obwohl es sicher auch herausragende Talente gibt. So werden für wichtige Projekte in der Regel immer noch ausländische Architekten bevorzugt, was die lokalen Architekten auf sekundäre Projekte beschränkt.

Gleichzeitig eröffnet der Umbau der Planwirtschaft hin zur Privatwirtschaft aber auch neue Tätigkeitsfelder, wobei die Chancen zunehmend im privaten Sektor liegen. Es ist aber nicht bekannt, wie viele Architekten schon privat arbeiten. Ein Engpass besteht sicher darin, dass es nur wenige

3.4
Employment

Formal sector

About 10.000 architects have been trained in the Algerian schools of architecture in the last 30 years. Without any doubt this is an enormeous achievement, although their impact is still to be seen. About 4.000 architects are officially registered and work in the "formal sector". Another 1.000 architects are employed in the Algerian schools of architecture.

Most of these professionals work in the metropolitan area of Algiers because job opportunities in other cities are even more restricted than in the capital. Since 1975 some architects have been running private offices. However, the bulk of the projects is handled in public institutions or in the planning offices of the state-owned companies.

Thus the Government continues to dominate the job market for architects and planners. Projects are largely developed in anonymous professional groups of state-employed architects and planners, which is one of the reasons why so far no Algerian elite or prominent names exist in the field of architecture and urban planning. The state continues to invite foreign architects for all important projects which reduces the Algerian architects' chance of gaining experience and deprives them of opportunities and practice.

On the other hand, the transformation of the state economy into a market economy creates new opportunities for architects and planners. However, it is not known how many architects are working in the private sector. There are still some serious bottlenecks, e.g. the

concours publics qui sont en Europe la porte classique d'entrée dans la vie professionnelle, représente par là même un goulot d'étranglement.

Planificateurs urbains
A peu d'exceptions près, les planificateurs urbains sont employés par l'Etat, par exemple au ministère du développement urbain et de la construction du logement, au Centre National de Recherche Urbaniste (CNRU) ou dans les Wilayas et communes. Il existe aussi des land developpers privés, mais ils jouent un rôle minime sur le marché du travail. Pour les jeunes architectes sortant des écoles il semble avantageux, pour être flexible, de se présenter en tant qu'architecte «généraliste» plutôt que comme spécialiste. Il est pourtant clair que la métropole a un besoin pressant de planificateurs qualifiés pour résoudre ses problèmes.

Secteur informel
En Algérie une partie importante de la production immobilière est d'origine informelle, ce qui n'est cependant pas pris en compte par le débat. Il n'existe pas de chiffres quant au nombre d'architectes travaillant dans le secteur informel, mais on sait que beaucoup d'entre eux sont surqualifiés pour leur activité de dessinateur industriel voire d'ouvrier de chantier.

D'autres réalisent de manière informelle des petits projets pour des amis ou des parents sans être sur le registre professionnel. Les maisons relativement grandes qui se construisent partout en périphérie indiquent bien que le secteur informel représente pour les architectes un marché du travail à ne pas sous-estimer.

D'autres s'adonnent à des activités complètement différentes pour nourrir leur famille. Il n'est

öffentliche Wettbewerbe gibt, die in Europa das klassische Tor zum Berufseinstieg sind.

Stadtplaner
Von wenigen Ausnahmen abgesehen, sind Stadtplaner beim Staat beschäftigt, etwa beim Ministerium für Stadtentwicklung und Wohnungsbau, beim Forschungsinstitut CNRU, bei Städten und Gemeinden (wilayas und comunes). Zwar gibt es auch private "land developer", die aber für den Arbeitsmarkt eine geringe Rolle spielen. Um möglichst flexibel zu sein, liegt es für die Absolventen der Architekturschulen nahe, sich eher als Allround-Architekten und weniger als Spezialisten zu präsentieren. Gleichzeitig ist es aber klar, dass die Metropole dringend qualifizierte Planer braucht, um die Probleme zu lösen.

Informeller Sektor
In Algerien vollzieht sich ein beträchtlicher Teil der Bauproduktion informell, was in der Diskussion vernachlässigt wird. Es gibt keine Zahlen, wie viele Architekten im informellen Sektor arbeiten, es ist aber bekannt, dass viele unter ihrem professionellen Niveau tätig sind, etwa als technischer Zeichner oder Bauhandwerker.

Andere realisieren kleine Projekte für Bekannte und Verwandte, dies informell und ohne Eintrag ins Berufsregister. Die relativ großen Häuser, die überall an der Peripherie entstehen, weisen darauf hin, dass es auch im informellen Sektor einen nicht zu unterschätzenden Arbeitsmarkt für Architekten gibt.

Wieder andere gehen völlig anderen Beschäftigungen nach, um ihre Familien zu ernähren. Nicht selten betreiben ausgebildete Architekten Läden, Copy-Shops und Internet-Cafés oder sind als Händler und Taxifahrer tätig.

lack of competitions which in Europe give many young architects the chance to enter business.

Urban planners
With few exceptions urban planners are public employees, e.g. in the ministry of housing, in research institutions like CNERU, in the administration of districts and municipalities (wilayas und comunes).

There are some private land developers, but their impact on the professional job market is still limited. In order to find a chance on the small job market, architects have to be as flexible as possible, i.e. "allround experts" rather than specialists. However, it is quite clear that the growing metropolis needs not only architects, but also highly specialized urban planners.

Informal sector
In Algeria a considerable proportion of buildings is produced in the informal sector, a fact which is widely neglected in the official discussion. There are no figures existing about how many architects are working informally or below their professional level, e.g. as technicians or skilled construction workers.

A considerable number of architects plan and implement small projects for neighbours and relatives without inscribing in the professional register. The relatively large buildings which can be seen anywhere at the periphery indicate that in the informal sector a considerable number of architects can be found.

There are also trained architects who get involved in different activitie in order to earn some money, e.g. running retail or copy shops, internet-cafes or working as taxi drivers.

pas rare qu'un architecte formé dirige un magasin, un copy-shop, ou un café internet ou qu'il travaille comme marchand ou bien chauffeur de taxi.

Besoin en architectes

Visiblement, la saturation du marché du travail pour les architectes que l'on peut observer dans les pays riches a déjà atteint les pays pauvres. Dans les deux cas, les jeunes architectes sont contraints de chercher de nouveaux secteurs d'activités. Dans les pays riches le changement de structure post-industriel forme pour cela un milieu relativement propice faisant défaut aux pays pauvres.

Le besoin en architectes et en urbanistes de l'Algérie n'est pratiquement pas quantifiable. Les résultats diffèrent complètement, selon qu'on se réfère à la population, qui est en croissance rapide, ou aux emplois actuellement vacants. Une autre variable importante est, bien sûr, la conjoncture du bâtiment, soumise à d'incessantes fluctuations.

Une estimation du futur marché du travail pour architectes, urbanistes et planificateurs urbains devrait donc tenir compte à part égale de la croissance démographique, des offres d'emploi réelles et de la conjoncture du bâtiment. Naturellement, personne ne saurait dire combien d'architectes algériens, actuellement employés en France ou d'autre pays étrangers, reviendraient dans leur pays si la conjoncture du bâtiment devenait bonne.

Tout ceci se déroule sur un fond d'incertitude quant au développement futur de l'économie et de la population algériennes. Il n'est pas encore clair pour quel système social les universités forment leurs étudiants et d'après quelles règles fonctionneront la construction et la planification dans le futur.

Bedarf

Die Sättigung des Arbeitsmarkts für Architekten, die man in reichen Ländern findet, hat offensichtlich auch schon die armen Länder erreicht. Hier wie dort müssen junge Architekten sich neue Tätigkeitsfelder erschließen, wobei in den reichen Ländern der postindustrielle Strukturwandel ein relativ günstiges Umfeld bietet, was in den armen Ländern aber nicht der Fall ist.

Die Frage, wie viele Architekten und Stadtplaner Algerien braucht, ist kaum zu beantworten. Je nachdem, ob man die rasch wachsende Bevölkerung oder die tatsächlich angebotenen Stellen zum Maßstab nimmt, führt dies zu völlig verschiedenen Ergebnissen. Natürlich ist auch die Baukonjunktur eine entscheidende Variable, die ständigen Bewegungen unterworfen ist.

Eine Schätzung des zukünftigen Arbeitsmarkts für Architekten, Stadtplaner und Städtebauer sollte deshalb gleichermaßen die wachsende Bevölkerung, das konkrete Stellenangebot und die Baukonjunktur im Auge haben. Natürlich weiß auch niemand, wie viele algerische Architekten, die derzeit in Frankreich oder andere Ländern arbeiten, bei einer guten Konjunktur in ihr Land zurückkehren würden.

Über allem schwebt die Ungewissheit, wie sich die algerische Wirtschaft und Gesellschaft in Zukunft entwickeln werden. Noch ist es nicht klar, für welches Gesellschaftsystem die Hochschulen eigentlich ausbilden und nach welchen Regeln das Bauen und Planen in Zukunft funktionieren wird.

Future demand

The saturation of the job market, which is typical for architects in the rich countries, has long since become a characteristic of poor countries. Almost anywhere young architects have to create their own employment, which of course is much easier in the rich post-industrial countries than in poor countries.

The question how many architects and planners Algeria needs in the future is hard to answer. Depending on the criteria the number varies drastically. If one takes the fast growing population as a yardstick, many more architects would be needed, however, looking at the actual job market the number of architects needed is limited. In addition, the economic ups and downs have a significant impact on the professional job market.

Therefore a rough estimate should consider the population growth, the job market and the economic performance. Of course nobody knows how many Algerian architects now working in France or in other countries would come home when the economic conditions improve.

In any case, it is still uncertain how politics, economy and society in Algeria will develop in the future and which political, economic and social system will determine the framework for building and planning and for higher education in Algeria.

4.0 EPAU - Politechnische Hochschule für Architektur- und Städtebau

EPAU - L´Ecole Polytechnique d'Architecture et d'Urbanisme

EPAU - Polytecnic School of Architecture and Urbanism

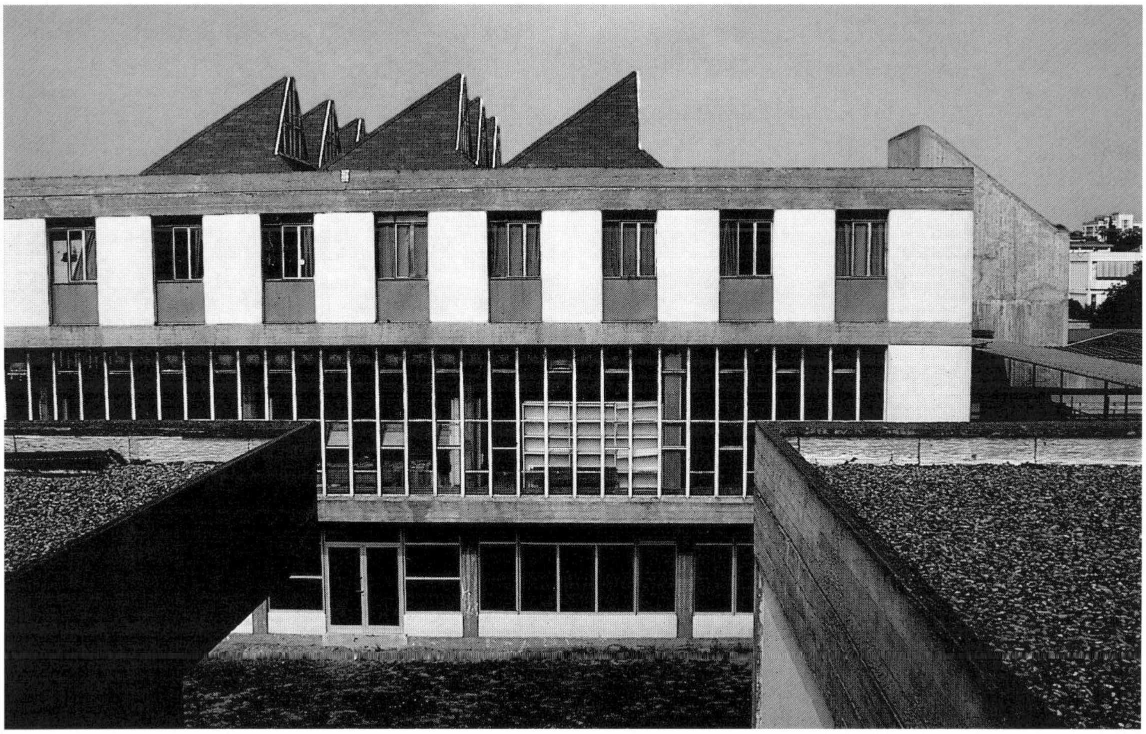

4.1 Ecoles d'architecture en Algérie

L'Ecole des Beaux Arts
Pendant la période coloniale la formation de la population algérienne était de peu d'importance, car les postes qualifiés étaient, de toutes façons, réservés aux Français. L'objectif était d'être maître du pays et de le coloniser, et donc l'accès au savoir ainsi que la recherche restaient aux mains «de la patrie».

L'école d'architecture de l'Algérie coloniale était l'Ecole des Beaux Arts d'Alger prenant modèle sur l'Ecole des Beaux Arts de Paris. Cette école était surtout ouverte aux français, contrairement à la pratique courante dans d'autres matières d´études auxquelles les étudiants algériens avaient accès.

Les universités après l'indépendance
Aprés l'indépendance, on voulu supplanter l'enseignement sélectif et élitaire du colonialisme par un système éducatif démocratique et arabisé. Un retour aux valeurs arabes et islamiques eu lieu, cependant dans le cadre d'une idéologie d'état socialiste.

Les performances quantitatives des jeunes universités algériennes depuis leur fondation sont certes impressionnantes. Le nombre des étudiants s'est démultiplié en deux ou trois décennies, cependant l'énorme évolution des capacités ne fut pas toujours accompagnée par une amélioration correspondante de la qualité. Dans beaucoup de domaines de formation tel que la formation d'architectes les problèmes se situent au niveau de la qualité et non pas au niveau de la quantité.

Dans la République Populaire et Démocratique les universités sont des institutions de l'Etat, ce

4.1 Architekturschulen in Algerien

L'Ecole des Beaux Arts
Zur Kolonialzeit hatte die Ausbildung der algerischen Bevölkerung keine Priorität, weil die qualifizierten Posten den Franzosen vorbehalten waren. Das Land sollte beherrscht und besiedelt werden, wobei die höhere Bildung und Forschung weitgehend dem „Mutterland" vorbehalten blieb.

Die koloniale Architekturschule in Algerien war die Ecole de Beaux Arts in Algier, die sich an der Ecole de Beaux Arts in Paris orientierte. Die Schule stand vor allem französischen Bewerbern offen, dies im Gegensatz zu anderen Fächern, wo auch algerische Studenten aufgenommen wurden.

Hochschulen nach der Unabhängigkeit
Mit der Unabhängigkeit sollte die elitäre und selektive Ausbildung der Kolonialzeit durch ein demokratisches und arabisiertes Bildungssystem abgelöst werden. Gefordert wurde eine Rückbesinnung auf arabische und muslimische Werte, dies aber im Rahmen einer sozialistischen Staatsideologie.

Die quantitative Leistung, die die jungen algerischen Hochschulen seit ihrer Gründung vollbracht haben, ist eindrucksvoll. Die Zahl der Studenten hat sich vervielfacht, allerdings wurde dies nicht von einer entsprechenden Steigerung der Ausbildungsqualität begleitet. So liegen die Probleme in vielen Studiengängen heute eher bei der Qualität und weniger bei der Quantität der Lehre, was auch für die Architekten-Ausbildung gilt.

In der Volksrepublik Algerien sind die Hochschulen staatliche Einrichtungen, wobei das sozialis-

4.1 Schools of architecture in Algeria

L'Ecole des Beaux Arts
In colonial times higher education of Algerians did not have priority because the qualified jobs were occupied by the French. Their policy was to rule and to colonize Algeria. Higher education and research continued to be a French privilege.

The colonial school of architecture was l´Ecole de Beaux Arts in Algiers, the model of which was the Ecole de Beaux Arts in Paris. L´Ecole de Beaux Arts in Algiers accepted only French students in contrast to some other colonial universities which occasionally accepted Algerian students.

Universities after independence
After independence the priority of the Algerian Government was to replace the elitist education of the colonial regime. The objective was to establish a democratic and Arabian school system which tried to combine Arabian, Muslim and socialist values.

In quantitative terms the perfomance of the new Algerian schools of architecture has been impressive. Within three decades the number of students multiplied. However, this was not always accompanied by sufficient quality of higher education, - a problem the universities have been trying to solve until today.

Algeria is a "République Populaire et Democratique" and the universities are run by the central Government. Therefore, a considerable degree of reglementation and bureaucracy exists. In addition, the large number of students and limited resources tend to overburden staff and infrastructure

qui mène, dans un système socialiste, à beaucoup de bureaucratie et de règlementations. Les étudiants sont nombreux, les moyens menus, ce qui a des répercutions sur l'équipement et le personnel des universités pourtant déjà surchargées. A ce jour, il n'y a pas d'universités privées, mais cela pourrait changer une fois que les couches sociales nanties chercheront une alternative.

EPAU – Ecole Polytechnique d'Architecture et d'Urbanisme
En début d'indépendance, l'enseignement de l'architecture resta entre les mains de personnel spécialisé étranger, car il n'y avait pratiquement pas d'architectes ou d'enseignants en architecture algériens. L'Ecole des Beaux Arts continua tout d'abord à exister, mais ne forma que 20 architectes algériens jusqu'en 1970.

Il se révéla vite que le travail de construction à faire dans la jeune république ne pouvait être assumé par une école d'arts traditionnelle. Ainsi fut fondée en 1970 l'Ecole Polytechnique d'Architecture et d'Urbanisme (EPAU), qui s'oriente par rapport à l'enseignement supérieur français et aux grandes écoles de modèle socialiste. L'EPAU est une pure école d'architecture, c'est-à-dire qu'on n'y enseigne pas d'autres matières.

Pour couvrir le besoin croissant de personnel qualifié, cinq autres école d'architecture furent fondées: Constantine, Oran, Blida, Tizi-Ouzou et Bechar. Bien qu'elles ne soient pas indépendantes et fassent partie d'universités locales, leur structure et leur enseignement sont proches de ceux de l'EPAU.

En 1980 les architectes algériens étaient 500, en 1985 leur nombre avait déjà doublé. Cependant on continua, pour mener les projets importants, à engager des architectes étrangers afin de pallier

tische System ein hohes Maß an Reglementierung und Bürokratie mit sich bringt. Die Studentenzahlen sind hoch und die Mittel knapp, was sich auf die personelle und materielle Ausstattung der überlasteten Hochschulen auswirkt. Noch gibt es keine Privat-Universitäten, was sich aber ändern könnte, wenn die zahlungskräftigen Schichten nach einer Alternative suchen.

EPAU – Ecole Polytechnique d'Architecture et d'Urbanisme
Zu Beginn der Unabhängigkeit gab es praktisch keine algerischen Architekten und natürlich auch keine Architektur-Dozenten, so dass die Ausbildung von ausländischen Fachkräften abhängig blieb. Die Ecole de Beaux Arts existierte zunächst weiter fort, wobei bis 1970 aber nur 20 algerische Architekten ausgebildet wurden.

Bald wurde klar, dass die Bauaufgaben des jungen Landes nicht mit einer traditionellen Kunsthochschule zu bewältigen waren. So wurde 1970 die EPAU gegründet, die sich an den französischen Hochschulen ebenso orientiert wie am Modell der sozialistischen Fachhochschulen. Die EPAU ist eine reine Architekturschule, d.h. es werden keine anderen Fächer gelehrt.

Um den wachsenden Bedarf zu befriedigen, wurden neben der EPAU fünf weitere Architekturschulen gegründet: Constantine, Oran, Blida, Tizi-Ouzou und Bechar. Diese sind keine unabhängigen Architekturschulen, sondern Teil lokaler Universitäten, orientieren sich aber, was ihre Lehre betrifft, an der EPAU.

1980 gab es in Algerien rund 500 Architekten und 1985 schon 1000. Weil aber die professionelle Erfahrung fehlte, wurden auch weiterhin für alle wichtigen Projekte ausländische Architekten

So far there have been no private universites in Algeria. However, this situation might change when the middle and upper classes start looking for an alternative to the overburdened public education system.

EPAU – Ecole Polytechnique d'Architecture et d'Urbanisme
In the first years of independence there were no Algerian architects or lecturers, so that the education in this field continued to depend on foreign experts.

For some years l´Ecole de Beaux Arts continued to function. However, only 20 Algerian architects were trained before 1970. Soon it became clear that the huge demand for technical know-how in building and planning could not be satisfied by a traditional school of fine arts. Therefore l´Ecole Polytechnique d´Architecture et d´Urbanisme (EPAU) was founded in 1970.

The model for the EPAU are the French schools of architecture as well as the socialist polytechnic schools. At the EPAU only architecture and some related subjects are taught.

In order to satisfy the increasing demand for architects, 5 other schools of architecture were founded in the following years: Constantine, Oran, Blida,Tizi-Ouzou and Bechar. However, these schools are departments within the local universities and are not independent schools of architecture like the EPAU. As far as the teaching programme is concerned, these small schools more or less follow the model of EPAU.

In 1980 there were about 500 Algerian architects and in 1985 about 1000. As the young architects still lacked experience, all important projects continued to be designed by foreign architects, a practice which still continues.

EPAU – Ecole Polytechnique d'Architecture et d'Urbanisme

au manque d'expérience professionnelle. Cette pratique se perpétue jusqu'à nos jours malgré le nombre rapidement croissant d'architectes algériens.

Aujourd'hui, il y a 10000 architectes algériens et chaque année 500 autres achèvent leurs études auprès des universités du pays, bien plus que le marché de l´emploi ne peut absorber.

De même que toutes les autres universités, l'EPAU fut en partie paralysée et même rejettée en arrière par la crise politique des années 1990, à la suite, entre autres, de l'émigration d'enseignants qualifiés. Depuis peu d'années, la situation s'est normalisée et l'on peut de nouveau penser à une consolidation voire une évolution.

verpflichtet – eine Praxis, die sich trotz der rasch wachsenden Zahl algerischer Architekten bis heute fortsetzt.

Heute gibt es rund 10.000 algerische Architekten und jedes Jahr graduieren an den Architekturschulen des Landes weitere 500, - deutlich mehr, als der Arbeitsmarkt aufnehmen kann.

Wie alle Hochschulen in Algerien wurde die EPAU durch die politsche Krise der 90er Jahre teilweise paralysiert oder sogar zurückgeworfen, dies auch durch die Abwanderung qualifizierter Dozenten ins Ausland. Erst seit wenigen Jahren hat sich die Lage normalisiert, so dass wieder an Konsolidierung und Aufbau gedacht werden kann.

Nowadays there are about 10.000 architects in the country, a number which increases every year by approximately 500 graduates. Altogether it can be stated that there are significantly more architects than job opportunities.

In the nineties the EPAU like all other universities suffered from the political crisis which to a large extent paralyzed the regular teaching programme. Many lectureres migrated to other countries which contributed to weaken the institution. However, in recent years the political situation has improved so that universities can start again to consolidate and to develop.

4.2 EPAU – Structure et enseignement

Avec ses environ 1800 étudiants, l'EPAU est la plus grande école d'architecture du Maghreb. Des échanges réguliers ont lieu avec Tunis, alors que les relations avec le Maroc stagnent en raison du conflit saharien. L'EPAU accueille également des étudiants venu des pays limitrophes du sud, le Tchad, le Soudan et le Niger.

Edifices et équipement

L'EPAU se situe au sud-ouest d'Alger, près des autres universités. La conception architecturale est l´œuvre de l'architecte brésilien Oskar Niemeyer et reflète le modernisme classique des années 1970.

4.2 EPAU – Struktur und Lehre

Mit rund 1.800 Studenten ist die EPAU die größte Architekturschule im Maghreb. Regelmäßigen Austausch gibt es mit Tunis, während die Kontakte mit Marokko wegen des Sahara-Konflikts stagnieren. Die EPAU nimmt auch Studenten aus den südlichen Nachbarländern auf, insbesondere aus dem Tschad, Sudan und Niger.

Gebäude und Ausstattung

Die EPAU liegt im Südwesten der Stadt, wo sich auch andere Hochschulen befinden. Das architektonische Konzept stammt vom brasilianischen Architekten Oscar Niemeyer und spiegelt die klassische Moderne der 70er Jahre.

4.2 EPAU – characteristics and programmes

With about 1.800 students the EPAU is the largest school of architecture not only in Algeria, but also in the Maghreb. There is some academic exchange with Tunis, whereas the contacts with Morocco stagnate because of the Sahara conflict. There are also some students from Tschad, Sudan and Niger studying at the EPAU.

Buildings and infrastructure

The EPAU is located in the Southwest of Algiers where also some other important universites can be found. The buildings were designed by the famous Brazilian architect Oscar Niemeyer and

Les édifices sont sobres et fonctionnels mais bien façonnés. Au cours des années, certaines modifications y furent apportées, pas toujours à l'avantage de la conception originaire.

L'école a une grande étendue mais n'est pas une «université-campus», car les étudiants n'y résident pas. Les édifices, en majorité plutôt bas, sont reliés par des passages couverts, ce qui crée des espaces extérieurs communicatifs.

L'école comporte le bâtiment de direction et d'administration, une bibliothèque, 40 salles de cours et d'atelier ainsi que deux auditoires de 200 et 600 personnes. En outre, les étudiants profitent volontiers de l'atelier de maquettisme, bien équipé, et du réseau d'ordinateurs.

Alors que pendant la crise politique les édifices furent quelque peu négligés, leur état et celui des espaces extérieurs ont été considérablement améliorés sous la nouvelle direction. De plus, un nouvel édifice est en construction et le grand auditoire a été achevé.

Direction et administration

La direction se compose de:

- la direction générale;
- la direction des études;
- la direction de la post-graduation;
- la direction de l'administration générale.

Le directeur général de l'EPAU est désigné par décret par le ministère et est doté de plus de pouvoir qu'un décan allemand. Un changement de directeur général implique le plus souvent un changement des directeurs de la post-graduation, du conseil scientifique voire de toute l'équipe de direction.

L'EPAU emploie environ 130 enseignants, entre autres 10 maîtres de conférence et 40 chargés de cours, renforcés par une centaine de vacataires. En outre il y a plus

Die Gebäude sind schlicht und funktional, aber von guter gestalterischer Qualität. Im Laufe der Jahre wurden einige Veränderungen vorgenommen, dies nicht immer zum Vorteil der ursprünglichen Konzeption.

Die Schule ist eine weitläufige Anlage, aber keine Campus-Universität, d.h. die Studenten arbeiten in der EPAU, wohnen aber nicht dort. Die überwiegend niedrigen Bauten sind durch überdachte Passagen miteinander verbunden, wodurch kommunikative Außenräume entstehen.

Es gibt ein Direktions- und Verwaltungsgebäude, eine Bibliothek, 40 Unterrichts- und Atelierräume sowie zwei Hörsäle mit 200 bzw. 600 Plätzen. Die EPAU besitzt auch eine gut ausgestattete Modellbau-Werkstatt und ein Computer-Labor, die von den Studenten intensiv genutzt werden.

Nachdem es während der politischen Krise zu einer gewissen Vernachlässigung kam, ist unter der neuen Direktion der Zustand von Gebäuden und Außenanlagen erheblich verbessert worden. Es gibt auch neue Bauaktivitäten, so wurde etwa der große Hörsaal fertig gestellt und ein weiteres Gebäude ist im Bau.

Direktion und Verwaltung

Die Leitung der EPAU besteht aus der

- Generaldirektion;
- Studiendirektion;
- Direktion der Postgraduation;;
- Direktion der allgemeinen Verwaltung .

Der Generaldirektor der EPAU wird per Dekret vom Ministerium ernannt und besitzt – anders als die deutschen Dekane – eine relativ große Machtfülle. Bei einem Direktionswechsel wird meist die gesamte Führungsmannschaft ausgetauscht, zumindest aber die Lei-

the concept corresponds to the modernism of the early seventies.

The architecture is austere but of good architectural quality. Occasionally some buildings were modified. However, the result was not always positive because some basic functions - e.g. cross ventilation of the studios - were affected.

The school extends over 60 hectares but is not a campus university, i.e. students work at the EPAU but do not live there. Apart from the main building and the library the buildings are one or two storeyed and connected by covered passageways thus creating a communicative system of open spaces.

The EPAU has a four-storey administration building, a library and 40 seminar rooms or studios. There are two large auditoria with 200 and 600 places, a well equipped model studio and a computer laboratory which are used intensively by the students.

During the years of political crisis buildings and equipment were neglected to soome extent,but this has been overcome in recent years by the new administration. The buildings and open spaces have been improved considerably and there are also some new building activities.

Direction and administration

The EPAU is directed and administered by

- the general direction;
- the direction of the study programme;;
- the direction of postgraduate studies;;
- the general administration.

The general director of the EPAU is nominated by the ministry and is vested with considerable executive powers. When the administration changes the complete board of directors resigns and is replaced. This applies in particular

de 100 employés d'administration, conducteurs, ouvriers, femmes de ménage et gardes.

La langue
Auprès des universités algériennes de lettres les cours sont donnés en arabe, alors qu'à l'EPAU on enseigne surtout en français. Le fait que beaucoup d'étudiants ne parlent ni l'arabe littéraire ni le français parfaitement mène à des problèmes, surtout dans les travaux écrits. Seulement une petite partie des enseignants et des étudiants parle l'anglais, d'où nécessité de traduire les lectures tenus dans cette langue.par des professeurs hôtes de l'université

Graduation
Les études auprès de l'EPAU durent cinq ans et mènent au Diplôme d'Etat d'Architecture. Chaque année d'études est consacrée à un thème principal:
1ière année: . Introduction dans l'architecture;
2ième année: Logement;
3ième année: Composition;
4ième année: Urbanisme;
5.ième année: Diplôme.

Les cours sont donnés en ateliers spécialisés sur certains thèmes. Dans l'ensemble, l'enseignement de l'architecture à l'EPAU est fortement préstructuré et ce n'est qu'en cinquième année que les étudiants peuvent choisir leur point fort, par exemple l'architecture bio-climatique, les grands équipements ou l'urbanisme.

Selon le thème, le travail sur le diplôme est soutenu par un des ateliers qui propose des cours spécialisés adaptés. Les travaux de graduation sont en règle générale un projet d'architecture ou d'urbanisme; les travaux analytiques ou théoriques sont rares.

tung der Graduation und Postgraduation, der Conceil Scientifique und andere Gremien.

An der EPAU arbeiten etwa 130 Vollzeit-Dozenten, davon 10 Maîtres de Conférence und 40 Chargés de Cours. Hinzu kommen rund 100 externe Lehrbeauftragte. Außerdem gibt es über 100 Verwaltungsangestellte, Fahrer, Handwerker, Reinigungskräfte und Wachleute.

Sprache
An den geisteswissenschaftlichen Hochschulen in Algerien ist Arabisch Unterrichtssprache, aber nicht an der EPAU, wo überwiegend auf Französisch unterrichtet wird. Weil aber viele Studenten weder Hoch-Arabisch noch Französisch perfekt beherrschen, gibt es insbesondere bei den schriftlichen Arbeiten Probleme. Nur ein kleiner Teil der Dozenten und Studenten spricht fließend Englisch, so dass Gast-Vorträge übersetzt werden müssen.

Normalstudium
Das Studium an der EPAU dauert 5 Jahre und schließt mit einem "Diplome d'Etat d'Architecture" ab. Jeder Jahrgang steht unter einem Hauptthema:
1. Jahr: Einführung in die Architektur;
2. Jahr: Wohnen;
3. Jahr: Entwurfslehre;
4. Jahr: Städtebau;
5. Jahr: Diplomarbeit.

Der Unterricht wird in Ateliers erteilt, die auf bestimmte Themen spezialisiert sind. Insgesamt ist die Architekturlehre der EPAU weitgehend vorstrukturiert oder verschult, nur im 5. Diplom-Jahr kann unter mehreren Schwerpunkten gewählt werden, etwa bioklimatisches Bauen, öffentliche Bauten oder Städtebau.

to the director of graduate and postgraduate studies and the scientific council.

In total the EPAU employs 130 professors, 10 of whom are Maitres de Conference and 40 Chargés de Cours. Apart from this, the EPAU has contracted about 100 temporary lecturers. There are more than 100 administrative employees, drivers, craftsmen, cleaning personnel and watchmen working at the EPAU.

Language
In Algeria Arabic is spoken in many other faculties, but this is not the case at the EPAU. French is used as the main teaching language. However, many students do not speak French or Arabic correctly which occasionally creates problems. There are relatively few lecturers and students who speak English fluently so that guest lectures in English have to be interpreted.

Graduation
Graduation in architecture takes 5 years and concludes with a "Diplome d´Etat d´Architecture". In each year a different central subject is taught:
1st year: introduction into architecture;
2nd year: housing;
3rd year: projects in architecture;
4th year: urban design and planning;
5th year: final project.

The courses are taught at studios which specialize in certain subjects. The teaching programme has relatively few options, only in the last year the students have the choice, e.g. among bioclimatic design, public building, urban design or urban planning. The respective studio supports the final projects. These are mostly

La graduation donne accès à la vie professionnelle, mais n'autorise pas à la promotion, correspond donc à un bachelor degree. Seulement 15 % des étudiants de L'EPAU n'achèvent pas leurs études.

En été 1999, presque 300 diplômes furent délivrés, ce qui poussa la direction à introduire un numerus clausus. Le ministère ayant donné son autorisaton, les étudiants de première année ne sont actuellement que 150.

Après la graduation les étudiants peuvent parfaire leur formation par la postgraduation. Il s'agit d'études complémentaires de deux ans menant au magistère, correspondant au master degree, et donnant donc accès à une promotion.

Enseignants

Presque tous les enseignants de l'EPAU sont des anciens étudiants de l'école, et peuvent, par ailleurs, passer toutes les étapes de leur carrière ici-même. L'idéologie socialiste et le fait d'être lié à l'EPAU toute la vie génère un esprit d'équipe remarquable entre les enseignants. Cependant, la performance personnelle est de plus en plus mise en avant, ce qui a accentué la motivation pour la formation continue, pour des publications ou pour la participation à des rencontres scientifiques.

Les enseignants plus âgés n'ont pour la plupart qu'une graduation, alors que les plus jeunes ont souvent déjà une post-graduation effectuée en France, en Angleterre ou en Italie. La première génération d'enseignants se trouve maintenant face à la nouvelle, qui réclame pour elle les postes importants du fait de sa qualification formelle, ce qui engendre parfois des conflits.

Je nach Thema wird die Diplomarbeit von einem der Ateliers unterstützt, das hierzu auch spezialisierte Kurse anbietet. Die Diplomarbeiten der Graduation sind in der Regel Gebäude- oder Städtebau-Entwürfe, analytische oder theoretische Arbeiten gibt es kaum.

Die Graduation ist ein erster Abschluss, der zur beruflichen Tätigkeit, nicht aber zur Promotion befähigt und somit einem Bachelor entspricht. Der Anteil der Studienabbrecher ist mit 15 % relativ gering.

Im Sommer 1999 gab es an der EPAU fast 300 Diplome, was die Direktion veranlasst hat, in Zukunft einen numerus clausus einzuführen. Dieser wurde vom Ministerium genehmigt, so dass die Zahl der Studienanfänger gegenwärtig nur noch 150 beträgt.

Das Studium kann nach der Graduation in der Postgraduation fortgesetzt werden. Dies ist ein 2-jähriges Aufbaustudium mit dem Abschluss "Magistère", was einem Master-Degree entspricht. Ein Abschluss in der Postgraduation ist auch die Voraussetzung für eine Promotion.

Dozenten

Praktisch alle Dozenten haben an der EPAU studiert und können dort alle Karrierestufen durchlaufen. Die sozialistische Ideologie und die Tatsache, dass man lebenslang mit der EPAU verbunden ist, erzeugt einen ausgeprägten Kollektivgeist unter den Dozenten. Zunehmend wird aber die individuelle Leistung betont, was die Motivation, sich fortzubilden, zu publizieren und an akademischen Veranstaltungen teilzunehmen, deutlich erhöht hat.

Die älteren Dozenten haben meist graduiert, während die jüngeren oft schon eine Postgraduation in Frankreich, England oder Italien absolviert haben. Die erste

architectural or urban design projects and not analytical or theoretical studies as in postgraduation.

Graduation leads to a first or bachelor's degree which qualifies to work as an architect, but not to enter a PhD-programme. Only 15% of the students leave the EPAU without a degree.

In 1999 nearly 300 students graduated at the EPAU, which by far surpassed the teaching capacity of the EPAU. For this reason the EPAU introduced restricted admission so that the number of newly accepted students could be reduced to 150.

After graduation some students enrol in postgraduation studies. This is a 2-year master's programme which leads to the degree "Magistère", a necessary qualification for a PhD-programme.

Academic staff

Practically all lecturers of the EPAU are former graduates or postgraduates of this school and stay in this institution because there are hardly any other academic job opportunities.

The close and lifelong connection with the EPAU in combination with socialist ideology have produced a remarkable collective spirit among the staff. However, individual performance is emphasized increasingly, which seems to have stimulated considerably the motivation to participate in academic events, to publish or to become involved in research.

The older lecturers mostly hold a bachelor's degree, whereas the younger ones frequently hold a master's degree acquired in France, Britain or Italy. Thus the "pioneer" generation of lecturers is confronted with the higher formal qualification of the younger lectu-

A la différence de l'Allemagne, les enseignants de l'EPAU ne sont pas autorisés à mener un bureau d'architecture, d'où une certaine distance par rapport à la pratique. Les services publics étant mal rénumérés, beaucoup d'enseignants ont néanmoins un deuxième emploi plus ou moins informel.

Même si les nécessités économiques rendent plus difficile la concentration sur leur profession, la grande majorité des enseignants est motivée et s'efforce d'assurer une bonne formation malgré les conditions défavorables. Il en est de même pour la direction qui compense beaucoup de défauts du système par son engagement fervent.

Durant la crise politique non seulement les cours réguliers étaient menacés mais aussi la vie des enseignants; c'est incontestablement l'extraordinaire mérite des enseignants et de la direction d'avoir assuré la continuité de l'enseignement dans des conditions si critiques.

Innovations

Les enseignants, étroitement liés à l'EPAU toute leur vie, le sont aussi à leur ville: Alger. En conséquence, l'EPAU est un milieu relativement refermé, ainsi que le font apparaître les cours et les projets qui se concentrent essentiellement sur la ville d'Alger. L'enseignement manque donc parfois d'impulsions innovatrices, et dans certains domaines le savoir et les cours sont pratiquement inchangés depuis des années.

Les formes modernes d'enseignement, excursions, workshops internationaux, ébauche expérimentale ou travail sur internet, sont concernées de la même manière. Les cours se déroulent plutôt de manière conventionelle, mais néanmoins l'école recherche

Dozenten-Generation trifft nun auf eine zweite, die auf Grund ihrer formalen Qualifikation auch die wichtigen Positionen beansprucht, was gelegentlich zu Konflikten führt.

Anders als in Deutschland dürfen die EPAU-Dozenten kein privates Architekturbüro unterhalten, was eine gewisse Distanz zur Praxis mit sich bringt. Da aber der öffentliche Dienst schlecht bezahlt wird, gehen viele Dozenten mehr oder weniger informell einer zweiten Beschäftigung nach.

Auch wenn der ökonomische Existenzkampf die Konzentration auf den Beruf erschwert, sind die Dozenten in großer Mehrzahl motiviert und bemüht, trotz aller Probleme eine gute Lehre zu bieten. Dies gilt natürlich auch für die Direktion, deren engagierter Einsatz viele Schwächen des Systems kompensiert

In den Krisenjahren war nicht nur der regelmäßige Unterricht schwierig, sondern auch Leib und Leben der Dozenten akut gefährdet. Den Betrieb der Schule auch unter diesen kritischen Umständen aufrecht zu erhalten, war zweifellos eine außerordentliche Leistung der Dozenten und der Direktion.

Innovationen

Die Dozenten sind nicht nur eng und lebenslang mit der EPAU verbunden, sondern auch mit der Stadt Algier. Die EPAU ist deshalb ein relativ geschlossenes Milieu, was sich auch in der Lehre und in den Projekten spiegelt, die sich weitgehend auf Algier konzentrieren. Deshalb fehlt es der Lehre manchmal an innovativen Impulsen, auch gibt es Bereiche, wo sich der Wissensstand und das Lehrprogramm seit Jahren kaum verändert haben.

Dies gilt auch für moderne Lehrformen wie Exkursionen, internationale Workshops, experi-

rers, who compete successfully for higher positions which occasionally causes conflicts.

In contrast to their German counterparts the EPAU-professors are not allowed to run a private office which leads to a certain distance from practical building and planning. However, as academic jobs are poorly paid, many lecturers have a second job.

Economic pressure and other circumstances make it difficult for the EPAU-staff to concentrate exclusively on their academic job. However, in spite of the many difficulties most professors and lecturers are highly motivated and dedicated to their academic work, which to a certain extent compensates for the difficulties which still exist within the higher education system.

During the political crisis it was not only difficult to keep the school programme running, there was also a risk for the lecturers and their families. To continue working under such difficult conditions has certainly been an extraordinary achievement of the EPAU administration and staff.

Innovation

Most of the lecturers work at the EPAU and in Algiers for a lifetime, i.e. in relatively closed circles. This is also reflected by the teaching programme and by the projects which to a large extent concentrate on Algiers.

Therefore it seems that innovation is sometimes missing as far as some courses and projects are concerned. The same applies to modern teaching methods like excursions, international workshops, experimental design, working with the internet, etc. The academic style is more or less a conventional one.

une présence internationale à travers, par exemple, la participation régulière à des concours internationaux d'étudiants.

Style du travail de projection
L'héritage architectural, hétérogène, et le large éventail des tâches de construction rendent pour l'école d'architecture difficile l'entretien d'un style de projection précis. Comme partout, les étudiants sont plutôt attirés par des grands édifices de représentation et par les styles d'architecture à la mode, tandis des thèmes moins spectaculaires mais néanmoins importants tombent en désuétude. Le défi de complémenter le «beau projet» par la recherche intensive de solutions innovatrices pour la construction et la planification au Maghreb n'est relevé jusqu'à présent qu'avec hésitation.

En urbanisme certaines lacunes sont évidentes: Bien souvent il s'agit moins de trouver une conception conséquente qu'un agencement décoratif des édifices. La notion d'axe urbain, héritage évident de la tradition française des Beaux-Arts, est employée à outrance. Un entraînement renforcé en créativité conceptionnelle et des exercices de typologie seraient important pour parvenir à des structures urbanistiques plus claires et innovatives.

mentelles Entwerfen, Arbeiten im Internet, etc. Der Unterricht verläuft eher in konventionellen Bahnen, gleichzeitig bemüht sich die Schule aber um eine internationale Präsenz, etwa durch die regelmäßige Teilnahme an internationalen Studenten- Wettbewerben.

Entwurfsstil
Das heterogene Architekturerbe und das breite Spektrum der Bauaufgaben macht es schwierig, an der Architekturschule einen ausgeprägten Entwurfsstil zu pflegen.

Wie überall zieht es die Studenten zu repräsentativen Großbauten und modischen Stilrichtungen, während unspektakuläre, aber wichtige Themen eher vernachlässigt werden. Die Herausforderung, neben dem „schönen Entwurf" intensiv nach innovativen Lösungen für das Bauen und Planen im Maghreb zu suchen, wird bislang nur zögernd angenommen.

Offensichtliche Schwächen gibt es im Städtebau, wo oft kein schlüssiges Konzept präsentiert wird, sondern ein dekoratives Arrangement von Einzelbauten. Der Begriff der „urbanen Achse" wird fast inflationär gebraucht, – ein offensichtliches Erbe der französischen Beaux-Arts-Tradition. Ein verstärktes konzeptionelles Training und bautypologische Übungen wären wichtig, um zu klaren und originellen städtebaulichen Strukturen zu kommen.

At the same time the EPAU tries hard and with some success to participate in international competitions and events.

Designs and projects
The heterogeneous background of Algerian architecture as well as the broad range of traditional and modern, formal and informal building makes it difficult to cultivate a specific architectural style. As in other countries students prefer to design large and spectacular buildings and to make use of all international design trends and fashions.

On the other hand more important but less spectacular projects are sometimes neglected. It is a challenge for the EPAU to promote not only "beautiful design" but also innovative solutions for the large amount of serious problems building in Algeria is confronted with.

As far as urban planning and design is concerned the projects often are not so much based on a solid and coherent concept but rather on the decorative arrangement of individual buildings. The term "urban axis" is used excessively which clearly indicates the influence of the French academic design school. What is obviously needed is intensive training in conceptual thinking and typological exercises in order to eliminate the deficiencies mentioned above.

Dozenten
enseignants
academic staff

Unterricht und Übungen
enseignement et ateliers
lectures and workshops

1ère/2ème années

3ème année

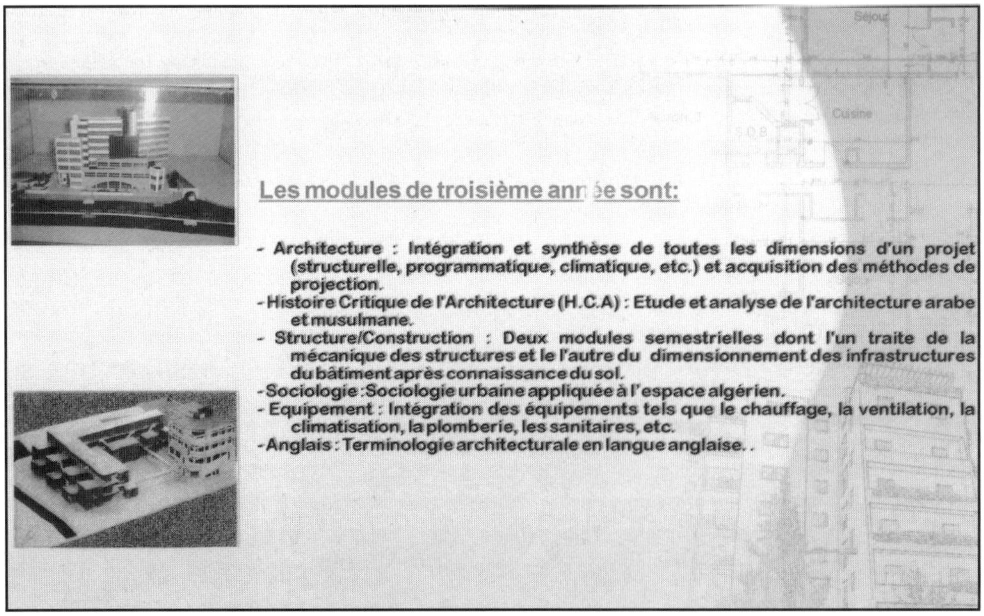

4ème année

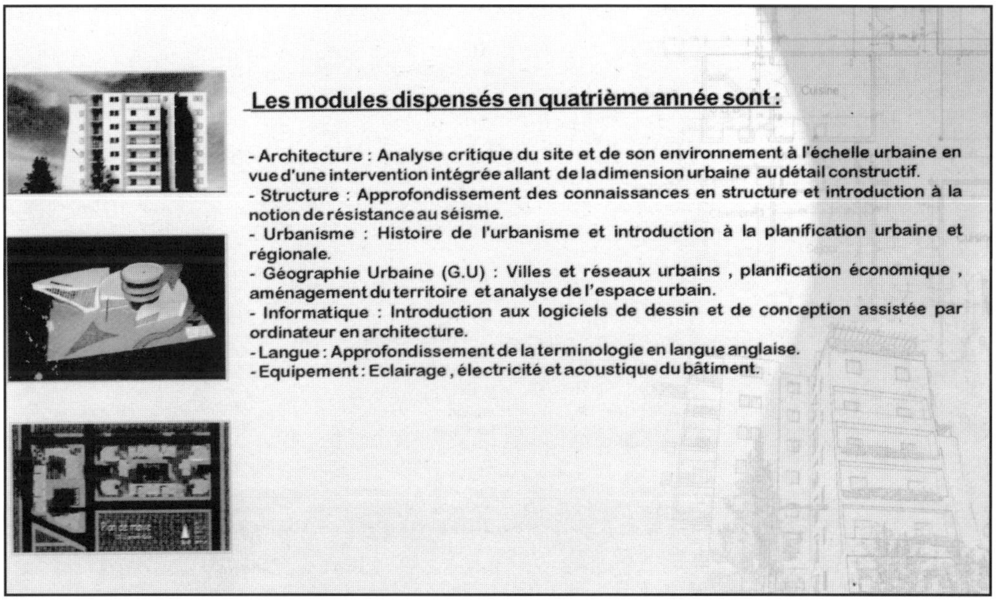

5ème année

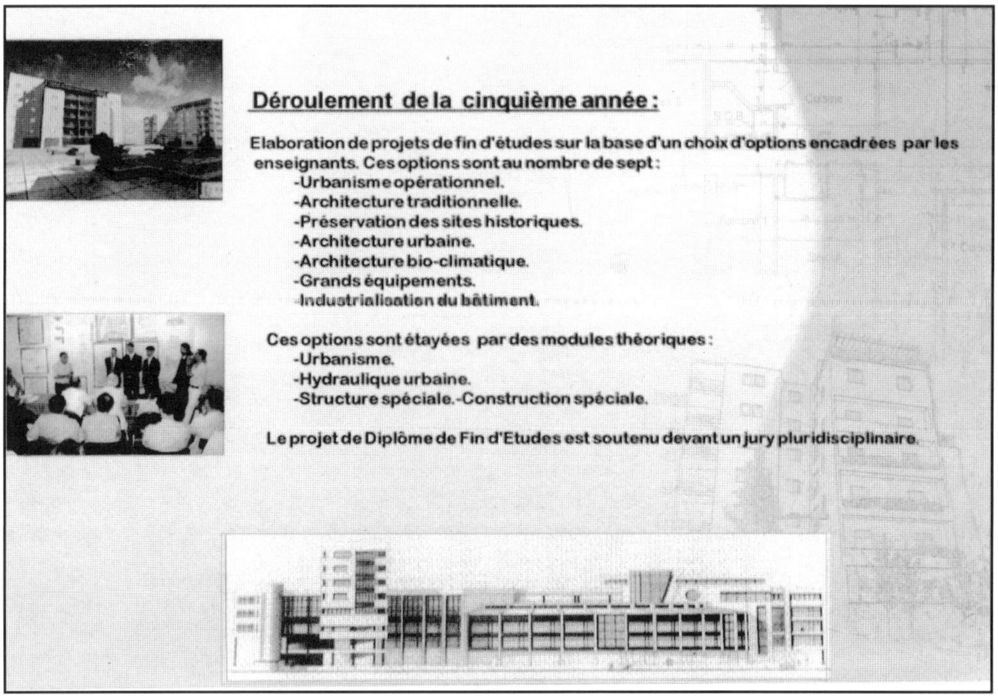

Diplom-Prüfung
Graduation

Projekte
projets
projects

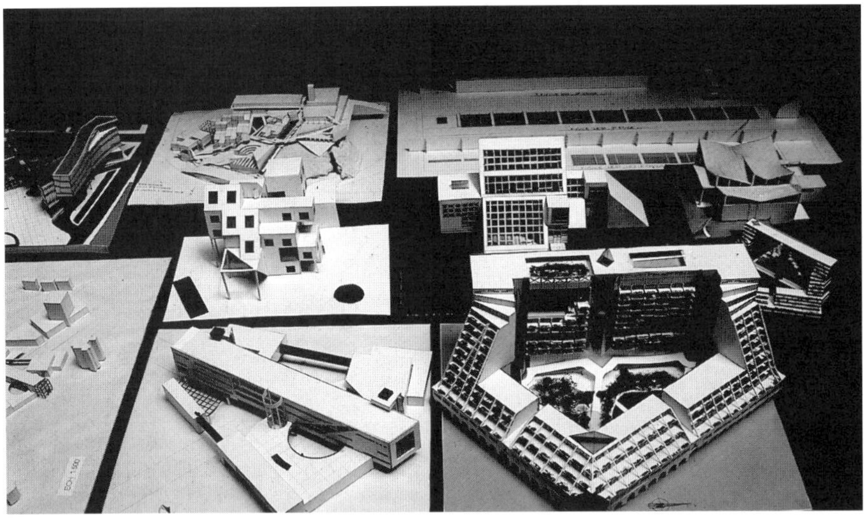

Projekte
projets
projects

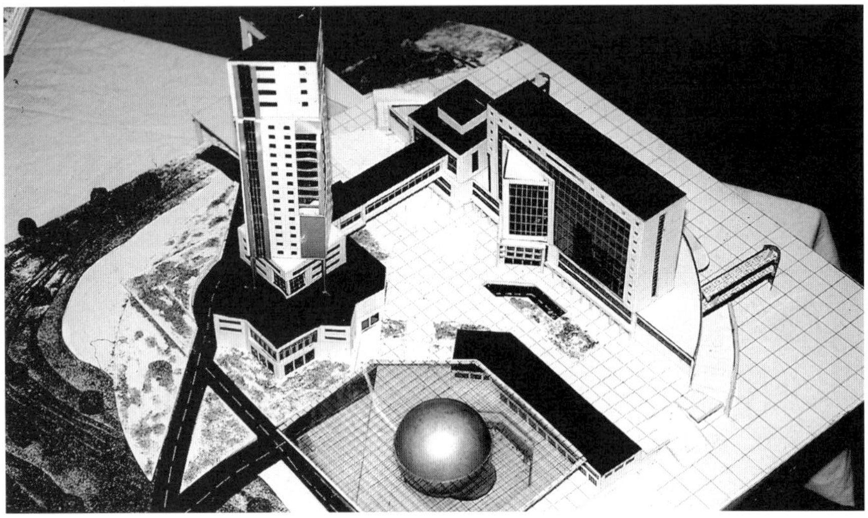

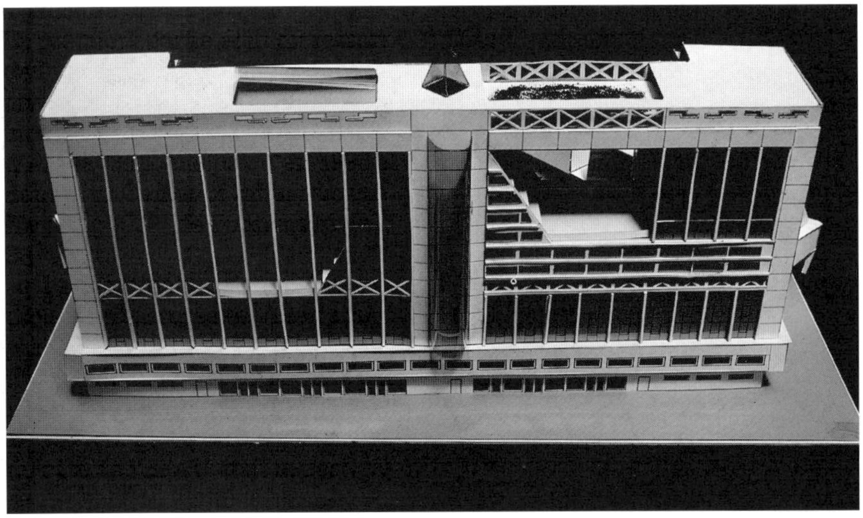

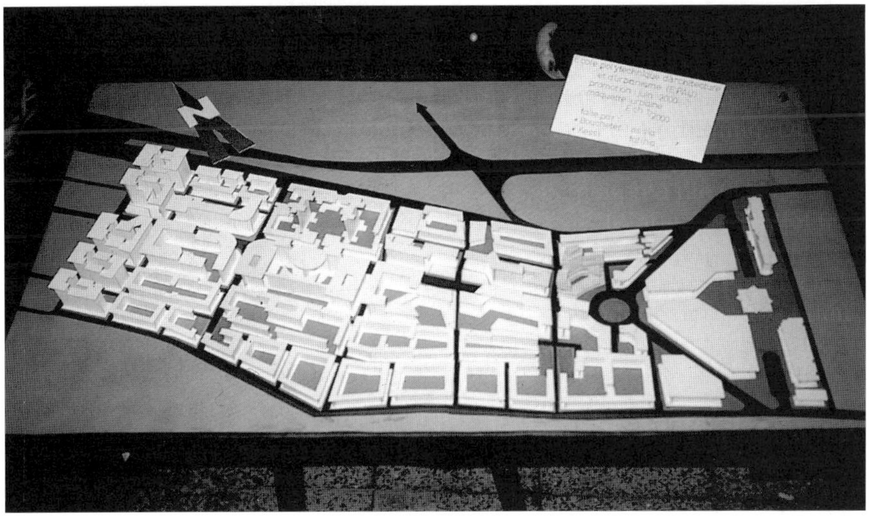

Projekte
projets
projects

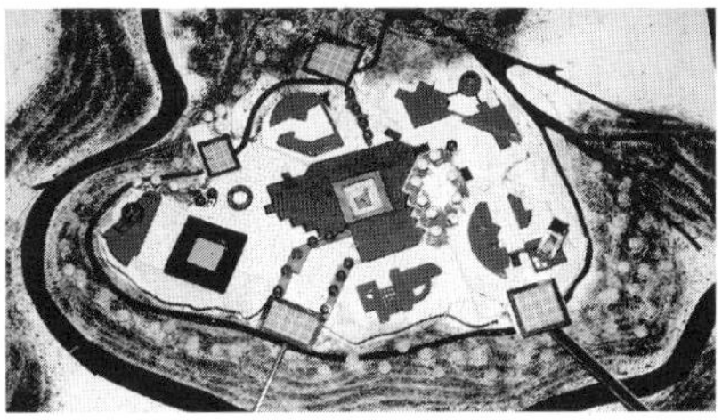

Aufbaustudium / Post-Graduation / Postgraduation

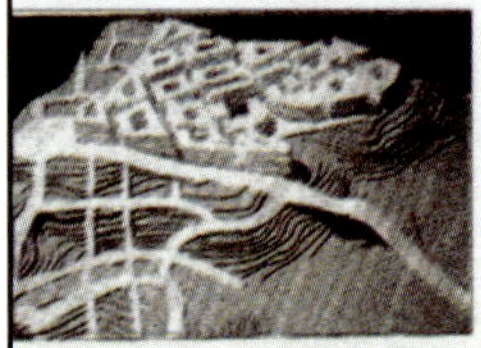
1

2

3

Post-Graduation

La formation de Magister a pour objectif l'approfondissement des connaissances et l'initiation aux méthodes de recherche en vue de développer chez le post-graduant des capacités de démonstration et de raisonnement scientifique, de synthèse et cultiver l'aptitude à la pondération et à la proportionnalité dans le jugement.

Elle comporte une année d'enseignement théorique obligatoire et la préparation d'un mémoire d'initiation à la recherche (élaboré en 4 ou 5 trimestres). Elle constitue la première étape de la future thèse de doctorat.

Pour l'année universitaire 1999-2000, une nouvelle post-graduation « Architecture & Environnement » a été définie autour de deux domaines complémentaires :

-L'environnement & l'Urbanisme.
-L'architecture & la Technologie.

Chacun de ces deux domaines est composé d'axes de recherche développés par les enseignants en charge de l'enseignement et de l'encadrement des post-graduants. Les axes développées selon les domaines sont :

1.Environnement & Urbanisme :
- Géotechnique et protection de l'environnement.
- Politique de la ville et pratiques urbanistiques en Algérie.
- Paysages et aménagement.
- Infrastructures urbaines.

2.Architecture & Technologie :
- Matériaux et techniques de construction.
- Mécanismes de préservation des sites et monuments historiques.
- Conception environnementale en architecture.

1-Projet de la ville nouvelle de Mahalma réalisé par des étudiants en post-graduation dans le cadre de la coopération algéro-allemande (EPAU-Université de Stuttgart)
2-Document Pédagogique réalisé dans le même cadre.
3-Délibération du jury au terme d'une soutenance de Magister.

Forschung / Recherche / Research

1

2

3

La recherche à l'E.P.A.U date de 1979 avec la création du Centre de Recherche en Architecture et en Urbanisme (C.R.A.U).
Elle a été réorganisée sous forme de projets universitaires après la dissolution du C.R.A.U. Plusieurs types de recherche sont développés :

1.Des projets nationaux de recherche universitaire : Ils permettent aux enseignants de mener un travail de recherche. Leur durée d'élaboration est de deux années avec possibilité de prorogation. Des thématiques aussi diverses telles que l'habitat, les technologies de construction, la psychologie de l'espace et l'environnement sont développées.

2.Des projets de recherche dans le cadre de la coopération inter-universitaire algéro-française dont l'objectif est la promotion d'une coopération scientifique et culturelle. Les projets de recherche touchent à des domaines divers :
-Croissance urbaine, urbanisme et instruments d'intervention dans les grandes Villes en Algérie ;
-Contribution à la connaissance du patrimoine algérois ;
-L'utilisation de matériaux nouveaux dans les sites d'enfouissement technique.

3.Des projet de recherche dans le cadre de la coopération algéro-allemande réalisés Avec l'Université de Stuttgart: Deux thèmes de recherche sont développés :
-Planification régionale à l'aide des Systèmes d'Information Géographique : cas de la vallée du M'zab.
-Alger Métropole.

1-Visite à l'EPAU d'une délégation allemande (Université de Stuttgart)
2-Exposition à l'EPAU organisée par le centre culturel italien sur le thème "Architectures de Rome"
3-Visite à l'EPAU de son excellence Mr l'Ambassadeur d'Autriche.

4.3
Post-graduation PG)

Matières
La post-graduation (PG) consiste en des cours d'études complémentaires menant au magistère. Les matières proposées sont l'urbanisme, la restauration et l'habitat.

Durant les trois premiers semestres l'emploi du temps pour les lectures et les séminaires est fixe, alors que le quatrième semestre et réservé à la thèse. En règle générale la thèse est un travail de recherche à caractère analytique et non pas un projet concret.

Pour pouvoir être enseignant de la PG, un titre de magister ou de master est nécessaire. Les candidats à la PG sont fréquemment également les enseignants de la graduation, ce qui mène à la situation curieuse que les enseignants de la PG donnent des cours à leur propres collègues et les examinent.

La PG fut récemment restructurée afin d'améliorer l'accompagnement des études et de permettre un choix de thèmes plus libre; parallèlement, une coopération proche avec l'université d'Alger est recherchée.

Post-graduation spécialisée
A côté des études pour l'obtention d'un magister, la post-graduation comprend aussi la post-graduation spécialisée d'une durée d'un an. Celle-ci est surtout destinée à la formation complémentaire de fonctionnaires d'institutions ou d'entreprises d'Etat.

Jusqu'à présent il existe une post-graduation spécialisée en politique de la ville et en infrastructure urbaine. La demande est cependant parfois faible, car les cours sont payants et il manque des enseignants spécialisés.

4.3
Aufbaustudium (PG)

Studiengänge der PG
Die Postgraduation (PG) ist ein zweijähriges Aufbaustudium, das mit dem Magistère abschließt. Die etablierten Studiengänge sind Städtebau, Restaurierung und Habitat.

Es gibt ein festes Vorlesungs- und Seminar- Programm über drei Semester, während das 4. Semester der Abschlussarbeit oder These gewidmet ist. Dies ist in der Regel eine Forschungsarbeit mit einem analytischen oder konzeptionellen Charakter, aber kein konkreter Entwurf.

Dozent in der PG kann nur werden, wer einen Master- oder Doktor-Titel besitzt. Die Studenten der PG sind in der Mehrzahl Dozenten der Graduation, dadurch ergibt sich die eigentümliche Situation, dass die Dozenten der PG ihre eigenen Kollegen unterrichten und prüfen.

Um die Engpässe bei der Betreuung zu lösen und eine flexible Themenwahl zu ermöglichen, wurde die PG in jüngster Zeit umstrukturiert, wobei es eine enge Zusammenarbeit mit der Université d'Alger geben soll.

Postgraduation Specialisée
Neben dem zweijährigen Magister-Studium gibt es in der PG noch die einjährige Postgraduatión Specialisée (PGS). Diese ist vor allem für die Weiterbildung von staatlichen Institutionen und Betrieben gedacht.

Bislang gab es je eine PGS „Stadtpolitik" und „Städtische Infrastruktur". Da aber für diese Kurse spezialisierte Dozenten fehlen und Studiengebühren anfallen, ist die Nachfrage gelegentlich gering.

4.3
Postgraduation (PG)

Postgraduate courses
Postgraduate courses at the EPAU cover 2 years and lead to a master's degree or magistère. The established postgraduate courses are: urban planning and design, restauration and habitat.

There is a fixed teaching programme of 3 semesters, the 4th semester is dedicated to the master dissertation. In general, the subject of the dissertation is not modern architectural or urban design but an analytical or conceptual study.

The lecturers of PG courses must hold a master's degree or a PhD. As PG candidates are at the same time lecturers of the graduate programme the somewhat peculiar situation arises that the PG lecturers teach and examine their own colleagues.

In order to eliminate the PG bottlenecks and deficiencies the EPAU has recently reorganized postgraduate courses suggesting close cooperation with the University of Algiers.

Specialized post-graduation
Apart from the 2-year PG courses there is a 1-year Postgraduatión Specialisée (PCS). The main purpose of this course is to train the employees of large public institutions and state owned companies.

So far two PGS courses have been implemented on "urban policies" and "urban infrastructure" . However, because of the fact that specialized lecturers are lacking and considerable fees have to be paid, the demand for PGS courses is sometimes limited.

Coopération et crise
Le nombre des enseignants ayant accompli une post-graduation ou passé un doctorat est encore relativement petit, ce qui rend la post-graduation dépendante de la coopération avec des universités étrangères. De telles coopérations existent avec l'Allemagne (urbanisme), la France (habitat) et l'Italie (restauration).

Durant la crise politique la post-graduation fut considérablement affaiblie car les enseignants étrangers étaient beaucoup plus rarement présents. Excepté le partenariat avec l'université de Stuttgart, qui fut poursuivi sans interruption, les autres coopérations stagnèrent ou furent totalement arrêtées.

La recherche dans la post-graduation
La recherche institutionalisée n'ayant pas beaucoup d'importance en Algérie, les thèses de la post-graduation représentent une contribution précieuse à la recherche dans la construction et en urbanisme. Beaucoup de thèses correspondent au standard universitaire, mais sont peu concrètes et cernent rarement un problème précis. La diffusion de ces thèses, qui n'existent le plus souvent qu'en quelques rares exemplaires, est en tout cas insuffisante.

Problèmes
Alors que la graduation peut être, malgré quelques lacunes, considérée comme consolidée, ce n'est pas le cas de la post-graduation. Ces études complémentaires font face à beaucoup de problèmes dûs aux structures: Manque d'expérience dans la haute formation, manque d'enseignants avec doctorat ou titre de master, manque d'aides financières et de bourses.

Naturellement, sous les conditions données, il est difficile de se procurer des informations ou de

Kooperation und Krise
Die Zahl der postgraduierten oder promovierten Dozenten ist an der EPAU noch relativ gering, deshalb ist die Postgraduation auf die Kooperation mit ausländischen Hochschulen angewiesen. Eine solche Zusammenarbeit gibt es bzw. gab es mit Deutschland im Bereich Urbanisme, mit Frankreich im Bereich Habitat und mit Italien im Bereich Restauration.

Die politische Krise schränkte die Anwesenheit ausländischer Dozenten stark ein, was die Postgraduation erheblich geschwächt hat. Von der Partnerschaft mit der Universität Stuttgart abgesehen, die ohne Unterbrechung bis 1998 weitergeführt wurde, stagnierten die anderen Kooperationen oder wurden ganz eingestellt.

Forschung in der PG
Da es in Algerien nur wenig institutionalisierte Forschung gibt, stellen die Thesen der Postgraduation einen wichtigen Beitrag zur Bau- und Stadtforschung dar. Viele Arbeiten genügen dem akademischen Standard, sind aber wenig konkret oder problembezogen. Unzureichend ist in jedem Fall die Verbreitung der Thesen, die meist nur in wenigen Exemplaren existieren.

Probleme
Während die Graduation trotz mancher Schwächen als relativ konsolidiert gelten kann, ist dies bei der Postgraduation nicht der Fall. Das Aufbaustudium hat mit vielen strukturellen Problemen zu kämpfen: fehlende Erfahrung in der höheren Ausbildung, Mangel an Dozenten mit einem Doktor- oder Master-Titel, fehlende Förderung und Stipendien.

Natürlich ist unter den gegebenen Bedingungen auch die Informationsbeschaffung und Feldforschung schwierig. Der Zugriff auf

Cooperation and crisis
The number of lecturers holding a PhD or master´s degree is still limited, therefore PG depends on cooperation with foreign universities. Such cooperation exists - or existed - in the field of urban planning and design (Germany), habitat (France) and restauration (Italy).

However, for almost one decade the presence of foreign lecturers in Algiers was very limited or impossible, due to the insecurity in the country. Apart from the cooperation with the University of Stuttgart, which continued until 1999, other international cooperations stagnated or were interrupted, which has considerably weakened PG studies.

Postgraduation research
Research activities are very limited in Algeria. Therefore the porstgraduates' academic research represents an important contribution to the scientific knowledge in the country, in the field of urban development and planning. However, many dissertations produced by postgraduates are acceptable in academic terms, but are not closely linked to the reality and to the needs of the country. What is also missing is a wider diffusion of the information and the proposals produced in PG, because only a few copies of the dissertations exist.

Problems
Even if threre are still many problems to be solved, the graduate courses of the EPAU are more or less consolidated, which is not the case as far as PG is concerned. The lack of experience in postgraduate education, the low number of lecturers holding a PhD or master´s degree, and the lack of scientific promotion and academic scholarships all

faire de la recherche sur le terrain. La litérature spécialisée d'actualité est difficile d'accès et ainsi beaucoup de thèses s'appuient sur des ouvrages classiques et/ou sur l'internet. Une mise à jour systématique avec la litérature spécialisée internationale, surtout de langue anglaise, fait le plus souvent défaut.

En règle générale les cours et les examens intermédiaires sont couronnés de succès, mais les thèses durent longtemps et souvent elles sont déjà de caractère historique une fois terminées après des années.

Une des raisons est que les candidats de la post-graduation sont mariés et travaillent déjà et ont donc d'autres priorités. En outre il y a des barrières bureaucratiques à surmonter au cours des études de post-graduation, ce qui mène un pourcentage relativement élevé de candidats à abandonner leurs études.

die aktuelle Fachliteratur ist begrenzt, so dass sich viele Thesen auf alte Klassiker und/oder Internet-Recherchen stützen. Eine systematische Aufarbeitung der internationalen – insbesondere der englischsprachigen – Literatur fehlt in vielen Fällen.

In der Regel werden die Kurse mit Erfolg absolviert und auch die Zwischenprüfungen abgelegt. Die Abschlussarbeit zieht sich aber lange hin und oft ist die Arbeit schon historisch, wenn sie nach Jahren endlich fertig ist.

Ein Grund dafür ist, dass die Kandidaten der Postgraduation längst berufstätig und verheiratet sind und andere Prioritäten haben. Darüber hinaus müssen im Postgraduierten-Studium auch bürokratische Hürden überwunden werden, was zu einer relativ hohen Abbruchrate beiträgt.

seriously hamper the performance of the postgraduate students.

Of course, field research is a problem too. Access to up to date literature is difficult with the result that research is often based on outdated "classics" and/or on internet information. The systematic review of international literature - in particular of documents written in English - is scarce.

In spite of all problems, the PG courses of the first 3 semesters are mostly completed in time and successfully, but the final research often drags on for years. When the dissertation is finally completed after many years, many a subject is of historic but not of immediate interest any more.

Another reason for this is that the postgraduate candidates are generally employed and have families which implies different priorities. Academic bureaucracy is also complicated and tends to extend the duration of the postgraduate studies.

4.4 Recherche et consultation

Recherche

Comme dans la plupart des universités des pays pauvres, la recherche à l'EPAU fait face à beaucoup d'obstacles:

- Les enseignants sont obligés de donner beaucoup de cours;
- Manque d'expérience de la recherche;
- Manque de motivation matérielle des chercheurs;
- Manque d'informations et de données fiables;
- Conditions difficiles pour le travail sur le terrain;
- Pas de moyens financiers de tiers pour réaliser de plus grands projets;

4.4 Forschung und Beratung

Forschung

Wie an den meisten Hochschulen der Entwicklungsländer stößt die Forschung an der EPAU auf zahlreiche Hindernisse:

- hohe Lehrbelastung der Dozenten;
- fehlende Forschungserfahrung;
- keine materiellen Anreize für die Forscher;
- Mangel an verlässlichen Daten und Informationen;
- schwierige Bedingungen bei der Feldarbeit;
- keine Drittmittel, um größere Projekte zu realisieren;

4.4 Research and consultancy

Research

As in most developing countries the research activities of the EPAU-staff encounter some serious obstacles:

- little time for research because of the intensive teaching programme;
- lack of experience in academic research;
- lack of reliable data and information;
- difficult conditions for field work;
- lack of funds to implement comprehensive projects;
- lack of institutional support and research fellowships;

- Manque de soutien institutionalisé et de bourses;
- Infrastructure insuffisante (manque de salles pour la recherche, manque d'ordinateurs...);
- Possibilités de publication restreintes.

Le manque d'expérience dans la recherche mène parfois à des énoncés de problème particulièrement ambitieux, qui par la suite ne mènent à rien. En outre il existe des travaux historiques sans rapport actuel et des travaux descriptifs qui ne mettent pas à jour les problèmes et structures. Le manque d'un débat public sur l'architecture, d'une «masse intellectuelle critique» stimulante, contribue également à la faiblesse de la recherche.

Mises à part les thèses de postgraduation, la recherche auprès de l'EPAU est très limitée, ce qui se répercute dans l'enseignement, où manquent les impulsions scientifiques et la constante mise à jour.

Malgré tout, la totalité des travaux de recherche de l'EPAU sur la construction ou sur la ville ne doit pas être sous-estimée et représente une contribution importante au connaissances spécialisées en Algérie. Néanmoins la diffusion systématique des résultats au-delà de l'EPAU fait autant défaut que l'intérêt d'autres institutions à exploiter activement ces connaissances.

Consultation

En dépit des déficits de la recherche, l'EPAU s'applique à jouer un rôle actif en tant que conseillère des ministères, institutions et communes. La coopération avec des institutions d'Etat est explicitement permise et se déroule dans le cadre d'accords spéciaux.

- Fehlen von institutioneller Unterstützug und Stipendien;
- mangelnde Infrastruktur wie z.B. Forschungsräume, spezialisierte Computer u.a.;
- eingeschränkte Möglichkeiten der Publikation.

Die Ungeübtheit in der Forschung führt gelegentlich zu besonders anspruchsvollen theoretischen Ansätzen, die zu keinem Ergebnis führen. Ebenso gibt es historische Arbeiten ohne aktuellen Bezug oder rein deskriptive Arbeiten, die keine Strukturen und Probleme aufzeigen. Zur Schwäche der Forschung trägt auch die fehlende öffentliche Fachdiskussion bei, d.h. das Fehlen einer „kritischen Masse", die die Forschung stimuliert.

Von den Thesen der PG abgesehen, hält sich die Forschung an der EPAU in engen Grenzen. Dies macht sich auch in der Lehre bemerkbar, wo der wissenschaftliche Input und die ständige Aktualisierung fehlt.

Dennoch dürfen die Arbeiten zur Bau- und Stadtforschung, die insgesamt an der EPAU entstehen, nicht unterschätzt werden und stellen einen wichtigen Beitrag zum Fachwissen im Lande dar. Allerdings fehlt es an einer systematischen Verbreitung der Ergebnisse über die EPAU hinaus und ebenso am Interesse anderer Institutionen, dieses Wissen aktiv zu nutzen.

Beratung

Auch wenn es noch an Forschung fehlt, so bemüht sich die EPAU um eine aktive Rolle bei der Beratung von Ministerien, Institutionen und Gemeinden. Die institutionelle Zusammenarbeit mit staatlichen Institutionen ist ausdrücklich erlaubt und findet im Rahmen spezieller Verträge statt.

- lack of infrastructure like rooms, computers, etc;
- few opportunities to publish.

Beause of the lack of research experience a complicated research approach is sometimes applied which does not produce tangible results. In addition there is often an exclusively historic view on the subject or the research is purely descriptive without dealing with the real problems.

On the other hand, the academic work of PG should not be underestimated. It certainly represents a valuable contribution to the academic and professional knowhow in the field of urban development and planning.

However, professional discussions are still rare and a "critical intellectual public" is often missing, which leads to poor research.

Apart from the academic projects produced in PG, research at the EPAU is still scarce. This deficiency is clearly reflected in the teaching programme which needs permanent scientific input and updating. In spite of all this the research results produced at the EPAU are a significant contribution to the specialized knowledge in the country. However, the wider distribution of research results is still insufficient as well as the interest of other institutions to make use of the information and proposals.

Consultancy

Although research is still weak, the EPAU is increasingly involved in consultancy for ministries, local administrations, and other institutions. Such cooperation requires special contracts between the EPAU and these institutions.

Ces conventions, déjà nombreuses, et certaines activités concrètes mènent à espérer que l'EPAU saura largement étendre son rôle de conseillère, ce qui aurait sans aucun doute une influence bénéfique sur l'enseignement et la recherche.

Depuis des années on poursuit l'idée de créer à l'EPAU une «Consulting and Research Unit» pour rassembler les capacités de recherche et de consultation et de pourvoir l'infrastructure nécessaire. Il reste cependant clair que l'EPAU ne peut servir primordialement de bureau de consultation, car elle doit également servir la «théorie critique» qui peut éventuellement être en opposition aux plans et aux projets officiels.

Da es schon eine ganze Reihe solcher Vereinbarungen und auch konkrete Aktionen gibt, kann erwartet werden, dass die EPAU diese Rolle in Zukunft erheblich ausbauen kann. Dies hätte zweifellos sehr positive Auswirkungen auf die Lehre und Forschung.

Seit Jahren gibt es die Idee, eine Forschungs- und Beratung-Abteilung an der EPAU einzurichten, um die Kapazitäten zu bündeln und die notwendige Infrastruktur zu schaffen. Gleichzeitig ist aber klar, dass die EPAU nicht vorrangig als Beratungsbüro agieren kann, sondern sich auch um eine „kritische Theorie" kümmern muss, die möglicherweise in Konflikt mit offiziellen Plänen und Projekten steht.

So far a number of contracts has been signed and one can assume that the EPAU will further strengthen its role as government consultant. Without doubt this would have a very positive impact on the EPAU´s teaching and research programme.

For many years the idea has existed to establish a Consulting and Research Unit at the EPAU in order to create the necessary infrastructure and to concentrate research and consulting activities. It is quite clear that one important task of the EPAU is to act as a consultant for governmental and other institutions. Another would be to maintain a critical position which occasionally may even enter into conflict with the official plans and projects.

5.0 Fakultät für Architektur und Stadtplanung, Universität Stuttgart

La Faculté d'Architecture et d'Urbanisme, Université de Stuttgart

Faculty of Architecture and Urban Planning, University of Stuttgart

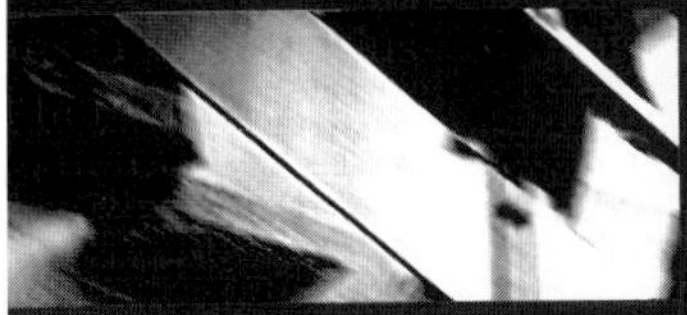

Institute

Institutes

5.0 Les Instituts

La faculté d'architecture et d'urbanisme est, avec ses 1800 étudiants, l'une des plus grandes écoles d'architecture d'Allemagne. Vingt-huit professeurs et quatre-vingt-cinq collaborateurs scientifiques enseignent et font de la recherche au sein des 14 instituts relativement indépendants et bien équipés. Le personnel est complété par de nombreux professeurs honoraires et des chargés de cours, externes.

Beaucoup de professeurs ont leur propre bureau de planification, sont actif en tant qu'experts ou sont membre de jurys, ce qui assure la connection avec la pratique. Ceci et le nombre relativement élevé des instituts assurent, dans l'enseignement et dans la recherche, un champ d'action aussi étoffé que spécialisé: «La pluralité en tant que concept» est une importante maxime de la faculté.

Certains instituts pratiquent une recherche intensive, financée par le biais de la société allemande pour la recherche (Deutsche Forschungsgesellschaft – DFG), la fondation Volkswagen, la Communauté Européenne ou d'autres institutions.

Enseignement

Les études se répartissent en études de base (4 semestres avec «Vordiplom») et en études principales (4 semestres + «Diplom»). La première partie est fortement réglementée, tandis que la deuxième laisse beaucoup de libertés de choix.

La durée des études est nominalement de 9 semestres, mais la moyenne effective est de 12,5 semestres. Ceci est en partie du aux séjours d'études à l'étranger et

5.0 Institute

Die Fakultät für Architektur und Stadtplanung ist mit 1.800 Studierenden eine der größten Architekturschulen in Deutschland. In den 14 relativ selbstständigen und gut ausgestatteten Instituten lehren und forschen 28 Professoren und 85 wissenschaftliche Mitarbeiter. Die personelle Grundausstattung wird durch zahlreiche Honorar-Professoren und externe Lehrbeauftragte ergänzt.

Viele Professoren haben ein eigenes Planungsbüro und sind auch als Gutachter und Preisrichter tätig, was die enge Verbindung mit der Praxis sichert. Dies und die relativ große Zahl der Institute sorgt in Lehre und Forschung für ein ebenso breites wie spezialisiertes Lehrangebot. „Vielfalt als Konzept" lautet ein wichtiger Leitsatz der Fakultät.

Einige Institute betreiben intensiv Forschung, wobei die Mittel von der Deutschen Forschungsgemeinschaft (DFG), der VW-Stiftung, der Europäischen Gemeinschaft oder anderen Institutionen eingeworben werden.

Lehre

Das Studium ist in einen ersten Studienabschnitt (4 Semester mit Vordiplom) und in ein Hauptstudium (4 Semester + Diplom) unterteilt. Der erste Studienabschnitt ist stark reglementiert, das Hauptstudium enthält dagegen viele Wahlmöglichkeiten.

Die Regelstudienzeit beträgt 9 Semester, die durchschnittliche Studiendauer aber 12,5 Semester. Gründe hierfür sind u.a. die praktische Tätigkeit der Studenten in Architekturbüros und Auslandsaufenthalte.

5.0 Institutes

With about 1.800 students the Faculty of Architecture and Urban Planning, University of Stuttgart, is one of the largest schools of architecture in Germany. There are 14 institutes in which 28 professors and 85 assistant. In addition, the faculty has a large number of professionals who are temporarily contracted to teach special subjects.

Many professors run a private office and participate in competitions and consultancy for public and private clients. These activities ensure a close connection with practical projects and with the building and planning sector outside the university. This guarantees that teaching includes a wide range of topics and ideas.

Some institutes are not so much involved in practical building and design as in academic research, which is mostly funded by the programmes of the German Research Foundation (DFG), the Volkswagen-Foundation, the European Community and other institutions.

Teaching

The teaching programme is divided into two parts: a basic study programme of 2 years, which leads up to the "pre-diploma" examinations (Vordiplom), and the advanced study programme of 2 years, which leads up to the academic grade "Diplom-Ingenieur / Architekt".

During the first two years most of the subjects are obligatory, whereas in the advanced programme the students have a wide choice and can specialize on certain subjects, e.g. urban planning, restauration of old buildings or building technology.

au fait que beaucoup d'étudiants travaillent dans des bureaux d'architecture.

Au cours des études principales un large éventail de thèmes peut être traité; en outre il y a la possibilité d'un approfondissement ou d'une spécialisation: Urbanisme, «construire dans l'édifice existant» ou tout simplement la construction.

Le temps imparti au diplôme (en règle générale un projet d'architecture ou d'urbanisme) est d'habitude un semestre. Un travail analytique ou théorique pour obtenir le diplôme est possible mais peu usité. Le diplôme de Stuttgart (Dipl.-Ing. Architekt) équivaut à un master et donne droit à la promotion.

L'Institut d'Urbanisme (SI)

Avec ses quatre professeurs, l'institut d'urbanisme est le plus grand de la faculté, et l'urbanisme et la planification urbaine ont une importance en correspondance au sein de l'enseignement et de la recherche. L'institut se divise en quatre départements spécialisés:

- Planification urbaine;
- Urbanisme;
- Planification régionale;
- Urbanisme en Asie, Afrique et Amérique Latine (SI-SIAAL).

A part l'enseignement et la recherche, ces départements assurent diverses coopérations avec des universités étrangères, d'Europe ou de plus loin.

SI-SIAAL

Le département «Urbanisme en Asie, Afrique et Amérique latine» (SIAAL) entretient des relations intensives avec des université partenaires au Mexique, au Brésil, en Chine et dans d'autres pays. Dans ce cadre, le SIAAL est également partenaire de la coopération universitaire germano-algérienne.

Im Hauptstudium kann ein breites Spektrum von Themen bearbeitet werden, aber auch eine Vertiefung oder Spezialisierung ist möglich, z.B. im Städtebau, Bauen im Bestand oder Baukonstruktion.

Die Diplomarbeit dauert ein Semester und ist in der Regel ein Architektur- oder Städtebau-Entwurf. Analytische oder theoretische Diplom-Arbeiten sind möglich, aber relativ selten. Das Stuttgarter Diplom (Dipl.-Ing. Architekt) ist einem Master gleichgestellt und berechtigt zur Promotion.

Städtebau-Institut (SI)

Mit vier Professoren ist das Städtebau-Institut (SI) das größte Institut der Fakultät, dementsprechend haben Städtebau und Stadtplanung ein beträchtliches Gewicht in der Lehre und Forschung. Es gibt 4 spezialisierte SI-Abteilungen oder Fachgebiete:

- Stadtplanung,
- Städtebau,
- Regionalplanung,
- Städtebau in Asien, Afrika, Lateinamerika (SI-SIAAL).

Die Fachgebiete betreiben neben der Lehre auch Forschung und unterhalten diverse Kooperationen mit anderen Hochschulen in und außerhalb Europas.

SI-SIAAL

Das Fachgebiet SIAAL / Städtebau in Asien, Afrika, Lateinamerika pflegt intensive Beziehungen zu Partner-Universitäten in Mexiko, Brasilien, China und anderen Ländern. In diesem Zusammenhang war SIAAL auch Partner der deutsch-algerischen Hochschul-Kooperation.

Im FG SIAAL werden laufend Forschungsprojekte bearbeitet, die meist von der Deutschen Forschungsgemeinschaft (DFG) gefördert werden, u.a.:

The complete course takes 9 semesters. However, on an average the students at Stuttgart study 12,5 semesters. The reason for this is that many students work in an architect´s office to acquire practical experience or to finance their studies, whereas others spend a semester or two abroad at a partner university.

The final project (Diplomarbeit) normally deals with architecture or urban design and takes 1 semester. Only in few cases an analytic or theoretical project is developed. The final degree "Dipl.-Ing. Architekt" is equivalent to a master´s degree and qualifies for a PhD programme.

Institute of Urban Planning and Design (SI)

With 4 departments run by 4 professors, the Institute of Urban Planning and Design (SI) is one of the faculty´s largest institutes. Thus, urban planning and design plays an important role in the teaching and research programme of the faculty.

The departments are specialized in urban planning, urban design, regional planning, building and planning in Asia, Africa, Latin America.

In addition to their special teaching programme the departments are involved in research projects and in international cooperation with partner-universities in Europe, Asia, North and South America and Africa.

SI-SIAAL

The department SIAAL (Städtebau in Asien, Afrika, Lateinamerika) specializes in building and planning in these regions and cooperates with partner universities in Mexico, Brazil, China and other countries. In this context SIAAL coordinated the academic cooperation with the EPAU.

Le département SIAAL effectue continuellement des projets de recherches, soutenus par la DFG – Deutsche Forschungsgemeinschaft), en particulier:

- Renouvellement du centre historique de Rio de Janeiro;.
- Densification et verticalisation dans les quartiers pauvres et quartiers d'habitat spontané à Mexico;
- Processus de transformation dans les villages-oasis de l'Oman.

De même, les candidats au doctorat venant de pays différents travaillent sur des thèmes très variés:

- Nouvelles typologies d'habitation en Allemagne, au Brésil et au Japon;
- Renouvellement de la ville d'Alep, Syrie;
- Renouvellement de la ville de Souzhou, Chine.

- Stadterneuerung im historischen Zentrum von Rio de Janeiro;
- Verdichtung und Vertikalisierung in Unterschichtquartieren und Spontansiedlungen in Mexiko-Stadt;
- Transformationsprozesse in Oasensiedlungen im Oman.

Ebenso arbeiten ca. 10 Doktoranden aus verschiedenen Ländern an einem breiten Themenspektrum, u.a.:

- Neue Wohntypologien in Deutschland, Brasilien und Japan;
- Stadterneuerung in Aleppo, Syrien;
- Stadterneuerung in Souzhou, China.

SIAAL is intensively involved in research activities which are mostly funded by the German Research Society (DFG). Projects in recent years have been:

- urban renewal in the historic center of Rio de Janeiro;
- densification and verticalization of spontaneous settlements in Mexico-City;
- transformation of Oasis settlements in Oman.

SIAAL is also running a PhD-programme with 10 students from different countries. Some of the current research projects are:

- new metropolitan housing typologies in Germany, Japan and Brazil;
- urban renewal in Aleppo, Syria;
- urban renewal in Soushou, China.

SIAAL
Exkursionen und Workshops
excursions et workshops
excursions and workshops

Mexico-City
Rio de Janeiro
Porto Alegre
Beijing

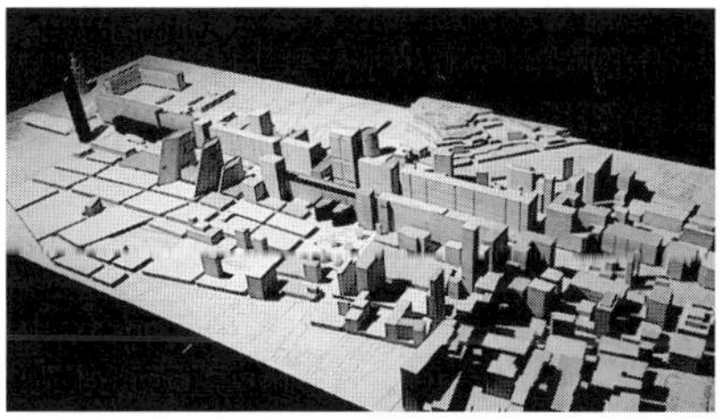

6.0 Hochschulkooperation Universität Stuttgart – EPAU / Algier

Coopération universitaire Université de Stuttgart – EPAU / Alger

Academic cooperation University of Stuttgart – EPAU / Algiers

6.1
Le projet

Le partenariat universitaire entre l´EPAU et SIAAL a été soutenu par la Agence pour la Coopération Technique (GTZ) pendant dix années.
Le but prioritaire était de mettre l`EPAU en état de résoudre les problèmes de développement urbain, d´urbanisme et de construction du logement en Algérie. Pour cela, un enseignement et une recherche proches de la pratique et une coopération étroite avec des administrations de planification et d´autres institutions était nécessaire.

La coopération universitaire se composait de quatre éléments principaux::
- La formation et la formation approfondie des partenaires;
- Le renforcement institutionnel de l'université partenaire;
- Le travail sur des publications scientifiques;
- L'amélioration de l'équipement.

Structure du projet
La coopération comportait deux parties avec des thèmes différents:
- Planification urbaine, urbanisme et construction du logement;
- Planification régionale et infrastructure urbaine.

La première partie était du ressort de l'institut d'urbanisme (SI) de l'université de Stuttgart, la deuxième incombait à l'université technique d'Aix-la-Chapelle jusqu'en 1996 et depuis au Center of Infrastructure Planning (CIP) de l'université de Stuttgart.

La coordination de la totalité du projet était assurée en Allemagne par le département SIAAL de l'institut d'urbanisme et en Algérie par la direction ou la post-graduation de l'EPAU. Le véritable partenaire du côté de l'EPAU était la post-gra-

6.1
Das Projekt

Die Hochschul-Partnerschaft zwischen der EPAU und SIAAL wurde von der Gesellschaft für Technische Zusammenarbeit (GTZ) 10 Jahre lang gefördert.

Durch eine enge Kooperation sollte die Partner-Hochschule EPAU befähigt werden, einen wichtigen Beitrag zur Lösung der Probleme in der Stadtentwicklung, im Städte- und Wohnungsbau in Algerien zu leisten. Dies setzt eine praxis- und problembezogene Lehre und Forschung sowie eine enge Zusammenarbeit mit den staatlichen und kommunalen Planungsämtern sowie anderen Institutionen und Akteuren voraus.

Um dieses Ziel zu erreichen, konzentrierte sich die Kooperation auf vier Schlüsselbereiche:
- Fortbildung der EPAU-Dozenten;
- Konsolidierung der Postgraduierten-Ausbildung im Fach Städtebau;
- Anregung der EPAU-Forschung;
- Verbesserung der EPAU-Ausstattung.

Projektstruktur
Die Kooperation umfasste zwei Teilprojekte mit unterschiedlichen Themen:
- Stadtplanung, Städte- und Wohnungsbau, und
- Regionalplanung und städtische Infrastruktur.

Das erste Teilprojekt war am Städtebau-Institut (SI) der Universität Stuttgart angesiedelt, das zweite bis 1996 an der Technischen Universität Aachen und danach am Center of Infrastructure Planning (CIP) der Universität Stuttgart.
Die Koordination des Gesamtprojekts wurde auf deutscher Seite vom Städtebau-Institut, Fachgebiet SIAAL, wahrgenommen, auf algerischer Seite von der Direktion der

6.1
The project

The partnership between EPAU in Algiers and SIAAL has been sponsored by the German Technical Cooperation (GTZ) for more than 10 years.

The project´s main goal was to strengthen the EPAU´s educational capacity in order to correspond to the actual needs of the building and planning sector in Algeria. This requires a curriculum which is closely linked with the reality in the country, and also a close cooperation with central and communal planning institutions.

To achieve this goal, 4 major activities were identified:
- training of the EPAU lecturers;
- consolidation of the postgraduate courses at the EPAU;
- stimulation of research activities;
- improvement of the academic infrastructure and equipment of the EPAU.

The structure of the project
The cooperation included 2 subprojects which focussed on different themes:
- urban planning and housing; and
- regional planning and urban infrastructure.

The first sub-project was located at the Städtebau-Institut (SI), Universität Stuttgart, the second one at the University of Aachen until 1996 and subsequently at the Center of Infrastructure Planning (CIP), Universität Stuttgart.

On the German side the project was coordinated by the Städtebau-Institut, department SIAAL (Städtebau in Asien, Afrika, Lateinamerika), and on the Algerian side by the director of the EPAU and the director of Postgraduation (PG).

duation urbanisme. Au cours des années la direction du projet changea plusieurs fois du côté algérien, ce qui n'altéra cependant pas la coopération.

Etant donné la quantité du travail à effectuer pour une coopération intensive, des bureaux de coopération furent instaurés à Alger et à Stuttgart pour assurer le déroulement de l'ample programme et des nombreux déplacements et séjours.

La coopération était constamment accompagnée par deux voire trois collaborateurs scientifiques auprès du Städtebau-Institut (SI). Ceux-ci assuraient le travail de fond, l'accompagnement de groupes et la documentation du projet. Ce groupe central fut complété par d'autres enseignants de l'université ou par des experts externes selon les besoins.

Formation approfondie:
Dans ce contexte le Städtebau-Institut et le CIP organisèrent régulièrement des séjours de travail, des séminaires et des excursions pour les enseignants et post-gradués algériens. Au cours de ces rencontres on élabora des modules d'enseignement, des séries de diapositives et des films vidéo. La fondation de la revue universitaire «Les Cahiers de l'EPAU» et la production de l'exposition «Architecture Algérienne» sont d'autres activités importantes.

Post-graduation:
Le renforcement de la post-graduation urbanisme était un but principal de la coopération. Pour cela des workshops et des projets d'études furent réalisés en commun et des thèses pour l'obtention d'un titre de magister ou d'un doctorat furent accompagnées. De plus on élabora le concept de la post-graduation spécialisée (DPGS – études approfondies d´une durée d'un an) dans

EPAU bzw. der Postgraduation. Der eigentliche Partner war auf Seiten der EPAU die Postgraduation Urbanisme – also der Aufbau-Studiengang Stadtplanung und Städtebau. Im Laufe der Jahre wechselte auf algerischer Seite mehrfach die Projektleitung, was aber die Kooperation nicht beeinträchtigt hat.

Der organisatorische Aufwand einer engen Partnerschaft ist relativ groß, deshalb wurden in Stuttgart und Algier Kooperationsbüros eingerichtet, die für die Abwicklung des umfangreichen Programms, insbesondere der der zahlreichen Reisen und Aufenthalte, sorgten.

Dem Städtebau-Institut (SI) standen für die Kooperation ständig zwei bis drei wissenschaftliche Mitarbeiter zur Verfügung. Diese führten die inhaltlichen Arbeiten durch, begleiteten die Gruppen und dokumentierten die Projektarbeit. Die Kerngruppe wurde je nach Bedarf durch andere Hochschullehrer oder externe Experten ergänzt.

Fortbildung:
In diesem Zusammenhang wurden vom Städtebau-Institut und von CIP regelmäßig Arbeitsaufenthalte, Seminare und Fachexkursionen für algerische Dozenten und Postgraduierte organisiert. Dabei wurden Lehrbausteine, Dia-Serien und Video-Filmen entwickelt. Weitere wichtige Aktivitäten waren die Gründung der Hochschulzeitschrift "Les Cahiers de l'EPAU" und die Produktion der Ausstellung "Architecture Algérienne".

Postgraduation:
Ein zentrales Ziel der Kooperation war die Stärkung der Postgraduation Urbanisme. Dazu wurden gemeinsame Workshops und Studienprojekte für algerische Studenten realisiert sowie Magister-

The principal partner of this cooperation on the EPAU's side was postgraduation "Urbanisme", i.e. the PG in urban planning and design. From time to time the coordinating directors changed. However, this did not have a negative impact on the partnership.

An intensive cooperation needs administrative and logistic support, therefore two administrative units were established, one in Stuttgart and the other in Algiers. These offices organized the programme, the frequent travel and accomodation of participants.

At the Institute of Urban Planning and Design 2 to 3 research fellows and assistants were permanently involved in cooperation, organizing seminars, lectures, excursions, etc. According to the programme this core team was occasionally boosted by other professors or specialists.

Counterpart training
Counterpart training included a series of workshops, seminars, excursions and further activities for EPAU lecturers and postgraduates. A series of didactic modules and other materials were also produced. A new EPAU-Journal "Les Cahiers de l' EPAU" was founded and an exhibition on Algerian architecture was arranged "Architecture Algérienne".

Postgraduation:
In order to strengthen the PG in urban planning and design, a series of workshops and projects for lecturers and postgraduate students were organized. The cooperation also helped in supervising some of the EPAU´s master and PhD dissertations. A concept for a 1-year PG-course in urban infrastructure was developed and

Exkursionen / Workshops

Stuttgart
Leipzig
Heidelberg
Berlin
Marseille

Exkursion / Workshop

Berlin

le domaine «infrastructure urbaine» et un premier projet pilote fut réalisé.

Recherche:
La coopération est à l'origine d'une série d'activités de recherche communes dans les domaines planification urbaine, urbanisme et construction du logement. Les résultats furent publiés dans des documents spéciaux, parus dans la revue universitaire «Les Cahiers de l'EPAU» et la revue spécialisée «Trialog».

Equipement:
La coopération aida également à améliorer l'équipement matériel de l'EPAU. Ainsi, un atelier de maquettisme, un atelier vidéo et un réseau d'ordinateurs furent installés et l'inventaire en publications spécialisés de la bibliothèque de l'EPAU fut élargi.

Phases du projet
Le projet se déroula essentiellement en trois phases:
(1) Phase d'expérimentation:
Au cours des premières années (1990-1992) on expérimenta différentes activités, et dégagea ainsi les thèmes et le niveau d'enseignement prioritaires.
(2) Phase de consolidation:Pendant cette phase on se concentra sur la formation approfondie des enseignants, sur la post-graduation urbanisme et sur la recherche afin d'assurer une consolidation intérieure de la post-graduation.
(3) Phase d'ouverture:Durant la dernière phase du projet (1998-1999), l'intérêt s'est porté sur les contacts extérieurs de l'EPAU et sur les activités correspondantes pour renforcer l'intégration de l'EPAU au milieu professionnel et à la communauté universitaire internationale.

und Doktor-Arbeiten betreut. Ebenso wurde das Konzept eines 1-jährigen Aufbaustudiums (Postgraduation Specialisée / DPGS) im Bereich "Infrastructure Urbaine" entwickelt und ein erster Pilot-Kurs realisert.

Forschung:
Die Kooperation initiierte eine Reihe von gemeinsamen Forschungsaktivitäten zu aktuellen Themen der Stadtplanung, des Städte- und Wohnungsbaus. Die Ergebnisse wurden in speziellen Dokumenten, in der der Hochschul-Zeitschrift "Les Cahiers de l' EPAU" und in der Fachzeitschrift Trialog veröffentlicht.

Ausstattung:
Die Kooperation leistete auch Hilfestellung beim Ausbau der materiellen Ausstattung an der EPAU. So wurde eine komplette Modellbau-Werkstatt, ein Video-Atelier und ein Computer-Pool eingerichtet, auch der Bestand an Fachbüchern in der EPAU-Bibliothek wurde erweitert.

Projektphasen
Das Projekt durchlief im Wesentlichen drei Phasen:
(1) Experimentierphase:
In den ersten Jahren (1990–92) wurde mit unterschiedlichen Aktivitäten experimentiert. Dabei kristallisierten sich die prioritären Kooperationsbereiche und Themen heraus.
(2) Konsolidierungsphase.
Diese Phase (1993–97) konzentrierte sich auf die Dozenten-Fortbildung, auf die PG Städtebau und auf die Forschung, um die Konsolidierung der PG voranzutreiben.
(3). Öffnungsphase:
In der letzten Projektphase (1998–99) standen die Außenkontakte der EPAU im Mittelpunkt, um die Einbindung der EPAU ins

a pilot course implemented (Postgraduation Specialisée / DPGS).

Research
Several research activities were initiated in the field of urban development, urban planning and housing, focused on urgent problems in these areas. The results were documented and published in the new EPAU-journal and in the German journal TRIALOG.

Equipment
The cooperation also strengthened the infrastructure and equipment of the EPAU. A modern model studio was established and also a video laboratory and a computer pool. The library´s stock of books on urban planning and design was considerably enlarged.

Phasing of the project
3 major phases can be distinguished during the 10 years of cooperation:
(1) An experimental phase of 2 years (1990-92) which was used to evaluate the different activities and to find out the most efficient approach for further cooperation
(2) Consolidation (1993-97). During this time cooperation focussed on counterpart training and on strengthening PG and research. Thus, this phase was mainly concerned with the internal structure and consolidation of the EPAU.
(3) Strengthening the external relations and activities. During the last phase (1998-99) the project focussed on strengthening the EPAU´s links with the professional environment and with the international academic community.

Tandems et groupes de travail
La coopération au niveau personnel débuta par des «tandems» formés de deux enseignants, un allemand et un algérien. Ces «tandems» restaient unis un certain temps afin d'élaborer en commun un module d'enseignement ou d'effectuer un travail de recherche.

Le modèle «tandem» était efficace mais avait cependant l'inconvéniant de limiter la coopération à quelques rares personnes. En conséquence le travail en «tandem» fut abandonné au profit du travail de groupe afin d'élargir le cercle des enseignants de l'EPAU profitant de la coopération. Du côté de l'EPAU, la participation était dépendante de la candidature à une certaine activité ou de la présentation d'un thème propre.

La coopération se concentrait surtout sur la post-graduation, mais on veilla cependant à ce que les enseignants de la graduation puissent faire une part équitable du travail, que ce soit l'élaboration de modules d'enseignement, de la recherche, des excursions ou des workshops.

Style de coopération
Tout projet de coopération de ce type comporte une certaine asymétrie, car les moyens financiers pour les activités communes, les déplacements et l'équipement sont essentiellement fournis par un partenaire. En compensation, le style de la coopération doit être d'autant plus équilibré et souligner le caractère d'associés des partenaires.

Les partenaires allemands doivent, afin d'être respectés et crédibles, non seulement avoir une bonne formation et une bonne expérience mais aussi bénéficier d'un statut universitaire formel au moins égal à celui des partenaires. Il est peu probable qu'un enseignant algérien doté d'un titre de magister et d'une grande expé-

professionelle Umfeld und in die internationale akademische Gemeinschaft zu stärken.

Tandems und Arbeitsgruppen
Die personelle Zusammenarbeit vollzog sich zunächst in „Tandems", wobei je ein deutscher und ein algerischer Dozent ein festes Team bildeten, um gemeinsam einen Lehrbaustein oder eine Forschungsarbeit zu entwickeln.

Das Tandem-Modell war effektiv, hatte aber den Nachteil, die Partnerschaft auf wenige Personen zu beschränken. Deshalb wurde auf eine flexiblere Gruppenarbeit umgestellt, um den Kreis der beteiligten EPAU-Dozenten zu erweitern. Die Teilnehmer wurden auf Seiten der EPAU durch eine Ausschreibung ermittelt. Wer sich für eine Aktivität bewarb oder ein eigenes Thema vorschlug, konnte an der Kooperation partizipieren.

Der Schwerpunkt der Kooperation lag bei der Postgraduation, es wurde aber dafür gesorgt, dass bei der Bearbeitung von Lehrbausteinen, bei der Forschung, bei Fachexkursionen und Workshops auch die Dozenten der Graduation angemessen zum Zuge kamen.

Kooperationsstil
Jedes Kooperationsprojekt dieser Art enthält eine gewisse Asymmetrie, weil die Mittel für gemeinsame Aktivitäten, Reisen und Ausstattung überwiegend von einer Seite kommen. Um dies zu kompensieren, muss der Kooperationsstil umso ausgewogener und partnerschaftlicher sein.

Um akzeptiert und glaubwürdig zu sein, müssen die deutschen Partner nicht nur eine gute Qualifikation und Erfahrung besitzen, sondern auch einen formellen akademischen Status, der mindestens dem der Partner entspricht. Es kann nicht erwartet werden, dass ein algerischer Dozent, der einen

Tandems und working groups
In the first phase a "tandem" model was implemented which aimed at close and permanent cooperation of a German and an Algerian counterpart in order to develop didactic material and joint research activities.

These "tandems" worked quite successfully. However, the disadvantage was that this model involved relatively few participants which was critizised by those who were excluded. Therefore the model was changed in favour of larger working groups incorporating a larger number of participants.

The EPAU participants were selected through a procedure in which all EPAU lecturers were invited to state their interest and to present a specific proposal.

Although the activities were clearly focussed on PG, the cooperation also included a number of graduate lecturers who participated in the excursions, seminars and workshops.

Style of cooperation
Usually North-South-cooperatios are sponsored primarily by the "northern" partner. In order to compensate for this it is important to develop a balanced style of cooperation which avoids any dominance in decision making and practical work.

To be accepted by the counterpart it is important that the German (or European) participants do not only have good qualifications and experience, but also a formal academic status which corresponds to those of the counterpart. It can hardly be expected that an Algerian professor with many years of experience and holding a master's degree or PhD will easily accept a young German assistant or research fellow as his counterpart.

Workshops

Algier
Stuttgart

Workshops

Algier
Stuttgart
Heidelberg
Dessau

rience professionnelle se laisse enseigner par un jeune assistant allemand.

Pour les collègues de l'EPAU, travaillant en général sous des conditions difficiles, la coopération était autant un privilège qu'un fardeau. Les contacts internationaux et les voyages à l'étranger constituaient naturellement un appât de nature à faire accepter le plus de travail non rénuméré, entre autres dans la recherche. En conséquence, au-delà d'une formation professionnelle approfondie, la coopération avait pour objectif important de faire apprendre aux participants le plus possible sur la culture du partenaire.

Ce projet de la coopération technique, comme beaucoup d'autres, fut confronté à des turbulences politiques et institutionnelles. La stabilité à long terme de coopérations est donc dépendante de la capacité à gérer des changements même abrupts. Les relations devenues amicales après des années de coopération ne doivent cependant pas faire obstacle à la mise en place d'une nouvelle direction de projet ou à un changement de partenaire.

La coopération dans la pratique
La coopération eut lieu sous différentes formes: Aides financières pour certaines activités, consultations méthodiques ainsi que sur le fond et finalement des travaux intégralement effectués en commun. De bons résultats furent obtenus avec le «modèle trois-temps»:

1. Elaboration d'une conception commune des méthodes et du contenu;
2. Recueil de matériel et brouillons de textes effectués indépendamment des deux côtés;
3. Remaniement et rédaction finale communs, afin d'intégrer et de documenter tout les travaux.

Magister-Titel und viele Jahre Lehrerfahrung hat, sich von einem jungen deutschen Assistenten fortbilden lässt.

Die Kooperation bedeutete für die EPAU-Kollegen, die in der Regel unter schwierigen Bedingungen arbeiten, ein Privileg und eine Belastung zugleich. Ein wichtiger Anreiz, die unbezahlte Mehrarbeit – etwa eine Forschung – auf sich zu nehmen, waren natürlich die internationalen Reisen und Kontakte. Über die fachliche Fortbildung hinaus von der anderen Kultur so viel wie möglich zu sehen und erfahren war deshalb ein wichtiges Ziel der Kooperation.

Wie viele Projekte der TZ war auch dieses politischen und institutionellen Turbulenzen ausgesetzt. Entscheidend für die Stabilität einer langfristigen Kooperation ist deshalb die Fähigkeit, auch mit abrupten Veränderungen umzugehen. Dabei dürfen die freundschaftliche Beziehungen, die sich in der langjährigen Zusammenarbeit entwickeln, nicht dem Übergang zu neuen Partnern und zu einer neuen Projektleitung im Wege stehen.

Praktische Zusammenarbeit
Die praktische Zusammenarbeit nahm unterschiedliche Formen an: finanzielle Förderung einzelner Aktivitäten, inhaltliche und methodische Beratung bis hin zu völlig integrierten Arbeitsgruppen. Gute Erfahrungen wurden mit einem „3-Schritte-Modell“ gemacht:

1. Erarbeitung einer gemeinsamen inhaltlichen und methodischen Konzeption;
2. eigenständige Materialsammlung und Textentwürfe beider Partner;
3. gemeinsame Bearbeitung und Schlussredaktion, um die Arbeit zu integrieren und zu dokumentieren.

For the Algerian counterpart participation in international cooperation means both a privilege and a burden. Considering the extensive workload in teaching and administration and the sometimes difficult working conditions, strong motivation is needed to accept an additional and unpaid responsibility, e.g. a research project. Of course, an important incentive is the opportunity to travel and to develop international contacts. Updating one´s professional knowhow and becoming acquainted with a foreign country and its culture is an important stimulation for any cooperation.

Like other technical cooperation projects this academic partnership also suffered occasionally from the political turbulences, which imply abrupt institutional and personal changes. In this case it is important that friendly relations, which normally develop during many years of joint activities, do not prevent accepting new counterparts and new project management.

Practical Cooperation
In practice this cooperation took many forms: financial support of certain activities, advice on the contents and methods of teaching programmes, or completely integrated activities. Positive experience was made with a "3-step-model":

1. joint decision on the methods and contents of the intended activity;
2. collection of information and draft working papers carried out individually by the partners;
3. integration of the individual work and a joint report.

Although the integration of the individual papers was not always successful, the responsibility of

Même si tous les contenus ne purent pas être intégrés, les responsabilités personnelles étaient clairement définies, et l'identification avec les résultats était bonne.

Les nombreux problèmes auxquels les partenaires durent faire face en particulier durant les années de crise enrayèrent souvent un déroulement des activités conforme au programme. On n'essaya cependant pas de compenser cela par une activité accrue du côté allemand car celle-ci aurait poussé le partenaire dans la passivité jusqu'à finalement faire de lui un spectateur des activités du projet.

Bien entendu, la coopération permit un regard sur le style de travail du partenaire. La manière allemande d'aborder le travail, un peu plus dirigée sur le produit final, était quelque peu en opposition au style des collègues algériens, adeptes du débat intellectuel à la française. C'est justement cette combinaison qui s'avéra prolifique, ainsi que le démontre la liste des résultats du projet.

Les connaissances des lieux des algériens et l'expérience internationale des partenaires allemands se complétèrent de manière similaire dans la recherche.

Coopération et crise

En début de projet on prévoyait une forte présence d'enseignants et d'experts allemands même pour des durées courtes, mais ce concept dû être abandonné en raison de la crise politique. La sécurité n'étant pas assurée sur place, le projet s'effectua surtout par le biais de la visite en Allemagne des partenaires algériens.

Ainsi, de 1993 à 1999, le travail commun se déroula en grande partie à Stuttgart, le département SIAAL devenant point de rencontre et plaque tournante de nombreuses visites et activités. Par cet

Auch wenn die inhaltliche Integration nicht immer gelang, so war die persönliche Verantwortung doch klar definiert und die Identifikation mit dem Ergebnis hoch.

Die zahlreichen Probleme, mit denen die Partner insbesondere in den Krisenjahren zu kämpfen hatten, ließen die programmgemäße Abwicklung der Aktivitäten oft nicht zu. Dies etwa durch gesteigerte Aktivitäten der deutsche Seite zu kompensieren, wurde nicht versucht, weil dies die Partner in die Passivität drängen kann, bis sie – im Extremfall – nur noch Zuschauer des Projektgeschehens sind.

Natürlich bot die Kooperation auch einen Einblick in den Arbeitsstil des Partners. Dabei stand das eher pragmatische und „produktorientierte" Herangehen der deutschen Seite in einem gewissen Gegensatz zum französisch geprägten Diskurs-Stil der algerischen Kollegen. Gerade diese Kombination erwies sich aber als fruchtbar, wie die Projektergebnisse zeigen.

Ähnlich komplementär entwickelte sich die Forschung, wo sich die spezifischen Vor-Ort-Kenntnisse der algerischen Partner mit den internationalen Erfahrung der deutschen Partner gut ergänzten.

Kooperation und Krise

Zu Projektbeginn war eine starke Präsenz von deutschen Gastdozenten und Kurzzeit-Experten in Algier geplant; dies konnte aber auf Grund der politischen Krise nicht realisiert werden. Weil die Sicherheit vor Ort nicht gegeben war, wurde das Projekt weitgehend auf „Fernsteuerung" und auf Arbeitsaufenthalte in Stuttgart umgestellt.

So fand in den Jahren 1993–99 ein großer Teil der gemeinsamen Arbeit in Stuttgart statt, wobei das FG SIAAL zur Drehscheibe zahl-

participants was clearly defined and identification with results generally ensured.

The problems arising during the political crisis did not always allow implementing the programme as planned. However, it was not attempted to compensate this through more intensive involvement of the German side because this might have pushed the partner into a passive position.

Naturally such close partnership allows a good insight into the counterpart´s working style. In Algero-German cooperation a certain contrast could be observed between the "product oriented" approach of the German side and the "discourse oriented" approach of the Algerian side.

However, it was exactly this combination which proved to be productive as it is shown by the long list of joint activities and documents. As far as the joint research activities are concerned the same observation applies, e.g. the specific local knowedge of the Algerian counterparts combined excellently with the international experience of the German participants.

Cooperation and crisis

At the beginning it was decided that German participants would frequently be present at the EPAU and for a considerable time. However, this concept had to be modified due to the political crisis and security problems.

Therefore the project was reorganized so that frequent visits of the Algerian counterparts at the University of Stuttgart allowed the continuation of most activities.

Thus, in the years 1993-99 a great deal of the joint programme was implemented at Stuttgart.

SIAAL became the turntable of frequent visits and project activities. Due to this reorganization it

Lehrbausteine
modules
modules

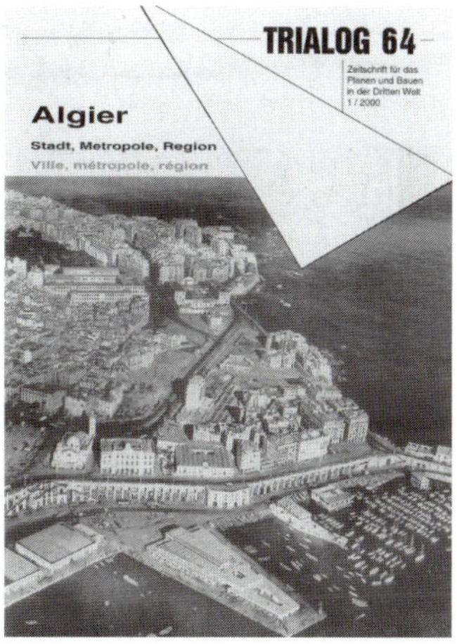

Forschung
recherche
research

inversement du concept initial, la coopération pu non seulement être poursuivie mais même intensifiée durant les années de crise, alors que autres coopérations internationaux arrêtèrent toute activité.

Evidemment la crise eut aussi des répercutions négatives pour le projet. L'EPAU fut affaiblie par l'émigration d'enseignants, la consolidation institutionnelle et matérielle de l'école stagna et la recherche pratique à Alger et ailleurs devint presque impossible.

Néanmoins la continuité du partenariat en temps critiques était un soutien important pour l'EPAU. Cette persévérance de la coopération allemande est reconnue par l'EPAU et assure jusqu'aujourd'hui une place importante à ce partenariat.

reicher Besuche und Aktivitäten wurde. Durch diese Umkehrung der ursprünglichen Projektkonzeption konnte die Partnerschaft auch in den kritischen Jahren nicht nur aufrechterhalten, sondern noch intensiviert werden, während andere internationale Kooperationen ihre Aktivitäten reduzierten oder völlig einstellten.

Natürlich brachte die Krise auch gewisse Rückschläge. Die EPAU wurde durch Abwanderung von Dozenten geschwächt, die Konsolidierung stagnierte und eine aktive Forschung in Algier oder an anderen Orten war praktisch unmöglich.

Dennoch war die Partnerschaft gerade in der kritischen Zeit wichtig für die EPAU. Diese "Standfestigkeit" der deutschen Kooperation wird an der EPAU anerkannt und sichert ihr bis heute einen hohen Stellenwert.

was not only possible to continue but also to intensify the cooperation. In contrast to this, other international cooperations were reduced or stopped altogether.

Of course, the political crisis had some negative effects on the EPAU and the cooperation. The school was weakened by the loss of staff who migrated to other countries, the institutional consolidation stagnated and the infrastructure was neglected. It was impossible to do research work in Algiers or in other regions.

Nevertheless, in the years of the crisis the German-Algerian cooperation was certainly a valuable support for the EPAU, a fact which is widely acknowledged at this school .

6.2 Activités

Modules d'enseignement
Dans le cadre de la formation approfondie quelques thèmes de base furent traités et documentés par une dizaine de modules d'enseignement. Ces documents forment, avec quelques séries de diapositives et des films vidéo didactiques, la base des lectures et des séminaires de l'EPAU. Quelques modules sont:

- Maquettisme et représentation;
- Composition et Projection;
- Architecture islamique.

Ces modules d'enseignement sont rédigés en français et sont utilisés de différentes manières par les enseignants et les étudiants. La plupart de ces documents sont accessibles aux étudiants à la bibliothèque de l'EPAU.

Projets pour post-gradués
Jusqu'en 1997 chaque année un projet d'étude pour post-gradués fut réalisé auprès du Städtebau-Institut à Stuttgart. Les workshops, auxquels participèrent aussi des étudiants allemands, traitaient de thèmes actuels de l'urbanisme en Algérie et en Allemagne.

Ces thèmes étaient entre autres. Place Cotta à Marbach, Place des Martyrs à Alger, les villes nouvelles de Mahelma et de Tilemassine. Ces projets courts étaient en règle générale accompagnés d'excursions et de séminaires.

Thèses de magister ou de doctorat
Une autre activité de la coopération universitaire était l'accompagnement de thèses de magister ou de doctorat. Ceci se déroula également à travers de courts séjours à Stuttgart ou à Alger et par une appréciation des travaux écrits. Une promotion traitant du développement urbain de Tlemcen fut

6.2 Aktivitäten

Lehrbausteine
Im Rahmen der Fortbildung wurden einige grundlegende Themen bearbeitet und in ca.10 Lehrbausteinen (modules) dokumentiert. Diese Dokumente bilden zusammen mit einigen didaktischen Dia-Serien und Video-Filmen eine Grundlage für Vorlesungen und Seminare an der EPAU. Themen waren u.a.:

- Modellbau und Darstellung;
- Kompositions- und Entwurfslehre;
- Islamische Architektur.

Die Lehrbausteine sind in französischer Sprache verfasst und werden unterschiedlich von den Dozenten und Studierenden genutzt. Die meisten Dokumente sind in der EPAU-Bibliothek auch den Studenten zugänglich.

Entwurfsprojekte für Post-Graduierte
Bis 1997 wurde jährlich ein Studienprojekt für PG-Studenten in Suttgart realisiert. Die Workshops, an denen auch deutsche Studenten teilnahmen, beschäftigten sich mit aktuellen städtebaulichen Themen in Algier und in Deutschland, etwa: .Cotta-Platz in Marbach, Place des Martyrs in Algier, Markt von Ghardaia, neue Städte in Mahelma und in Tilemassine. Die Stegreif-Entwürfe wurden in der Regel von Exkursionen und Seminaren begleitet.

Magister- und Doktorarbeiten
Eine weitere Aktivität der Hochschul-Kooperation war die Betreuung von Magister- und Doktor-Arbeiten. Auch dies fand im Rahmen von Kurzaufenthalten in Stuttgart oder Algier und durch eine Begutachtung der schriftlichen Arbeiten statt. Eine Promo-

6.2 Activities

Didactic modules
Within the counterpart training programme some basic subjects were focussed and documented in 10 dicadactic modules. In combination with some visual presentations these documents provide some basic information and will serve as a basis for lectures and seminars at the EPAU. Some of the topics were:

- models in architecture;
- composition and design techniques;
- islamic architecture.

The didactic modules are written in French and are used in different ways by lecturers and students. Most of the documents are present at the EPAU library and thus accessible to the students.

Study projects for postgraduates
Up to 1997 urban design workshops were organized at Stuttgart every year in which German students could also participate. The workshops dealt with some current urban problems in Algiers and in Germany, e.g.: Cotta-square at Marbach; Place des Martyrs in Algiers; the market square of Ghardaia; new settlements in Mahelma and Tilemassine. In most cases these projects were accompanied by short excursions and seminars.

PhD and master's dissertation
Another activity of the cooperation was to co-supervise PhD and master's dissertations. This also took place during the workshops at Stuttgart and Algiers or by written statements which were sent to the candidates and juries. One PhD dissertation dealt with urban development in Tlemcen,

EPAU-Zeitschrift
EPAU-publication
EPAU-journal
"Les Cahiers de l'EPAU"

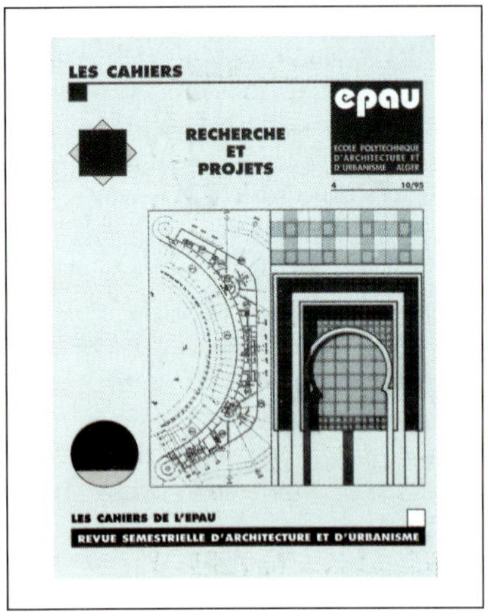

PG-Projekte
projets de PG
PG-projects

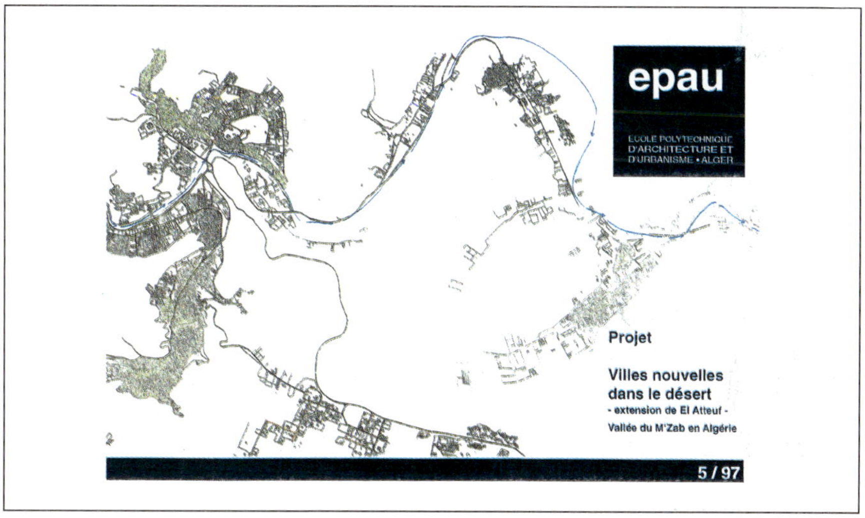

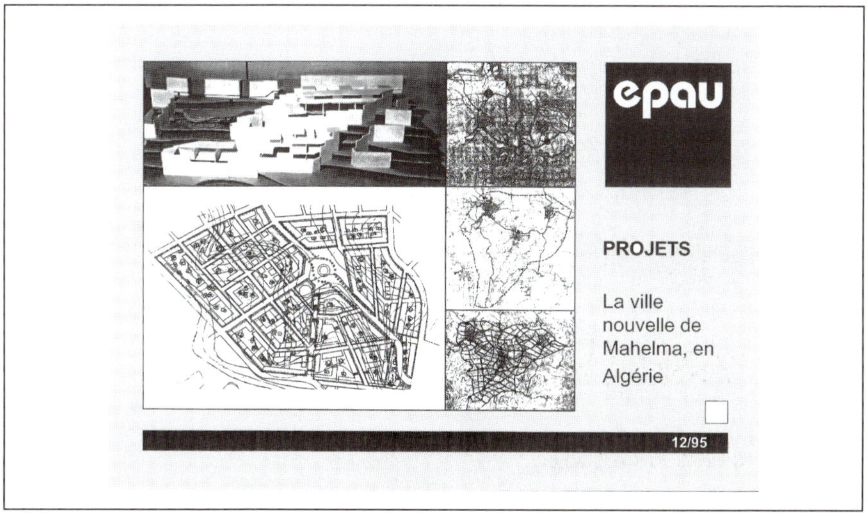

même réalisée d'après le «système sandwich», c'est-à-dire qu'après un séjour relativement long à Stuttgart, l'examen fut effectué par l'EPAU à Alger.

Réunions scientifiques, excursions
Dans le cadre de la formation approfondie des réunions scientifiques internationales furent réalisées à propos de quelques thèmes importants tels que «l'habitat spontané» ou «ville et désert».

L'EPAU organisa des réunions à Alger et à Ghardaia avec le soutien du projet de coopération. Une autre réunion scientifique eut lieu à Alep en coopération avec l'université locale. De plus, le projet permit aux enseignants de l'EPAU de participer à de nombreux congrès, entre autres à Manchester, à Berlin, à Pékin, à Istanbul, au Caire et à Florence.

La revue universitaire «Les Cahiers de l'EPAU»
La revue universitaire semestrielle était conçue comme plateforme d'échange pour les enseignants de l'EPAU, afin qu'ils puissent présenter leurs activités dans l'enseignement et dans la recherche ainsi que dans la coopération. Etant donné qu'au Maghreb une revue régionale d'architecture et d'urbanisme fait défaut, les Cahiers de l'EPAU ont acquis au-delà de l'école une certaine importance dans le débat specialisé du pays. En conséquence, l'éventail des thèmes traités s'est peu à peu élargi.

Les cahiers parus sont:
- Production de la forme (no 1);
- L'enseignement de l'architecture (2/3);
- Recherche et projets (4);
- Patrimoine (5/6);
- Habitat (7/8);
- Alger (9/10).

La revue universitaire est déjà bien établie, est depuis peu éditée indépendamment par l'EPAU et on

tion zur Stadtentwicklung in Tlemcen wurde im Sandwich-System realisiert, d.h. nach einem längeren Aufenthalt in Stuttgart wird die Prüfung an der EPAU in Algier abgelegt.

Fachtagungen, Workshops, Exkursionen
Im Rahmen der Fortbildung wurden zu einigen wichtigen Themen internationale Fachtagungen organisiert, wie z.B. „Spontansiedlunund „Stadt und Wüste" .

Mit Unterstützung des Projekts organisierte die EPAU Tagungen in Algier und in Ghardaia. Eine weitere Veranstaltung fand in Aleppo in Zusammenarbeit mit der dortigen Universität statt. Zusätzlich förderte das Projekt die Teilnahme von EPAU-Dozenten an zahlreichen internationalen Kongressen, u.a. in Manchester, Berlin, Peking, Istanbul, Kairo und Florenz.

Hochschulzeitschrift "Les Cahiers de l'EPAU"
Die halbjährig erscheinende Hochschul-Zeitschrift war in erster Linie als Diskussionsforum für die EPAU-Dozenten gedacht, um ihre Aktivitäten in Lehre und Forschung sowie in der Kooperation darzustellen. Da es im Maghreb praktisch keine regionale Fachzeitschrift für Architektur und Städtebau gibt, erlangte diese Publikation über die Hochschule hinaus eine gewisse Bedeutung für die Fachdiskussion im Lande, so dass auch das Themen-Spektrum zunehmend erweitert wurde.

Die Titel der bisherigen Hefte waren:
- Produktion der Form (Nr.1),
- Architekturlehre (2/3),
- Forschung und Projekte (4),
- Historisches Erbe (5/6),
- Habitat (7/8),
- Alger (9/10).

Algeria and was implemented in the "sandwich system", i.e. after a long term stay at Stuttgart (2 years) the examination will take place at the EPAU in Algiers.

Conferences, workshops, excursions
The counterpart training included a series of international seminars on topics like: "spontaneous settlements"and "city and desert".

The project also supported two international seminars organized by the EPAU in Algiers and Ghardaia. Another congress took place in Aleppo in cooperation with the local university. In addition, the project sponsored the participation of EPAU lecturers and research scholars in many other international events, e.g. in Manchester, Berlin, Beijing, Istanbul, Cairo and Florence.

The EPAU-Journal "Les Cahiers de l'EPAU"
This semestral journal was initially thought to be a forum of discussion for the EPAU staff in order to present their teaching and research activities and also the activities and results of the university partnership. A professional journal on architecture and urban planning does not really exist in the Maghreb, therefore the new EPAU journal has to play a certain role outside the university. As a consequence the contents of this journal is not strictly limited to the EPAU and its activities, but also includes more general aspects of building and planning in Algeria.

The titles of the 10 journals published so far are:
- Production of Form (No.1),
- Teaching Architecture (2/3),
- Research Projects (4),
- Historic Heritage (5/6),
- Habitat (7/8),
- Algiers (9/10).

a l'intention d'en faire une véritable revue spécialisée de la formation d'architectes, de l'architecture et de l'urbanisme en Algérie.

L'exposition «Architecture Algérienne»
Le projet d'exposition «Architecture Algérienne» avait pour objet de documenter l'héritage d'architecture algérien de différentes époques. Trois époques furent traitées et représentées sur une centaine de panneaux de grand format:
- Architecture à l'époque Ottomane (1500-1830);
- Architecture académique (1830-1930);
- Architecture moderne (1930-1960).

Il s'agit là d'un premier inventaire d'ensemble systématique de l'architecture algérienne, à compléter progressivement. L'exposition est aussi disponible en catalogue grand format et comme publication.

L'exposition, présentée à Alger, Paris, Marseille, Lisbone, Luxembourg, Montpellier et Heidelberg eut une grande résonnance et s'avéra être un produit de la coopération ayant une efficacité publicitaire particulière.

Recherche
La recherche s'occupa de problèmes actuels de l'urbanisme et de la construction du logement en Algérie. Il s'agissait de projets relativement limités surtout destinés à donner de nouvelles impulsions à la recherche sur la ville auprès de l'EPAU. C'était là une activité importante car non seulement la politique de la ville et la planification algériennes mais aussi l'enseignement à l'EPAU sont dépendants de nouveau apports scientifiques.

Les thèmes de la recherche étaient, entre autres:

Die Zeitschrift ist bereits gut etabliert und wird nun eigenständig von der EPAU herausgegeben. Es besteht die Absicht, die Publikation zu einer Fachzeitschrift für die Architekten-Ausbildung, für Architektur und Städtebau in Algerien auszubauen.

Ausstellung „Algerische Architektur"
Das Ausstellungs-Projekt „Algerische Architektur" sollte das Architekturerbe Algeriens aus verschiedenen Stilepochen dokumentieren. Insgesamt wurden drei Zeitabschnitte bearbeitet und auf ca. 100 großformatigen Postern dargestellt:
- die Ottomanische Architektur (1530–1830),
- die koloniale oder akademische Architektur (1830–1930),
- die Moderne Architektur (1930–1960).

Dabei handelt es sich um eine erste systematische Bestandsaufnahme der algerischen Architektur, die schrittweise weiter ausgebaut werden soll. Die Ausstellung liegt auch als großformatiger Katalog und als Veröffentlichung vor.

Die Ausstellung wurde mit großer Resonnanz in Algerien, Paris, Marseille, Lissabon, Luxemburg, Montpellier und Heidelberg gezeigt und erwies sich als ein besonders „werbewirksames" Produkt der Hochschulkooperation.

Forschung
Die Forschung setzte sich mit aktuellen Problemen der Stadtentwicklung, dem Städte- und Wohnungsbau in Algerien auseinander. Dabei handelte es sich um relativ begrenzte Projekte, die vor allem darauf zielten, der Stadtforschung an der EPAU neue Impulse zu geben. Dies war eine wichtige Aktivität, weil nicht nur die Stadtpolitik und Planung in Algerien,

Today the EPAU journal is well established and produced by the EPAU. There are proposals to develop the EPAU journal further into a professional journal for architectural education as well as for architecture and urban planning in Algeria and in the Maghreb.

Exposition "Architecture Algérienne"
This exhibition was produced to provide an inventory of the different periods and styles of architecture in Algeria. All in all 3 parts and about 100 posters were produced which document
- the Ottoman architecture (1530-1830),
- the colonial or academic architecture (1830-1930), and
- the modern architecture (1930-1960).

This exhibition is a first systematic inventory of the architecture in Algeria, which is intended to be enlarged step by step. There is also a catalogue of the exhibition which soon will be published.

The exhibition was greatly appreciated in Algeria, Paris, Marseille, Lisbon, Luxemburg, Montpellier and Heidelberg and thus proved to be one of the most successful results of the cooperation.

Research
The research activities focussed on the actual problems of urban development, urban planning and housing in Algeria. The projects were relatively limited in scale and time and intended to stimulate urban research at the EPAU. Research in this field is important because not only urban policies and planning in Algeria need more solid information, but also the teaching programme at the EPAU is in need

Ausstellung / Exposition
Algerische Architektur
Architecture Algérienne
Algerian Architecture

Alger
Marseille
Stuttgart
Heidelberg
Lissabon
Montpellier
Paris
Luxemburg
Genua

ARCHITECTURE ALGERIENNE
1500–1830

PALAIS

Fresques murales de villes, dérivant des voyages

Détails des espaces intérieurs

Galeries

Intérieur du Palais en cours de restauration

Plan du rdc

1826 - 1835, CONSTANTINE
PALAIS DU BEY HADJ AHMED

Architecture à l'époque ottomane

21

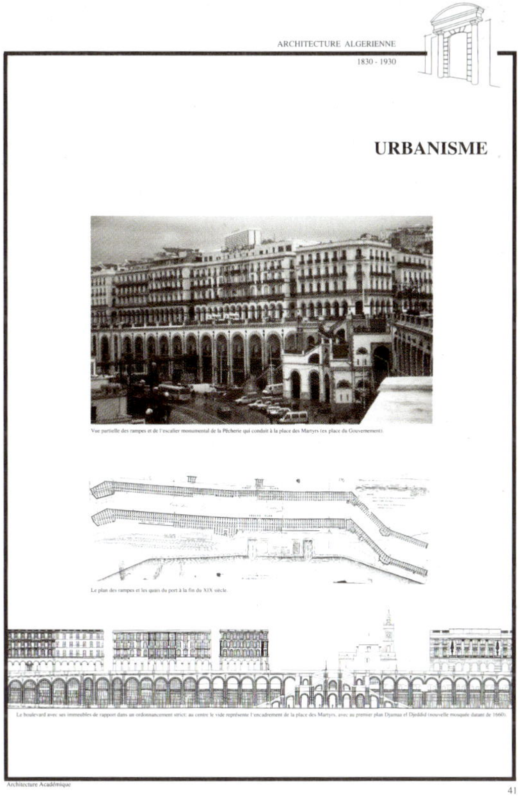
ARCHITECTURE ALGERIENNE
1830 - 1930

URBANISME

Vue partielle des rampes et de l'escalier monumental de la Pêcherie qui conduit à la place des Martyrs (ex place du Gouvernement)

Le plan des rampes et les quais du port à la fin du XIX siècle

Architecture Académique

41

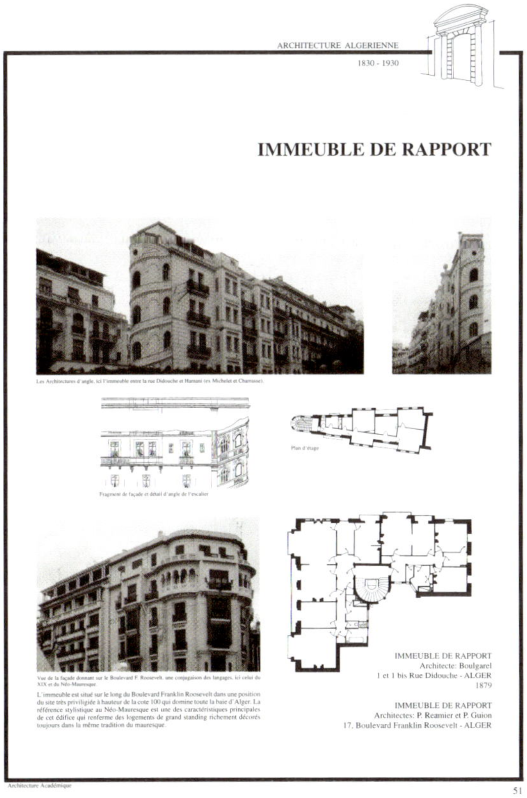
ARCHITECTURE ALGERIENNE
1830 - 1930

IMMEUBLE DE RAPPORT

Vue de la façade donnant sur le Boulevard F. Roosevelt, une conjugaison des langages, ici celui du XIX et du Néo-Mauresque.

L'immeuble est situé sur le long du Boulevard Franklin Roosevelt dans une position du site très priviligiée à hauteur de la cote 100 qui domine toute la baie d'Alger. La référence stylistique au Néo-Mauresque est une des caractéristiques principales de cet édifice qui renferme des logements de grand standing richement décorés toujours dans la même tradition du mauresque.

IMMEUBLE DE RAPPORT
Architecte: Boulgarel
1 et 1 bis Rue Didouche - ALGER
1879

IMMEUBLE DE RAPPORT
Architectes: P. Reamier et P. Guion
17, Boulevard Franklin Roosevelt - ALGER

Architecture Académique

51

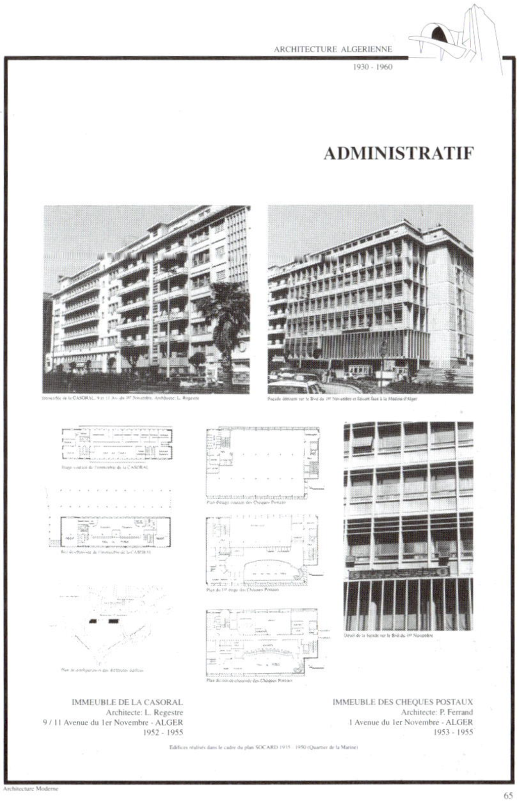
ARCHITECTURE ALGERIENNE
1930 - 1960

ADMINISTRATIF

IMMEUBLE DE LA CASORAL
Architecte: L. Regestre
9 / 11 Avenue du 1er Novembre - ALGER
1952 - 1955

IMMEUBLE DES CHEQUES POSTAUX
Architecte: P. Ferrand
1 Avenue du 1er Novembre - ALGER
1953 - 1955

Architecture Moderne

65

- Ville et désert;
- Circulation et transport à Alger;
- Habitat spontané;
- Ghardaia – approche régionale;
- Alger métropole.

Sur la base de ces expériences, l'EPAU a élaboré un concept de recherche comprenant de nouveaux thèmes et des coopérations avec la France et l'Italie. De même, une demande fut déposée pour un projet soutenu par l'Union Européenne, qui traiterait de l'architecture et de l'urbanisme des oasis du sud de l'Algérie.

Equipement matériel
L'équipement de l'EPAU fut considérablement amélioré surtout durant les deux premières phases du projet. Une des premières acquisitions fut un véhicule tout-terrain pour permettre la recherche commune sur le terrain et des excursions, mais la crise politique ne permit que peu de ces activités.

Des moyens importants servirent à installer un atelier de maquettisme et un atelier vidéo pour la production de documentations ou de petit films. De même, on installa un réseau d'ordinateurs équipé de logiciels GIS et CAD et on organisa les cours d'entraînement correspondants à Stuttgart. De plus, de nombreux ouvrages spécialisés furent achetés pour la bibliothèque de l'EPAU.

sondern auch die Lehre an der EPAU dringend auf neue wissenschaftliche Beiträge angewiesen ist.

Forschungsthemen waren u.a.:
- Stadt und Wüste;
- Verkehr und Transport in Algier;
- Spontansiedlungen;
- Regionalplanung Ghardaia;
- Metropole Algier.

Auf der Grundlage dieser Erfahrungen hat die EPAU ein Forschungskonzept erarbeitet, das neben neuen Themen auch Kooperationen mit Frankreich und Italien enthält. Ebenso wurde ein Antrag für ein EU-Projekt gestellt, das die Architektur und den Städtebau der süd-algerischen Oasen zum Thema hat.

Materielle Ausstattung
Vor allem in den ersten beiden Projektphasen wurde die Ausstattung der EPAU erheblich verbessert. Eine der ersten Anschaffungen war ein Geländewagen, um gemeinsam Feldstudien und Exkursionen in Algerien zu organisieren, zu denen es aber wegen der Sicherheitskrise nur sehr eingeschränkt kam.

Beträchtliche Mittel flossen in den Aufbau einer Modellbau-Werkstatt und in ein Video-Labor zur Herstellung von Dokumentationen und Kurzfilmen. Ebenso wurde ein Computer-Pool mit speziellen GIS- und CAD-Programmen eingerichtet und entsprechende Trainings-Aufenthalte in Stuttgart organisiert. Darüber hinaus wurden zahlreiche Fachbücher für die Bibliothek der EPAU beschafft.

of new research input.

Research activities took place on the following subjects:
- city and desert;
- transport and circulation in Algiers;
- spontaneous settlements;
- regional planning Ghardaia;
- Métropolitan Algiers

Based on this experience the EPAU has recently proposed starting another research programme including new subjects and research partners, e.g. France and Italy. A comprehensive project on Oasis settlements in southern Algeria was submitted to the European Community.

Infrastructure and equipment
During the first two phases the equipment of the EPAU was considerably improved. One of the first acquisitions was a vehicle intended to be used for joint excursions and field studies.

However, due to the critial situation in 1993-1998, field work was almost impossible so that the vehicle was used for normal school activities.

A considerable investment was made into a modern model studio and into a video laboratory for the production of films and visual documentation. A computer-pool with GIS- and CAD software was installed and training courses were organized at Stuttgart. In addition, books on urban planning and design were acquired for the library.

6.3
Programme 1998–1999

Renforcement des relations extérieures de l'ÉPAU
Le projet de coopération visait surtout le renforcement de la post-graduation, de son enseignement et de sa recherche jusqu'en 1998. Dans la dernière phase du projet (1998–1999) ce sont les relations extérieures qui constituèrent le but principal de la coopération, en extension des objectifs poursuivis jusque là.

Ce nouvel objectif fut fixé en raison du fait que tout enseignement et toute recherche sont condamnés à rester stérile si les contacts intensifs avec le milieu professionnel et avec les autres universités du pays ou de l'étranger font défaut.

En tant que plus grande et plus importante école d'architecture du pays, l'EPAU se doit de participer activement au débat spécialisé. Cette tâche ne fut remplie jusqu'à maintenant que de manière insuffisante. La participation aux planifications et aux projets importants de l'Etat et l'activité de conseillère pour les villes et communes n'étaient également pas satisfaisantes.

La présence nationale et internationale de l'EPAU fut donc soutenue à travers la participation à des programmes d'échange, à des congrès et à des concours ainsi qu'à travers des expositions et des publications. Les Cahiers de l'EPAU et l'exposition «Architecture Algérienne» se sont avérés être d'excellents moyens de promouvoir l'EPAU vers l'extérieur.

Recherche: "Alger Métropole"
Une stimulation concrète de la recherche découla du plan stratégique «Alger – capitale du XXIième siècle», présenté par le Gouvernorat du Grand Alger récemment instauré, et du Grand Projet Urbain (GPU).

6.3
Programm 1998–1999

Stärkung der Außenbeziehungen der EPAU
Bis 1998 hatte das Projekt vorrangig die Stärkung der Postgraduation und ihrer Lehre und Forschung im Auge. In einer letzten Projektphase (1998–1999) wurde das Projektziel wieder erweitert, wobei nun die Außenbeziehungen der EPAU im Mittelpunkt standen.

Ausschlaggebend hierfür war die Erkenntnis, dass jede Lehre und Forschung steril bleiben muss, wenn es keinen intensiven Austausch mit dem professionellen Umfeld und mit anderen Hochschulen im In- und Ausland gibt.

Als größte und wichtigste Architekturschule des Landes ist die EPAU gefordert, aktiv in die Fachdiskussion einzugreifen. Diese Rolle wurde bislang nur unzureichend ausgefüllt, das Gleiche gilt für die Mitwirkung bei wichtigen Planungen und Projekten der Regierung sowie für die Beratung von Städten und Gemeinden.

Gefördert wurde deshalb die nationale und internationale Präsenz der EPAU, etwa durch Teilnahme an Austausch- Programmen, Kongressen und Wettbewerben oder durch Ausstellungen und Publikationen. Als hervorragende Medien, die EPAU nach außen zu profilieren, erwiesen sich die Hochschul-Zeitschrift "Les Cahiers de l'EPAU" und die Ausstellung "Architecture Algérienne".

Forschung "Alger Metropole"
Konkreter Anlass für die Forschung war der vom neuen Gouvernorat d'Alger vorgelegte Strategieplan "Alger – Capitale du 21ème Siècle" und die "Grands Projets Urbains" (GPU).

Wie andere Planungsinstanzen zuvor wurde aber auch das Gouvernorat de Grand Alger bald wie-

6.3
Programme 1998-1999

Strengthening the professional and international relations of the EPAU
Until 1998 the project was primarily focussed on counterpart training and the consolidation of PG and research. In the last phase of the project (1998-2000) the main objective was to strengthen the professional relations and international activities of the EPAU. Efficient teaching and research needs intensive exchange with the professional environment and with the international academic community.

The EPAU is the largest school of architecture in Algeria and in the Maghreb, therefore this institution is faced with the challenge to intervene actively into professional discussion, as far as architecture and urban planning is concerned. So far the EPAU has not played this role satisfactorily, and the same applies to practical consulting and planning activities in Algeria, i.e. to important projects, municipalities and districts.

As far as the academic community is concerned, the national and international presence of the EPAU was promoted through the participation in international exchange programmes, seminars and congresses, exhibitions and publications. As mentioned before, two efficient activities in this sense were the EPAU journal "Les cahiers de l'EPAU"and the exhibition "Arquitecture Algérienne".

Research „Alger Métropole“
This research was initiated because in the year 2000 the newly established "Gouvernorat de Grand Alger" presented the strategic plan "Algiers - Capital of the 21st Century" and the cor-

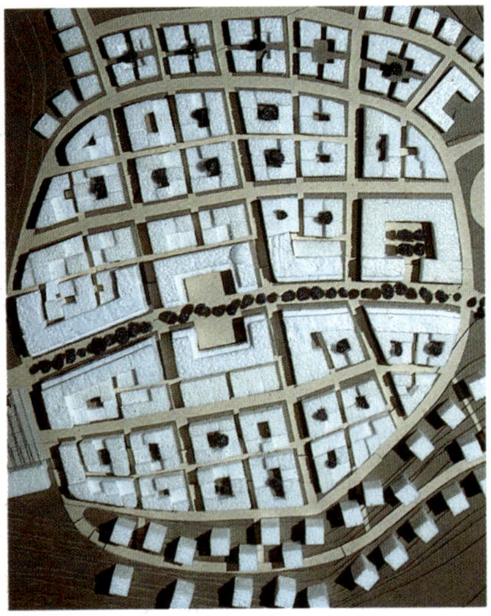

Projekte / projets / projects

Mahelma
Ghardaia
Alger

Projekt
projet
project

"Algier – Waterfront"

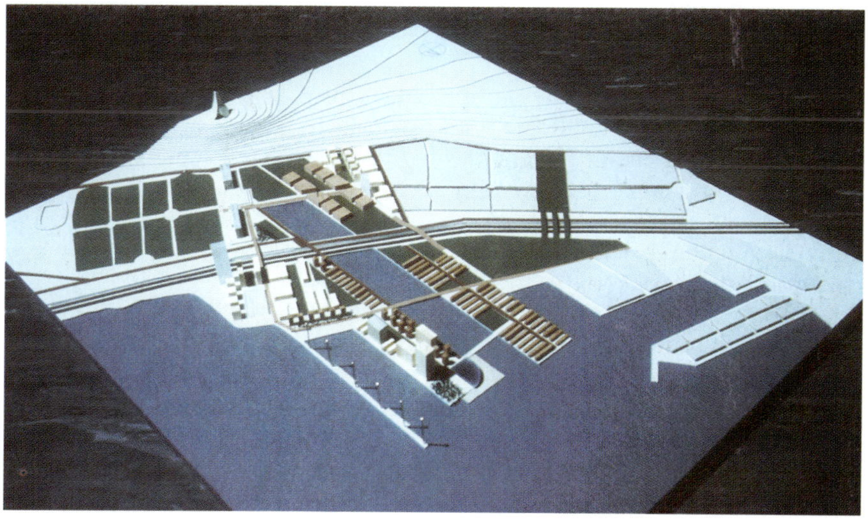

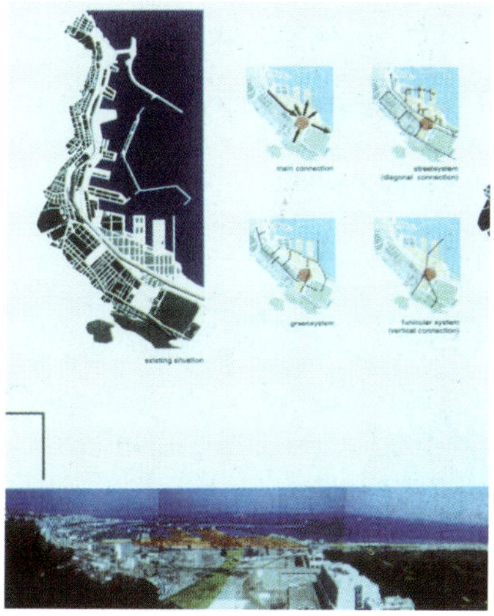

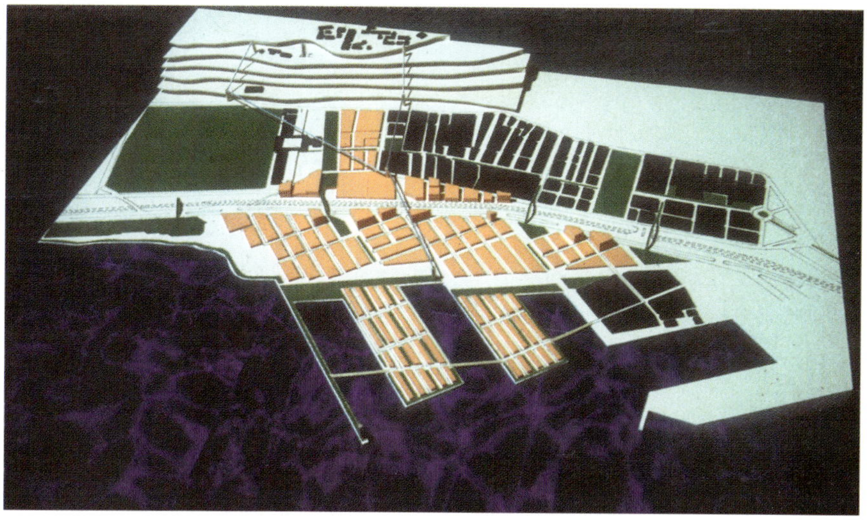

Le Gouvernorat du Grand Alger fut bientôt de nouveau dissolu comme d'autres instances de planification auparavant, mais cela ne changea rien à la nécessité d'une recherche urbaine continue.

Un groupe de travail analysa la structure urbaine d'Alger et ses changements sur la base de l'exploitation d'images aériennes et satellite. Le travail se concentra sur la périphérie urbaine et la structure hétérogène de la croissance urbaine. Les résultats furent documentés dans un «atlas» et une exposition.

Naturellement, ces activités sont encore loin d'une recherche urbaine approfondie, néanmoins le projet «Alger Métropole» représente un premier pas pour appréhender systématiquement la métropole. D'ailleurs, l'EPAU et les organes de planification d'Alger on convenu de certaines coopérations, signe d'une acceptance accrue de l'EPAU en tant que consultante et partenaire de débat.

Planification régionale et infrastructure

Depuis 1996 la partie du projet s'occupant de la planification régionale et de l'infrastructure était du ressort du Center of Infrastructure Planning (CIP) de l'université de Stuttgart.

Une activité importante fut d'élaborer la post-graduation spécialisée (DPGS) de planification urbaine, en s'appuyant sur les expériences faites avec les études approfondies d'Infrastructure Planning de l'université de Stuttgart et en prenant modèle sur ce cours d'études. On réalisa un «cours pilote» à Alger comprenant un workshop à Stuttgart.

De même, afin de soutenir la coopération de l'EPAU avec les communes et l'administration, on introduisit des systèmes d'information modernes comprenant des

der aufgelöst, was die Notwendigkeit einer kontinuierlichen Stadtforschung eher noch verstärkt.

Gestützt auf die Auswertung von Satelliten- und Luftbildern analysierte eine Arbeitsgruppe die Stadtstruktur und den Strukturwandel in Algier, wobei die Peripherie und das heterogene Siedlungsmuster im Mittelpunkt standen. Die Ergebnisse wurden in einem „Atlas" und in einer Ausstellung dokumentiert.

Natürlich ist diese Aktivität noch weit von einer umfassenden Stadtforschung entfernt, dennoch ist das Projekt "Alger Metropole" ein Schritt hin zu einer systematischen Beschäftigung mit der Metropole. In diesem Zusammenhang gibt es auch neue Kooperationsabsprachen zwischen der EPAU und den Planungsbehörden in Algier – ein Zeichen, dass man die Hochschule als Beratungs- und Diskussionspartner zunehmend akzeptiert.

Regionalplanung und Infrastruktur

Das Teilprojekt Regionalplanung und Infrastruktur war seit 1996 am Zentrum für Infrastrukturplanung (CIP) der Universität Stuttgart angesiedelt.

Eine wichtige Aktivität war die Entwicklung eines einjährigen Aufbaustudiums (Postgraduation Specialisé/ DPGS) zum Thema städtische Infrastruktur, wobei sich dieses auf das Curriculum und auf die Erfahrungen des Aufbaustudiums "Infrastructure Planning" an der Universität Stuttgart stützte. Ein Pilot-Kurs in Algier wurde realisiert, einschließlich eines Work shop-Aufenthalts der algerischen Teilnehmer in Stuttgart.

Ebenso wurde versucht, die Kooperation der EPAU mit den Gemeinden und Behörden zu fördern. Dabei lag der Schwerpunkt bei der Einführung moderner

responding "Great Projects of Algiers" (GPU).

Like other planning intitutions the "Government of Greater Algiers" was soon dissolved again, which emphasizes even more the need for intensive urban research. Based on satellite pictures a group of EPAU research scholars analyzed the urban structure of Algiers, with particular emphasis on the periphery and the settlement pattern of the capital. The findings were then presented in a report and in an exhibition.

Of course, these limited activities are far from constituting systematic and comprehensive urban research. Nevertheless, the document "Alger Metropole" is a first step towards a more systematic approach in metropolitan research

Without doubt new opportunities will arise for the EPAU to participate in the debate on urban development and planning and it seems the school is increasingly considered to be a competent partner in this field.

Regional planning and infrastructure

Since 1996 the sub-project "Regional Planning and Infrastructure"has been located at the Center of Infrastructure Planning (CIP), Universität Stuttgart. An important activity of the sub-project was the implementation of a 1-year postgraduate course on urban infrastructure (Postgraduation Specialisé/ DPGS). Based on the CIP experience a curriculum was developed and a pilot course implemented at the EPAU, including a short workshop at Stuttgart. The project also attempted to stimulate the cooperation of the EPAU with municipalities and districts, emphasizing the introduction of modern information systems in urban planning, including satellite pictures and

images satellites à haute résolution et le Geographic Information System (GIS).

En correspondance, le groupe de travail algérien a effectué un programme d'entraînement intensif à stuttgart et visita des administrations communales et des bureaux privés afin de voir comment GIS est employé dans la pratique de la planification.

M'Zab / Ghardaia

Ces activités portèrent leurs premiers fruits lors du projet «Ghardaia – approche régionale». La vallée du M'Zab est une région du désert avec une population en croissance rapide d'aujourd'hui 200 000 habitants.

Les villes oasis Ghardaia, Melika, Beni Isguen, Bou Noura et El Atteuf grandissent rapidement jusqu'à se souder sans aucun contrôle. Il est donc urgent de proposer un concept d'emploi des espaces propre à empêcher que les terres fertiles des oasis ne deviennent des terrains à bâtir. Le projet devait pour cela fournir les données de base et les premières conceptions.

Le projet commença en 1998 et parcourut les étapes suivantes:

- Elaboration d'une base de données digitalisée;
- Entraînement sur le logiciel et développement d'une méthode de planification spécifique à Ghardaia;
- Accords de coopération avec les organes de planification de la vallée du M'Zab et d'autres institutions algériennes;
- Documentation et publication des résultats afin de présenter ceux-ci dans une exposition et au cours d'une réunion scientifique à Ghardaia.

Cette partie du projet de coopération fut amplement documentée, mais la mise en œuvre des résultats dépend uniquement de l'administration de Ghardaia.

Informationssysteme, einschließlich hochauflösender Satellitenbilder und GIS (Geographic Information System).

Hierzu absolvierte die algerische Arbeitsgruppe ein intensives Trainings-Programm in Stuttgart, gleichzeitig wurden kommunale Behörden und private Planungsbüros besucht, um die Anwendung von GIS in der Planungspraxis kennenzulernen.

M'Zab / Ghardaia

Eine praktische Anwendung fand diese Arbeit im Forschungsprojekt "Ghardaia - Konzept einer Regionalplanung" Das Vallée du M'Zab ist eine Wüstenregion mit einer schnell wachsenden Bevölkerung von rund 200.000 Einwohnern.

Die Oasenstädte Ghardaia, Melika, Beni Isguen, Bou Noura und El Atteuf wachsen rasch und unkontrolliert zusammen, so dass es dringend erforderlich ist, ein Konzept zur Flächennutzung vorzuschlagen, um die völlige Aufsiedlung der fruchtbaren Oasenflächenflächen zu verhindern. Hierzu sollte das Projekt eine Datengrundlage und erste Konzepte liefern.

Das Projekt begann 1998 und ging in folgenden Schritten vor:

- Erarbeitung der digitalen Datenbasis;
- Software-Training und Entwicklung einer speziellen Planungsmethodik für Ghardaia;
- Kooperationsvereinbarungen mit den Planungsbehörden des Vallée du M'Zab und anderen algerischen Institutionen;
- Dokumentation und Publikation der Ergebnisse, um diese in einer Ausstellung und Fachtagung in Ghardaia zur Diskussion zu stellen.

Das Teilprojekt wurde mit einer umfangreichen Dokumentation abgeschlossen, deren praktische Nutzung nun bei den Planungsbehörden in Ghardaia liegt.

GIS (geographic information system). An intensive training programme was organized for the Algerian counterparts at Stuttgart and some German planning offices were visited in order to see how urban information systems work in practice.

M'Zab / Ghardaia

The acquired know-how on urban planning methods and information systems was tested in the research project "Ghardaia - a regional planning approach".

The M'Zab Valley is a desert region with a fast growing population of about 200.000 people. The Oasis settlements Ghardaia, Melika, Beni Isguen, Bou Noura und El Atteuf are increasingly forming an uncontrolled conurbation. Therefore, what is urgently needed is a rational land use strategy in order to prevent that large cultivated areas are distroyed. The project intended to create the necessary data basis and to propose a new land use concept.

The project started in 1998 with the following objectives:

- to develop a digital data basis;
- to develop specific planning methods for Ghardaia and to train the working group in the specialized software;
- to sign a cooperation agreement with the planning institutions of the M'Zab Valley and with other planning institutions in Algeria;
- to document and to publish the results and organize a planning workshop in Ghardaia.

The sub-project concluded with an extensive documentation the practical use of which depends now on the local planning institutions in Ghardaia.

Projekt / projet / project
„Alger Métropole"

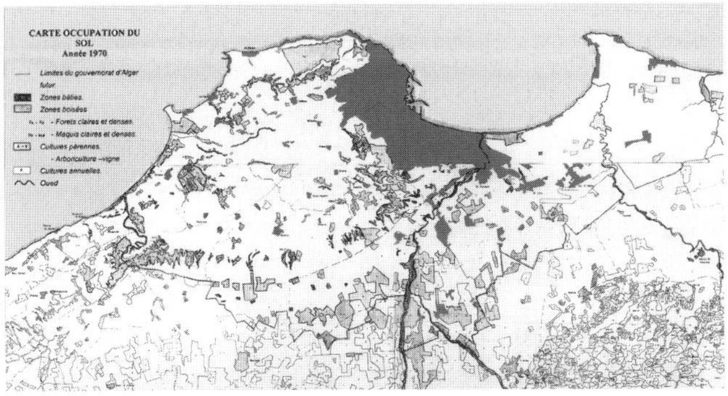
CARTE OCCUPATION DU
SOL
Année 1970
Limites du gouvernorat d'Alger
futur.
Zones bâties.
Zones boisées.
- Forets claires et denses.
- Maquis claires et denses.
Cultures pérennes.
- Arboriculture –vigne
Cultures annuelles.
Oued

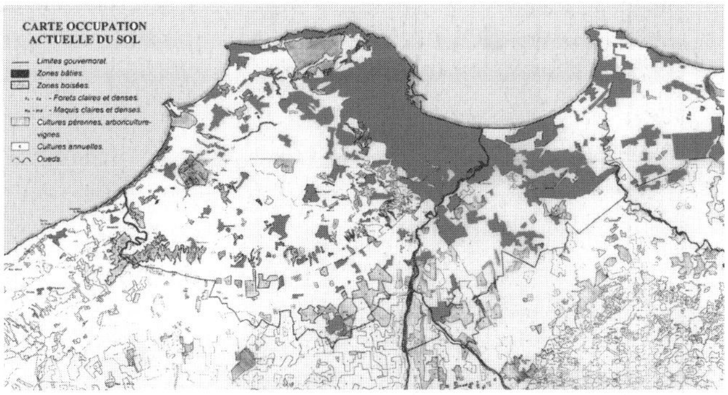
CARTE OCCUPATION
ACTUELLE DU SOL
Limites gouvernorat.
Zones bâties.
Zones boisées.
- Forets claires et denses.
- Maquis claires et denses.
Cultures pérennes, arboriculture-
vignes.
Cultures annuelles.
Oueds.

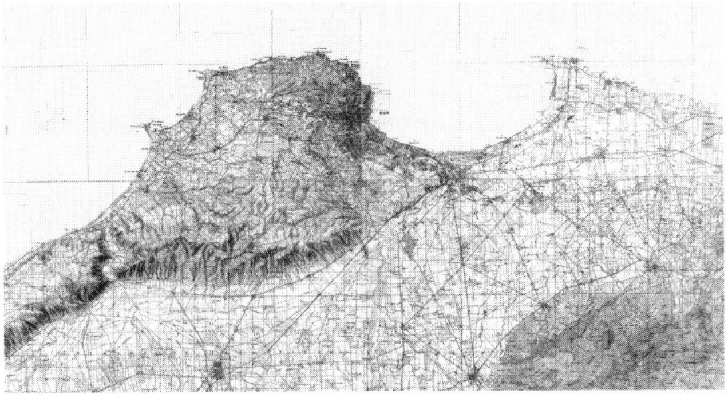

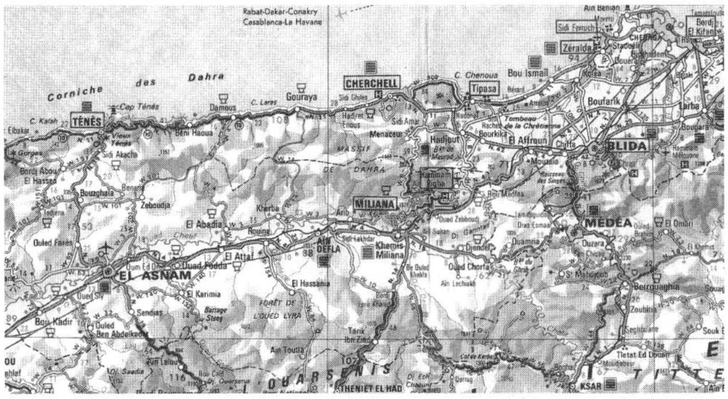
Corniche des Dahra
TÉNÈS
CHERCHELL
Tipasa
BLIDA
MILIANA
MÉDÉA
EL ASNAM
Boufarik
Zéralda
Gouraya
Damous
C. Chenoua
Bou Ismaïl
Hadjout
Menaceur
Khemis Miliana
El Abadia
El Attaf
El Hassania
Oued Fodda
Zeboudja
Bouzghaia
KSAR

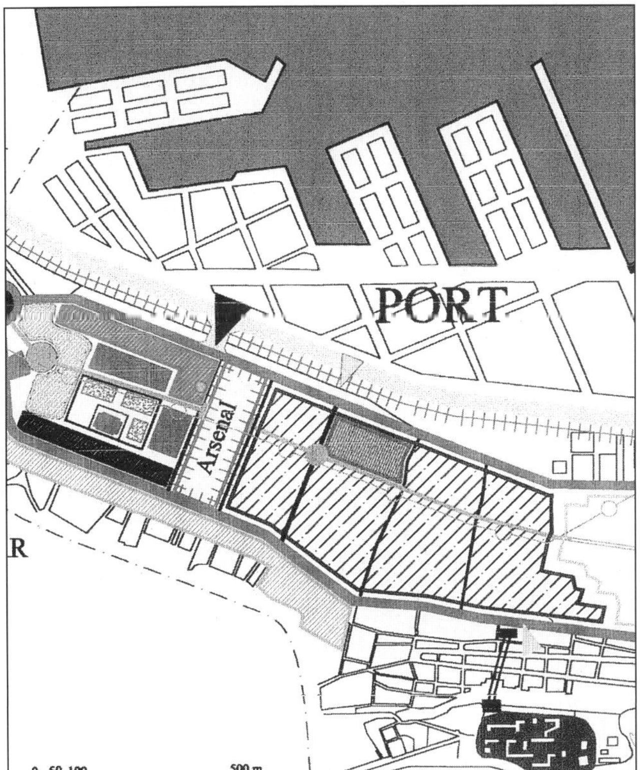
PORT
Arsenal
R
0 50 100
500 m

Projekt / projet / project
"Ghardaia / M'Zab"

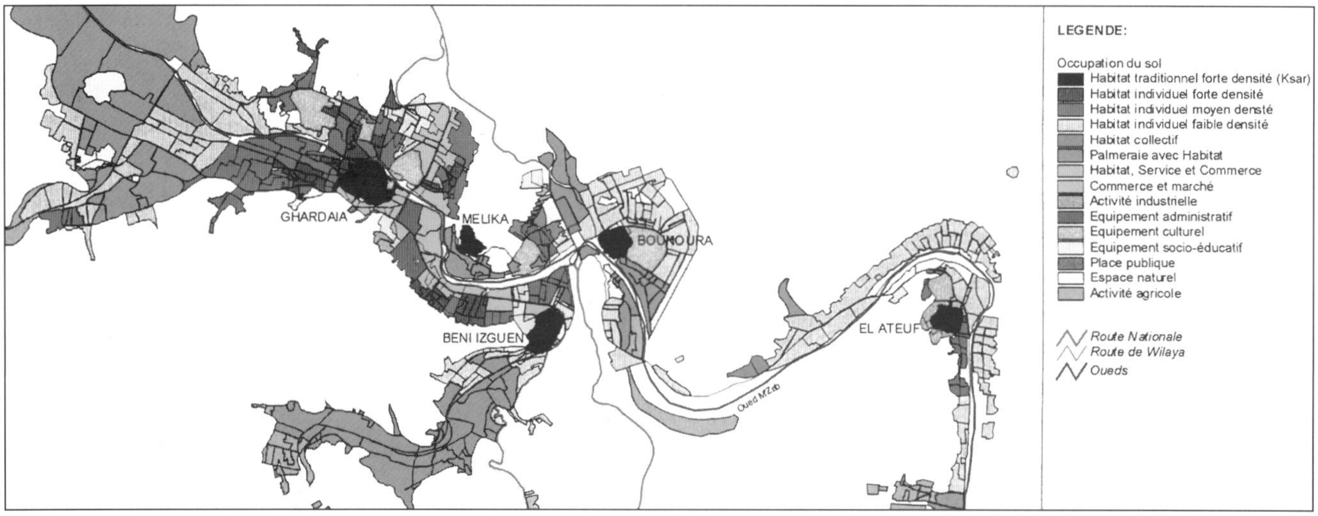

EPAU – Ecole Polytechnique d'Architecture et d'Urbanisme

Gestion des villes

Cas des villes de la vallée du M'Zab

Partie B

Contraintes et potentialités, scénarios de développement et cadre d'orientation

Rédigé par:
M. Helmut Honermann
M. Rafik Bensalem
M. Brahim Benyoucef
M. Tahar Babouni
M. Mohamed Benouar

Coopération universitaire
EPAU – Université de Stuttgart

6.4 Résultats et perspectives

Résultats quantitatifs
Le grand nombre de workshops, séminaires, séjours de recherche et d'excursions réalisés démontre la grande activité au sein du projet. De 1995 à 2000 une trentaine de groupes algériens (enseignants et post-gradués) visitèrent l'université de Stuttgart. Au total 900 jours individuels, soit 30 mois individuels de formation approfondie ont été assurés dans cette période, sans compter les longs séjours de deux boursiers.

Plus de 50 enseignants et 40 post-gradués participèrent au programme de formation approfondie, c'est-à-dire qu'une grande partie des enseignants et des post-gradués de l'EPAU est entré en contact avec la coopération d'une manière ou d'une autre. Ces chiffres démontrent l'étendue de ce partenariat universitaire, allant bien au-delà de simples échanges individuels.

La liste des documentations et des publications (voir 6.6) donne également une impression de la performance totale du projet.

Résultats qualitatifs
Les évaluations de projet régulières de la GTZ attestèrent de bon résultats à la coopération, fait souligné par la continuité des versements, jamais remise en cause durant tout le projet.

Bien sûr, pour apprécier un projet de partenariat complexe, il faut différencier. La performance quantitative est simple à estimer, alors qu'il est nettement plus difficile de juger la qualité et la durabilité d'une coopération.

La manière dont le projet fut apprécié par les participants et par l'entourage peut certes servir de mesure. Cette estime est due aux

6.4 Ergebnisse und Perspektiven

Quantitative Ergebnisse
Die Zahl der realisierten Workshops, Seminare, Forschungsaufenthalte und Exkursionen zeigt die umfangreichen Aktivitäten des Projekts. Von 1995 bis 2000 besuchten rund 30 algerische Gruppen (Dozenten und Post-Graduierte) die Universität Stuttgart. Insgesamt hat das Projekt in diesem Zeitraum fast 900 „Mann/Tage" oder 30 „Mann / Monate" Fortbildung organisiert, die langfristigen Aufenthalte von zwei Stipendiaten nicht mitgerechnet.

Insgesamt nahmen in diesem Zeitraum über 50 algerische Dozenten und 40 Postgraduierte am Fortbildungs-Programm teil, d.h. ein großer Teil der EPAU-Lehrer und Postgraduierten ist in der einen oder anderen Weise mit der Kooperation in Berührung gekommen. Rechnet man die ersten vier Projektjahre hinzu, so erhöhen sich diese Zahlen noch beträchtlich. Dies zeigt den beträchtlichen Umfang der Kooperation, die weit über den Austausch von Einzelpersonen hinausging.

Qualitative Ergebnisse
Die regelmäßigen Projekt-Evaluierungen der GTZ stellten der Kooperation ein gutes Zeugnis aus. Dies wird auch dadurch unterstrichen, dass die Kontinuität der Förderung während der gesamten Laufzeit nie in Frage gestellt wurde.

Die Bewertung eines komplexen Partnerschaft-Projekts muss natürlich differenziert erfolgen. Dabei ist die quantitative Leistung relativ leicht erfassbar, wesentlich schwieriger ist es, auch die Qualität und die Nachhaltigkeit der Kooperation zu bewerten.

6.4 Results and Perspectives

Quantitative results
The long list of workshops, seminars and excursions demonstrates the intensive activities of the project. From 1995 to 2000 about 30 EPAU groups - i.e. academic staff and postgraduate students - visited Stuttgart. Altogether the project organized about 900 man-days or 30 man-months training programmes, not included in these figures are two programmes with long term fellowships.

In total about 50 Algerian lecturers and 40 postgraduate students participated in the programme, i.e. in one way or another a large part of the EPAU staff was involved in the cooperation activities. These figures show the considerable scale of the academic partnership which by far exceeded the usual exchange of only a few individuals.

Qualitative results
The regular project evaluations of the GTZ underlined the comprehensive nature and positive result of this cooperation. This is strengthened by the fact that during the 10 years of cooperation the continuity of the project was never put into question.

The evaluation of a complex project not only has to apply quantitative but also qualitative criteria, e.g. the sustainability of the results. Of course, to evaluate the quality of a long term cooperation project is much more difficult. The most reliable yardstick is probably the general acceptance a project receives, due to the visible results and due to the professional and human experience made in such an international programme.

Even if some activities could not be developed as intensively as was planned, the programme

résultats concrets du projet mais aussi aux expériences professionnelles et personnelles qui peuvent être faites au cours d'une coopération internationale.

Même si les thèmes n'ont pas toujours pu être approfondis de la manière souhaitée, les participants ont cependant eut l'occasion de se former dans un domaine spécialisé. Le quotidien des enseignants de l'EPAU leur rendant la recherche difficile et les publications étant rares, les documents réalisés au cours de la coopération sont plus que des supports de travail: Ils représentent une référence au cours de la suite de leur carrière.

Les activités communes de l'enseignement apportèrent sans aucun doute des impulsions innovatrices et ont poussé les participants à porter plus d'attention aux thèmes d'actualité importants. De plus, au vu du système de formation de Stuttgart et d'autres méthodes d'enseignement et d'apprentissage, la capacité de l'EPAU à juger sa propre situation s'est renforcée et l'éventail des possibilités de développement de l'école s'est élargi.

Répercutions sur les cercles visés, la région et le pays

Bien que le projet n´ait pas directement touché un grand nombre de personnes, il a néanmoins, à travers la formation approfondie des enseignants algériens, contribué à une amélioration de l´enseignement et de la recherche, qui, en se préoccupant des problèmes fondamentaux du développement urbain, de l´urbanisme et de la construction du logement, se rapprochent des besoins élémentaires des classes sociales démunies et se répercuteront donc également sur le quotidien des architectes et urbanistes déjà formés.

Une construction du logement

Ein Maßstab ist sicher die Anerkennung, die das Projekt bei den Beteiligten und im Umfeld erfuhr. Dies bezieht sich auf die „handfesten" Produkte, die partnerschaftlich entstanden, und auf die fachliche und menschliche Erfahrung, die in einer solchen Zusammenarbeit gesammelt werden kann.

Auch wenn die Themen nicht immer vertieft werden konnten, so ermöglichte dies doch den Beteiligten sich in einem Spezialgebiet zu profilieren. Da es ist für EPAU-Dozenten relativ schwierig ist, im Alltagsbetrieb zu forschen und zu publizieren, sind die Dokumente für die Autoren nicht nur wichtige Arbeitsmittel, sondern auch eine Referenz für die weitere Laufbahn.

Zweifellos gaben die gemeinsamen Aktivitäten der Lehre innovative Impulse und Anstöße zur einer verstärkten Beschäftigung mit aktuellen und wichtigen Themen. Ebenso hat der Einblick in das Stuttgarter Ausbildungssystem die Fähigkeit der EPAU gestärkt, die eigene Situation objektiv zu bewerten und das Spektrum der Alternativen für die eigene Entwicklung zu erweitern.

Auswirkungen auf Zielgruppen, Region und Land

Obwohl des Projekt nicht breite Zielgruppen im Auge hatte, sondern auf die Strkung der EPAU ausgerichtet war, hat eine verbesserte Lehre und Forschung natürlich eine breite Wirkung auf die Stadtentwicklung, den Städte- und Wohnungsbau und damit auf die Grundbedürfnisse unterprivilegierter Gruppen

Hierzu gehört u.a. ein kontextgerechter Wohnungsbauund partizipatorische Ansätze in der Stadtplanung. Umweltthemen nahmen deshalb einen wichtigen Stellenwert ein, etwa im Hinblick auf ein klimagerechtes Bauen und eine nachhaltige Stadtentwicklung.

nevertheless provided a chance for all participants to qualify in new subjects and thus to develop their academic profile.

Due to intensive involvement in teaching it is quite difficult for the EPAU staff to do research and to publish. Therefore the documents produced are not only a valuable support for the courses but also for the staff's further career.

Without doubt the joint project activities gave some important input to the EPAU and stimulated academic discussion on important building and planning problems in Algiers and in the country. In addition, the insight into the teaching and research practice at the University of Stuttgart has strengthened the capacity of the EPAU to evaluate its academic structure and position and to widen the spectrum of its future development.

Impact on target groups, region, country

The project did not directly aim at certain population groups, rather it was focussed on the qualification of the EPAU and its academic staff. However, qualifying urban planners and urban research means also to point out the urgent problems in urban development and housing conditions.

Thus, the consideration of basic needs and of the underpriviledged population was certainly strengthened, which will also have an impact on the new generation of architects and planners which will now start to work. In particular, the project´s emphasis on an appropriate planning approach will also strengthen sustainable urban development.

The project also contributed to improve the situation of women, because the proportion of women lecturers and students at the EPAU is relatively high. Of couse, this was reflected by the activities of

en rapport avec son contexte et la disposition à une participation publique dans la planification urbaine pourraient être les conséquences. Les thèmes se rapportant à l´environnement gagneront également de l´importance par exemple à travers des constructions adaptées au climat ou une planification urbaine durable tenant compte de l´environnement.
En outre, le projet représente un soutien de l´égalité de la femme, ne fût-ce qu´à travers la participation de beaucoup d´entre elles, enseignantes ou étudiantes.
Les répercutions économiques du projet, elles, ne sont mesurables qu´indirectement et à long terme. Il est cependant simple de constater qu´une formation améliorée de l´urbanisme et de la planification urbaine a naturellement des effets économiques positifs, car l´efficacité de la planification et la qualité des projets sont accrues. De plus, le partenariat a mené des deux côtés à une réflexion approfondie sur les conditions culturelles et sociales des deux pays et ainsi provoqué une ouverture d´esprit.

Coopération et crise
L'appréciation du projet est rendue difficile par le fait que la coopération a longtemps été handicapée par la crise politique. Pendant cette période, il s'agissait moins de faire progresser l'école que d'éviter des échecs substantiels ou la détérioration de structures existantes.

Le renforcement institutionnel, c'est-à-dire la consolidation de cours d'études existants ou la création de nouveaux cours d'études, souffrit particulièrement en temps de crise. Cela concerne également la post-graduation dont les activités stagnèrent ou s'arrêtèrent complètement entre autres à cause du retrait des partenaires internationaux.

Das Projekt leistete auch einen deutlichen Beitrag zur Frauenförderung,weil es unter den EPAU-Dozenten und Studenten an der EPAU einen hohen Anteil an Frauen gibt, die entsprechend im Projekt vertreten waren.

Die ökonomischen Auswirkungen des Projekts sind nur langfristig und indirekt fassbar. Es leuchtet aber ein, dass eine verbesserte Ausbildung in der Stadtplanung und im Städtebau auch positive ökonomische Effekte hat, weil die Effizienz der Planung und die Qualität der Projekte angehoben wird.

Darüber hinaus hat der Austausch auf beiden Seiten zu einer vertieften Reflexion der kulturellen und sozialen Bedingungen beider Länder geführt und damit ein aufgeschlossenes und kritisches Bewusstsein gefördert.

Kooperation und Krise
Erschwert wird die Bewertung durch die Tatsache, dass die Kooperation über einen langen Zeitraum hinweg durch die politische Krise behindert war. In dieser Zeit ging es oft weniger um einen weiteren Aufbau der Hochschule, sondern darum, größere Rückschläge oder sogar den Zerfall bestehender Strukturen zu verhindern.

Insbesondere der institutionelle Ausbau – d.h. die Konsolidierung bestehender oder die Einführung neuer Studiengänge – war zu Zeiten der Krise äußerst begrenzt. Dies betraf auch die Postgraduation, deren Aktivitäten teilweise stagnierten oder ganz zum Erliegen kamen, nicht zuletzt weil sich andere internationale Partner zurückzogen.

Die Tatsache, dass die Kooperation auch in den Krisenjahren nie in Frage gestellt wurde, bestätigt die allgemeine Akzeptanz und Wichtigkeit des Projekts.

the project which gave many women the opportunity to participate.

The economic impact of the project can not directly be measured, however, it is quite clear that an improved education in urban panning and architecture will have a positive economic impact, because the efficiency and quality of projects is improved.

Moreover, the intensive academic exchange has stimulated both sides to think more intensively about the cultural and social conditions in both countries, which has certainly created an awareness of the questions involved.

Cooperation and crisis
Any evaluation of the project has to consider the fact that the cooperation was seriously hampered for many years by the political crisis and insecurity. During this time the question was very often not so much how to further develop the EPAU and its capacity but instead to avoid major setbacks of the existing structure.

In particular, the possibilities for institutional improvement- i.e. the consolidation or introduction of new courses - was extremely limited during the crisis. This also applies to the PG which to a large extent stagnated during this time due to the absence of international partners.

The fact that the Algero-German cooperation project continued even in the difficult years demonstrates the general acceptance and the importance of this partnership.

Perspectives
Since 1998 the political situation in Algeria has improved considerably so that a positive and

Le fait que le projet n'échoua pas, même durant cette phase difficile, montre l'importance du partenariat algéro-allemand et l'acceptation réciproque.

Perspectives
L'environnement politique s'est considérablement amélioré depuis 1998, permettant de nouveau un développement positif et dynamique de l'école algérienne.

L'EPAU recherche intensément les contacts internationaux non seulement avec l'Allemagne mais aussi avec l'Italie, le Portugal et la France. Particulièrement les collègues français font preuve d'une forte présence à l'EPAU pour reprendre du terrain abandonné pendant les années de crise. Ceci est renforcé par les festivités se déroulant 2003 en France, à l'occasion desquelles on compte réactiver les relations culturelles.

De même, toute une série d'accords de coopération a été conclue avec des ministères, des villes et des communes. Lors de concours internationaux, des étudiants de l'EPAU ont déjà remporté plusieurs prix, autre signe d'une dynamique nouvelle de l'école.

Il semble bien que l´EPAU trouve une acceptance grandissante auprès des architectes et planificateurs urbains - institutionnels ou privés - engagés en Algerie.

Résultats du côté allemand
Naturellement, l'institut d'urbanisme de l'université de Stuttgart, en particulier le département SIAAL (urbanisme en Asie, Afrique et Amérique latine), a profité lui aussi de la coopération: D'une part, le personnel fut plus nombreux et l'équipement matériel fut amélioré grâce à l'aide financière pour la coopération, d'autre part les partenaires algériens amenèrent de nouveaux contacts et de nouveaux thèmes.

Perspektiven
Das politische Umfeld hat sich seit 1998 wesentlich verbessert, so dass es wieder eine positive und dynamische Entwicklung an der algerischen Hochschule gibt.

Die EPAU bemüht sich intensiv um internationale Kontakte nicht nur mit Deutschland, sondern auch mit Italien, Portugal und Frankreich. Insbesondere die französische Kollegen sind an der EPAU wieder verstärkt präsent, um das kulturelle Terrain zu besetzen, das sie in den Jahren der Krise aufgegeben hatten. Dies wird durch die in Frankreich anstehenden 100-Jahres-Feiern „Algerien" verstärkt, die man zu einer Reaktivierung der kulturellen Beziehungen nutzen will.

Ebenso wurde eine ganze Reihe von Kooperationsvereinbarungen mit Ministerien, Städten und Gemeinden abgeschlossen. Bei internationalen Wettbewerben gewannen Studenten der EPAU mehrfach Preise – auch dies ist ein Zeichen für eine neue Dynamik an dieser Hochschule.

Wie es scheint, findet die EPAU auch über den engeren Hochschulrahmen hinaus zunehmend Akzeptanz und Nachfrage in der Fachöffentlichkeit, bei stattlichen Institutionen und privaten Akteuren, die im Bereich Stadtplanung, Städte- und Wohnungsbau tätig sind.

Ergebnisse auf deutscher Seite
Natürlich hat auch das Städtebau-Institut der Universität Stuttgart und insbesondere das Fachgebiet SIAAL – Städtebau in Asien, Afrika, Lateinamerika – von der Hochschul-Kooperation profitiert. Dies betrifft zum einen die Stärkung der personellen und materiellen Ausstattung im Zuge der geförderten Kooperation, zum anderen die vielen Kontakte und Themen, die von den algerischen Partnern eingebracht wurden.

Im Einzelnen betrifft dies:

dynamic development of the EPAU can be viewed again. The EPAU intensively tries do strengthen its academic contacts not only with Germany but also with Italy, Portugal and France.

In particular, French colleagues have returned to the EPAU to regain the cultural ground lost during the years of the crisis. The 100-year celebration "Algeria", which will be organized in France in 2003, will help to reanimate the cultural links between the two countries.

The EPAU has celebrated a number of cooperation agreements with ministries, municipalities and districts. EPAU students frequently participate in international competitions and have already won a series of prizes and acknowledgements, which also indicates new dynamism at the EPAU.

It seems that the EPAU enjoys an increasing acceptance and requests for cooperation from outside the university, i.e. from urban planners and architects and from those institutions and agents involved in urban planning and housing in Algeria.

Results on the German side
Of course, the Institute of Urban Planning and Design and the department SIAAL at the University of Stuttgart benefitted from this cooperation, too. This applies to the support of the GTZ which strengthened considerably the staff and equipment of the department

Also, many new academic and personal contacts could be established and new themes introduced into the teaching and research programme of SIAAL. In particular, the following positive impact can be emphazised:
– new teaching activities and research projects;
– insight into the EPAU and its teaching and design methods;

Les avantages pour le côté allemand sont, en détail:

- Enrichissement de la palette de cours du SIAAL par de nouveaux thèmes;
- Cours et projets communs;
- Aperçu du contenu et du style de l'enseignement à l'EPAU;
- Matériel de documentation amassé au cours la recherche commune;
- Excursions scientifiques en Allemagne et à l'étranger;
- Présentation des activités du SIAAL dans des séminaires et congrès internationaux.

Bien entendu, les contacts étroits entre Alger et Stuttgart continueront, en s´appuyant sur les programmes d´échange du DAAD, de l´Union Européenne et d´autres institutions.

- neue Entwurfs- und Seminarthemen;
- gemeinsame Lehrveranstaltungen und Entwürfe;
- Einblick in Lehrinhalte und Unterrichtsstil der EPAU;
- eine umfangreiche Materialsammlung zu Algier und Algerien;
- gemeinsame Exkursionen und Veranstaltungen im In- und Ausland;
- Präsentation der SIAAL-Aktivitäten bei internationalen Seminaren und Kongressen.

Natürlich wird es auch weiterhin enge Kontakte zwischen der EPAU und Stuttgart geben, wobei man sich auf die Austausch-Programme des DAAD, der EU und anderer Institutionen stützen kann.

- a specialized information pool on urban development and planning in Algeria;
- joint excursions and academic events in Germany and abroad;
- presentation of the SIAAL-activities in international seminars and congresses.

Naturally, the intensive contacts between Algiers and Stuttgart will continue in the future, based on the programmes of the DAAD, the EC and other institutions.

6.5 Recommandations

Coopération bilatérale ou multilatérale ?
Les coopérations universitaires se déroulent aujourd'hui de plus en plus à un niveau international et en réseaux. Cela découle des programmes d'encouragement actuels, par exemple ceux de l'Union Européenne, et de la complexité et du cout des projets que la recherche moderne poursuit.

Néanmoins, les coopérations universitaires bilatérales sont elles aussi, légitimes. Un avantage des «tandems universitaires» nord-sud sont les relations étroites et durables, elles-même nécessaires pour l'instauration de nouveaux cours d'études, pour la réalisation de projets de recherche communs, pour l'accompagnement de thèses de master ou de doctorat et pour l'échange régulier de groupes d'étudiants.

La solution la plus raisonable pour les universités des pays pauvres semble être une combinaison de partenariats bilatéraux et multilatéraux. Une coopération bilatérale permet un travail intensif de consolidation ou d'élaboration institutionnelle, tandis que les plus larges réseaux de coopération rendent possibles de multiples contacts et un échange permanent à propos de thèmes actuels.

Les programmes de la UE
L'intégration européenne aidant, les programmes qui soutiennent des coopérations avec les régions pauvres du globe, dépassant donc les limites de l'Union Européenne, deviennent plus nombreux. Il est fortement recommandable pour les universités d'Asie, d'Afrique et d'Amérique latine de s'adapter aux caractéristiques spécifiques des projets de l'Union Européenne: En

6.5 Empfehlungen

Bilaterale oder multilaterale Kooperation?
Universitäre Kooperationen arbeiten heute zunehmend international und in Netzen. Dies hat mit den aktuellen Förderprogrammen – etwa der Europäischen Union – zu tun und mit den komplexen und aufwendigen Projekten, die in der modernen Forschung verfolgt werden.

Dennoch hat auch die bilaterale Hochschul-Kooperation natürlich ihre Berechtigung. Ein Vorteil von „Hochschul-Tandems" zwischen Nord und Süd ist eine enge und dauerhafte Beziehung, die für den Aufbau neuer Studiengänge, die Durchführung gemeinsamer Forschungsprojekte, die Betreuung von Master- und Doktor-Arbeiten und den regelmäßigen Austausch von Studenten-Gruppen besonders geeignet ist.

Am sinnvollsten für die Hochschulen in Entwicklungsländern scheint eine Kombination von bi- und multilateralen bzw. „vertikalen" und „horizontalen" Kooperationen zu sein. Dabei kann in der „vertikalen" Kooperation mit einem bevorzugten Partner eine vertiefte Aufbauarbeit geleistet werden, während die „horizontalen" Netze vielseitige Kontakte und einen ständigen Austausch zu aktuellen Themen ermöglichen.

EU-Programme
Im Zuge der europäischen Integration gibt es immer mehr Programme, die über die Grenzen der EU hinaus Partnerschaften mit den Entwicklungsregionen fördern. Sich rasch auf die besondere Charakteristik von EU-Projekten einzustellen, ist insbesondere den Universitäten in den europäischen Nachbarregionen dringend zu empfehlen.

6.5 Recommendations

Bilateral or multilateral cooperation?
Today universities usually work in international networks. This has to do with the sponsoring programmes - e.g. the network programmes of the European Community - and with the increasing complexity of modern research.

However, bilateral cooperation still has its advantages. University "tandems" are able to maintain a very close and permanent relation which is necessary for establishing new courses and joint research activities as well as for the supervision of PhD and master´s dissertations and for the exchange of students and staff.

Therefore it seems to be most advantageous for universities in developing countries to combine bilateral and multilateral cooperation. With a strong and permanent partner the institution can be consolidated or expanded, while multilateral networks provide international contacts and up-to-date-information on teaching and research.

EU-programmes
The European community offers programmes sponsoring the academic cooperation with developing countries. It can be strongly recommended to universities in Asia, Africa and Latin America to acquaint themselves with the particular characteristics of these projects. In general these are networks of European and non-European universities, one partner being in charge of the overall coordination. Thus the participating universities can compare their own structure and efficiency with others and test new approa-

règle générale, un groupe d'universités européenne(s) et non-européenne(s) pratique un échange intensif et un des partenaires assure la coordination générale.

Le travail dans de tels réseaux permet à toutes les universités concernées de juger relativement précisément leur structure et capacité par rapport aux autres et en même temps de comparer les différentes formes et pratiques de la formation supérieure. Ceci est surtout important pour les pays du sud et de l'est de la Méditerranée qui ont en grande partie hérité leur système d'éducation du pays colonisateur et doivent relever le défi d'une modernisation durable.

Coopérations régionales

Une dominance post-coloniale est souvent décernable jusqu'aujourd'hui non seulement dans les rapports économiques mais également dans la coopération universitaire, l'Europe représentant le «centre» et les pays pauvres la «périphérie». Un indice de cet état de choses est le fait que les universités de la «périphérie» entretiennent des contacts avec l'Europe mais pas entre elles. Les raisons en sont souvent politiques, mais la fixation sur les anciens pays coloniaux, sur le monde riche est indéniable.

Une intensification des coopérations régionales serait importante pour les universités à faible structure du sud, car elles pourraient focaliser leurs potentiels et par là même gagner en importance au sein de coopérations internationales. Elles ne seraient plus, alors, des partenaires inférieurs dépendants d'aides, mais des associés compétants et intéressants des pays riches. Les contextes géographique, socio-économique et culturel semblables, en tout cas, recommandent la recherche de propres

Die Arbeit in den von der EU geförderten Netzen enthält für die Hochschulen der Entwicklungsländer eine hervorragende Gelegenheit, sehr unterschiedliche Formen und Praktiken der höheren Ausbildung kennen zu lernen und zu vergleichen. Dies gilt insbesondere für die Länder des südlichen und östlichen Mittelmeerraums, die ihre von den Kolonialmächten ererbten Ausbildungssysteme nachhaltig modernisierte müssen.

Regionale Kooperation

Nicht nur in den wirtschaftlichen Beziehungen, auch in der akademischen Kooperation sind vielfach bis heute postkoloniale Dominanz-Strukturen präsent, wobei Europa als „Zentrum" und die Entwicklungsländer als „Peripherie" erscheinen. Ein Merkmal hierfür ist die Tatsache, dass die meisten „peripheren" Universitäten zwar Kontakte nach Europa pflegen, aber kaum untereinander, also etwa mit den Hochschulen der Nachbarländer. Dies hat oft politische Gründe, spiegelt aber auch die einseitige Fixierung auf die ehemaligen Kolonialländer bzw. auf die "reiche Welt".

Die Intensivierung regionaler Kooperationen wäre gerade für die strukturschwachen Hochschulen im Süden wichtig, um ihre Potentiale zu bündeln und damit auch ein stärkeres Gewicht in der internationalen Kooperation zu erlangen, so dass sie nicht nur unterstützungsbedürftige „Junior-Partner", sondern kompetente und interessante Kooperations-Partner für die reichenn Länder sind. In jedem Fall legen der vergleichbare naturräumliche, sozio-ökonomische und kulturelle Kontext nahe, neben dem Wissens-Import und Aus-

ches in teaching and research. This seems particularly important for such countries which have inherited their education systems from colonial times.

Regional cooperation

The relations between developed and developing countries are still characterized by economic dominance and very often this also applies to academic relations. Thus the the affluent countries appear as the "center" and the poor countries as the "periphery".

This is underlined by the fact that many universities in the developing world maintain academic links with Europe, but not with their neighbouring countries or with other developing regions. This is often due to political reasons, but in general reflects the dependency on the rich "core countries".

More intensive cooperation among developing countries is necessary in order to mobilize the potential of their universities. This includes the exchange of staff and students, workshops, seminars, congresses and other academic events.

In any case, the similar economic, cultural and natural context suggests closer cooperation to develop authentic solutions which do not rely exclusively on imported ideas and know-how. Regional cooperation might also create synergy so that poor universities are not only considered to be "junior partners" in international cooperation but active and competent participants.

In addition, regional networks make the North-South-cooperation much more efficient because its "products" - e.g. new courses, didactic material and research -

solutions régionales à côté de l'import et de l'échange de connaissances avec l'Europe.

Naturellement, l'efficacité des coopérations nord-sud augmente considérablement si les activités, cours et modules développés en commun sont exploités par des réseaux régionaux, c'est-à-dire des groupes d'universités de structure semblable.

Universités allemandes

Malgré la critique que l'on peut apporter au système universitaire allemand, celui-ci a des avantages évidents, comme le démontre le nombre croissant de candidatures aux études venant d'Asie, d'Afrique et d'Amérique latine. Ces avantages sont, entre autres: La gratuité des études, des cours d'études bien établis, la connection étroite de l'enseignement et de la recherche, des diplômes reconnus internationalement, la bonne infrastructure, l´indépendance et l´individualité au cours des études et le milieu universitaire multiculturel relativement ouvert. D'autre part un accompagnement personnel fait souvent défaut, car, naturellement, il est plus difficile à réaliser dans les universités de masse allemandes que dans une coûteuse université privée. Le déficit d'accompagnement des études n'est cependant pas un problème général des universités allemandes, car il varie fortement d'une région à l'autre.

L'avantage des universités anglo-saxones où l'on apprend simultanément une langue universelle pendant les études est plus difficile à compenser. L'obstacle de la langue est évident pour les étrangers intéressés aux études en Allemagne, même s'il existe des cours menant au master tenus en Anglais. Une nouvelle vision des choses semble cependant s'imposer, qui stipule que l'Anglais est

tausch mit Europa auch verstärkt an eigenständigen regionalen Lösungen zu arbeiten.

Natürlich steigt auch die Effizienz von Nord-Süd-Kooperationen erheblich, wenn die gemeinsam entwickelten Aktivitäten, Kurse und Module nicht nur bilateral genutzt werden, sondern von regionalen Netzen, d.h. von einer Gruppe ähnlich strukturierter Hochschulen.

Deutsche Hochschulen

Bei aller Kritik, die am deutschen Hochschulsystem geübt werden kann, hat dieses auch offensichtliche Vorteile, wie die steigenden Bewerberzahlen aus Asien, Afrika und Lateinamerika zeigen. Hierzu gehören u.a.: kein Studiengeld, gut etablierte Studiengänge, die enge Verbindung von Lehre und Forschung, international anerkannte Abschlüsse, eine gute Infrastruktur, die Betonung von Individualität und Selbstständigkeit, ein relativ offenes und „multi-kulturelles" Hochschul-Milieu.

Andererseits fehlt es oft an persönlicher Betreuung, die an deutschen Massen-Universitäten natürlich schwieriger zu realisieren ist als etwa an den angelsächsischen Privat-Universitäten, die sich dies mit einem hohen Studiengeld honorieren lassen. Allerdings ist die mangelnde Betreuung kein generelles Defizit, weil diese an den deutschen Hochschulen sehr unterschiedlich ist.

Schwieriger zu kompensieren ist der der Vorteil englischsprachiger Universitäten, wo man im Studium gleichzeitig eine Weltsprache erlernt. In Deutschland ist die Sprachbarriere für ausländische Interessenten evident, auch wenn es einige englischsprachige Master-Kurse gibt. Zunehmend scheint aber in dieser Hinsicht zu gelten: Englisch ist eine Notwendigkeit, eine oder zwei weitere Sprachen

will be utilized not only in the partner university but also in the regional network.

German universities

In recent years German universities have been criticized, but considering the increasing number of students from Asia, Africa and Latin America various advantages seem to exist. Some of these are: no fees, well established courses, close connection between teaching and research, internationally recognized degrees, solid infrastructure, emphasis on individuality and self-reliance, an open-minded and multi-cultural academic environment.

On the other hand,, often individual supervision and tutoring are missing, which of course is more easily practised in expensive private universities than in large public universities. However, the lack of individual tutoring is not a general deficiency because this is handled very differently in German universities.

More difficult to compensate is the linguistic advantage of Anglo-Saxon universities in which the student not only acquires an academic degree but also knowlege of a world language. The language barrier in Germany is evident, even if a considerable number of English speaking master courses exist.

However,more and more foreign students seem to have a new approach towards the language problem. to speak reasonably English is taken for granted, but to speak one or two additional laguages is a valuable asset for the career.

désormais nécessaire et que toute langue de plus est une qualification supplémentaire bénéfique pour la carrière.

Télé-enseignement et «cyber-universities»

Le rôle que peuvent jouer le télé-enseignement et les «cyber-universities» dans les études supérieures de l'avenir ne peut pas encore être estimé. Il est cependant clair que les universités publiques devront se servir des nouveaux médias de manière offensive si elles ne veulent pas délaisser les nouvelles formes d'enseignement et d'apprentissage à l'offre de formation commerciale.

L'utilisation conséquente des nouveaux médias n'aura du succès que si elle est assurée en équipe avec des universités partenaires. Déjà il existe une série de projets-pilotes ayant pour objectif de définir le potentiel didactique du télé-enseignement pour certaines matières et niveaux de formation. Il est prévisible qu'à côté des cours et de la recherche une autre activité essentielle des enseignants d'université sera le développement de modules d'enseignement virtuels.

Sans aucun doute se forme là un domaine de coopération dynamique pouvant jouer un rôle central pour les pays pauvres. Le développement commun de cours et modules virtuels serait manifestement un moyen particulièrement efficace de contourner beaucoup de problèmes dont souffre l'enseignement conventionnel des pays pauvres.

Cela est fascinant aussi car il paraît soudain possible de lier étroitement la recherche, l'enseignement et l'apprentissage (jusqu'à maintenant des activités séparées) à travers le développement et l'utilisation communs des modules

sind hingegen eine wertvolle Qualifikation, die zusätzliche Karriere-Chancen enthält.

E-learning und cyber-Universities

Die zukünftige Rolle, die e-learning und cyber-universities in der höheren Ausbildung spielen werden, ist noch kaum zu übersehen. Klar ist aber, dass die öffentlichen Universitäten mit den neuen Medien offensiv umgehen müssen, damit die neuen Lehr- und Lernformen nicht von kommerziellen Anbietern vereinnahmt werden.

Die konsequente Nutzung neuer Medien für die höhere Ausbildung ist nur zusammen mit Partner-Hochschulen erfolgversprechend. Schon gibt es viele Pilot-Projekte, um das Potezial der neuen Medien für bestimmte Fächer und Ausbildungsebenen auszuloten. Neben Lehre und Forschung wird die Entwicklung virtueller Module zu einer wichtigen Tätigkeit der Hochschullehrer werden.

Zweifelos bildet sich hier ein dynamisches Kooperationsfeld heraus, das gerade bei der Hochschul-Kooperation mit Entwicklungsländern eine zentrale Rolle spielen kann. Die partnerschaftliche Entwicklung von virtuellen Kursen und Lehrmodulen ist ein höchst effizienter Weg, um viele Probleme zu umgehen, unter denen die konventionelle Lehre in Entwicklungsländern leidet.

Im Zuge der Entwicklung solchen Materials erscheint es auch möglich, Forschung, Lehre und studentisches Lernen eng miteinander zu verbinden, wobei der gigantische Informations-Pool im Internet als "Rohstoff" dienen kann. Hier deuten sich also vielversprechende Perspektiven an, die es rechtfertigen, im e-learning einen Schwerpunkt zukünftiger Hochschul-Kooperationen zu sehen.

E-learning und cyber-universities

It is still difficult to foresee the full impact of e-learning and cyber-universities on higher education. There is no doubt that public universities will have to work intensively with the new media in order to prevent private and commercial education from dominating this field.

It is foreseeable that the most efficient use of new media can be made in university networks, i.e. in close cooperation with partner universities. Some pilot projects have already been started to test the potentials of e-learning in certain disciplines and educational levels. In any case it is evident that in the future not only teaching and research will be an essential activity of academics but also to develop e-learning modules.

Without any doubt e-learning will be an important field of academic cooperation and probably will increasingly play a central role when cooperating with developing countries. In fact, e-learning would open up an efficient way to avoid many problems of conventional teaching in poor countries.

This perspective is also fascinating because it seems possible that lecturers, research scholars and students will work closely together when developing new e-courses and modules, using the gigantic pool of internet information as "raw material". In any case the still unexplored potential of this new technology permits to consider e-learning as a central area of academic cooperation in the future.

Commercial education and private universities

The transformation of a state run education system into a private education sector is evident in many countries, although with significant differences. Whereas in rich countries it will be possi-

électroniques, auxquels la mine d'informations de l'internet servirait de matière première.

En tout cas ce domaine ouvre des perspectives prometteuses qui permettent de voir dans le télé-enseignement un point fort des futures coopérations universitaires.

Secteur commercial d'enseignement et universités privées

Les systèmes d'enseignement publics évoluent presque partout vers un marché de l'enseignement commercial, même si cette évolution diffère d'un pays à l'autre. Alors que dans les pays riches le système de formation public a une chance de rester à un niveau acceptable et concurrentiel, il n'en sera peut-être pas ainsi dans les pays pauvres. Dans beaucoup de cas il faut ici s'attendre à une fission néfaste du secteur de l'enseignement. Le tiers de la population le plus aisé obtiendrait alors une formation auprès des universités d'élite privées alors que les masses dépourvues devraient se contenter des mauvaises universités publiques.

Ainsi, le système d'enseignement ne servirait plus l'équilibre et l'ascension socials mais accentuerait le déchirement de la société observable dans pratiquement tous les pays pauvres. Bien entendu, cela ne correspond pas aux objectifs de la coopération technique, raison pour laquelle on devrait prendre clairement position en faveur des universités publiques.

Un but principal des coopérations universitaires doit être de renforcer les universités publiques afin qu'elles puissent résister à la concurrence. Dans les cas où cela paraîtra impossible, la coopération universitaire pourrait servir à rendre les universités privées accessibles à toute la communauté. Ainsi la coopération ou des projets de recherche communs pourrait être

Kommerzieller Bildungssektor und Privat-Universitäten

Der Umbau der staatlichen Bildungssysteme in einen kommerziellen Bildungsmarkt vollzieht sich in den einzelnen Ländern sehr unterschiedlich, ist aber als Tendenz überall präsent. Während es in den reichen Ländern die Chance gibt, das öffentliche Bildungssystem auf einem akzeptablen Niveau und konkurrenzfähig zu halten, ist dies in den Entwicklungsländern nicht immer der Fall. Hier ist mit einer verhängnisvollen Spaltung des Bildungssektors zu rechnen, wobei das obere Drittel der Gesellschaft ihre Ausbildung in privilegierten Privat-Universitäten erhält und die mittellose Masse auf eine schlechte öffentliche Ausbildung angewiesen ist.

Damit verliert das Ausbildungssystem seine Rolle als Motor des sozialen Ausgleichs und Aufstiegs und schreibt die Spaltung der Gesellschaft fort. Natürlich entspricht dies nicht den Zielen der technischen Kooperation, deshalb sollte eine klare Position für die öffentlichen Hochschulen bezogen werden. Diese zu stärken und konkurrenzfähig zu halten, muß ein wesentliches Ziel von Hochschul-Kooperationen sein.

Erscheint dies aussichtslos oder ist das private Bildungsangebot schon dominnt, so könnte die Hochschul-Kooperation auch dazu eingesetzt werden, die privaten Hochschulen begabten, aber mittelarmen Studenten zu öffnen, etwa durch die Verknüpfung der Projekte mit Freiplätzen und Stipendien..

Zwischen Theorie und Praxis

Es ist keine Frage, dass an vielen Hochschulen in Asien, Afrika und Latenamerika die Verbindung von Lehre und Praxis mangelhaft ist. Dies wird auch an deutschen Hochschulen beklagt, hier aber

ble to keep public education on a relatively high standard and thus competitive with private universities, most likely this is not the case in poor countries. In many developing countries the educational system is already split up into privileged private universities for the middle and upper classes, and into low-standard public universities for the mass of low-income students.

Thus, the educational system will increasingly lose its crucial role to promote social justice and progress. Instead it tends to perpetuate social disparities and conflicts. Of course, this is not at all compatible with the goals of technical cooperation. Therefore it will be necessary to clearly favour an accessible and efficient public education system.

Only if this is impossible, technical cooperation with private universities seems to be justified. In this case a great effort should be made to make the exclusive private institutions more accessible for low-income groups e.g by linking academic exchange and joint research with a fellowship programme for low-income students.

Between theory and practice

There is no doubt that in many universities in Asia, Africa and Latin America a close connection between teaching and practice is missing. Of course, this is criticized at German universities, too, but there this deficiency is partly compensated by strong emphasis on methods, theoretical debate and research.

According to the phrase "nothing is more practical than a good theory" the student acquires a set of methods and theories which form a strong basis for practical work.

liés à l´existance de places d'études gratuites ou de bourses pour étudiants pauvres.

Entre théorie et pratique

Auprès de beaucoup d'universités d'Asie, d'Afrique et d'Amérique latine le lien entre l'enseignement et la pratique est encore médiocre. Ceci est également parfois le cas en Allemagne, mais est cependant compensé par une orientation plus forte vers la recherche et la théorie. D'après le principe que rien n'est plus «pratique» qu'une bonne théorie, les étudiants reçoivent ici une orientation de base méthodique et théorique à laquelle on ne peut renoncer, même dans la pratique.

Auprès de nombreuses universités du sud l'enseignement se trouve au milieu de nulle part, car il manque constamment un feedback de la pratique et de la recherche. La coopération devrait donc autant soutenir le lien à la pratique que la relation avec la théorie. Pour ce qui est des méthodes et théories modernes le partenaire allemand (ou européen) pourrait fournir un travail plus compétent que pour la pratique car, en règle générale, il ne connait que peu de la pratique dans le pays partenaire.

Outre la formation pratique, les universités ont pour tâche de livrer des modèles d'explication aux problèmes majeurs du pays, donc de travailler à l'élaboration de théories. Les pays pauvres n'ayant pas de «think tank» indépendants audelà des universités, celles-ci se doivent d'accompagner de manière critique la politique officielle et ses projets.

Qualité plutôt que quantité

Dans beaucoup de pays pauvres les capacités de formation ont été agrandies avec une rapidité impressionante dans certains domaines, entre autres en architec-

durch einen stärkeren Theorie- und Forschungsbezug kompensiert. Nach dem Grundsatz „nichts ist praktischer als eine gute Theorie" erhält der Student eine gute fachliche Grundorientierung, die auch die Einarbeitung in die Praxis erleichtert.

An vielen Hochschulen in den Entwicklungsländern agiert die Lehre sozusagen in einem „Niemandsland", weil es gleichermassen an feedback aus der Praxis, Forschung und Teorie fehlt. Dies legt nahe, in einer Kooperation die Praxisnähe zu thematisieren, aber auch den Forschungs- und Theoriebezug, wo deutsche (oder europäische) Partner möglicherweise kompetentere Beiträge leisten können, weil sie die konkrete Bau- und Planungspraxis des Partner-Landes in der Regel nur oberflächlich kennen.

Neben einer praxisnahen und qualifiziertern Ausbildung ist es natürlich eine wichtige Aufgabe der Hochschulen, auch Erklärungs- und Lösungsmodelle für die Probleme des Landes zu entwickeln, also Theoriebildung zu betreiben. Weil es in vielen Entwicklungsländern außerhalb der Universitäten kaum unabhängige „think tanks" gibt, fällt diesen die wichtige Rolle zu, die offizielle Politik und ihre Projekte kritisch zu durchleuchten. Dies alles bedarf einer „konkreten Theorie", die auch die Phänomene der Verstädterung und Metropolisierung angemessen erklären kann.

Qualität statt Quantität

In vielen Entwicklungsländern ist die Ausbildungskapazität eindrucksvoll rasch gewachsen, dabei hat die Qualität der Ausbildung aber nicht Schritt gehalten. Dies und die Tatsache, dass in der postindustriellen Ära hochspezialisierte und qualitätvolle Dienstleistungen

In contrast to this, in many developing countries the teaching programme suffers from disorientation because there is no feedback either from practice or from research.

Therefore it is important that practice as well as scientific research and theoretical discussion is emphazised when cooperating with developing countries. Often it is evident that German (or European) partners could be more efficient in contributing modern methods and theories than practical training, because they normally do not have practical experience in those countries.

Any university is expected not only to produce competent professionals but also to propose new interpretations which accurately describe and explain the problems of thc country. As in many countries the universities are the only competent "think tanks", they have to assume both a constructive and critical role, e.g. in analyzing and - if necessary - in criticizing the official policies and programmes. This role requires an appropriate theory which is able to describe and to explain the phenomena of urbanization and urban planning.

Quality instead of quantity

In many developing countries the capacities in higher education have grown significantly. However, this has not been accompanied by an adequate quality of education. This and the fact that highly specialized know-how is increasingly important in post-industrial society indicate that a qualitative approach is required.

Even if there are still many deficiencies in higher education, universities of developing countries are increasingly pressing for full participation in high quality programmes in teaching as well as

ture. Malheureusement, la qualité de l'enseignement n'a souvent pas pu tenir le rhythme. Ceci et le fait que dans l'ère post-industrielle le savoir-faire hautement spécialisé gagne en importance indiquent la marche à suivre pour la coopération universitaire: Assurer la qualité de l'enseignement.

Même s'il faut encore pallier à beaucoup de déficits élémentaires, les universités des pays pauvres tiennent à enfin avoir accès aux connaissances d'enseignement et de recherche de haut calibre. L'accès illimité au «savoir d'élite» du partenaire est l'attribu décisif d'une vraie coopération universitaire, sans lequel elle ne reste qu'une "aide au développement post-coloniale".

Ouverture et innovation
Un objectif important de toute coopération est, à côté du renforcement de la structure interne de l'université, l'ouverture vers l'extérieur. Beaucoup d'universités à faible structure sont emprisonnées dans un milieu renfermé rendant toute innovation difficile. Cette tendance peut être aggravée par le recrutement interne d'enseignants, par l'interdiction d'activités externes à l'université et par le manque de contacts avec l'extérieur. La coopération a donc la tâche importante de changer le climat souvent conservateur des universités à structure faible en un climat innovateur, dans lequel les expériences ne dérangent pas, mais sont au contraire considérés comme étant enrichissantes.

C'est pourquoi il est important de confronter les enseignants et les étudiants avec des contenus et des méthodes de cours nouveaux, afin de promouvoir un esprit innovateur. Pour l'actualisation permanente des contenus et des formes d'enseignement on ne peut cependant se fier au hasard. Cette

immer wichtiger werden, gibt auch der Hochschul-Kooperation eine qualitative Zielrichtung vor.

Auch wenn noch viele elementare Defizite zu beheben sind, drängen die Hochschulen der Entwicklungsländer darauf, Zugang zu hochrangigem Lehr- und Forschungs-know how zu bekommen. Das eigene „elitäre Wissen" mit einem Partner zu teilen, ist ein Prüfstein jeder Kooperation und entscheidet darüber, ob es sich eher um eine "Entwicklungshilfe" oder um eine echte universitäre Partnerschaft handelt.

Öffnung und Inovation
Ein wichtiges Ziel jeder Kooperation ist – neben der Stärkung der internen Hochschul-Struktur – die Öffung nach außen. Viele Partner-Hochschulen sind in einem nahezu geschlossenen Milieu gefangen, das jede Innovation erschwert. Die hausinterne Rekrutierung von Dozenten, das Tätigkeitsverbot außerhalb der Hochschule und fehlende Kontakte mit der Außenwelt verstärken diesen Trend.

Deshalb ist es eine wichtige Aufgabe der Kooperation, die Dozenten und Studenten intensiv mit anderen Lehrinhalten und Unterrichtspraktiken zu konfrontieren – etwa durch häufige Gäste oder Gastaufenthalte an anderen Hochschulen –, um die Innovationsbereitschaft zu fördern.

Die ständige Aktualisierung und Erneuerung von Lehrinhalten und Lehrformen kann nicht dem Zufall überlassen bleiben, sondern muss auch institutionalisiert werden, etwa durch externe Berufungen und Evaluierungen. Dies ist allerdings schwierig, wenn es im Lande – wie im Fall der EPAU – keine vergleichbare Hochschule gibt, also auch kein akademischer Wettbewerb besteht. Hier müssen

in research. The intensity of the cooperation which provides access not only to ordinary academic know-how, but also to the elite programmes of the partner determines whether the cooperation is only understood as "technical aid" or as real partnership.

Innovation
Intensifying the partner's relationship with the international academic world is as much a goal of academic cooperation as strengthening the efficiency of the institution and the courses. Many partner universities are working in a somewhat closed environment which makes any innovation difficult. The reasons for this are, among others, missing competition when recruiting new staff, the prohibition of lecturers working outside the university and few contacts with the outside world.

Therefore it is important to confront the local staff and students with new subjects and methods whenever possible, e.g. through frequent interchange of lecturers and guests. However, the permanent updating of teaching and research must also be institutionalized, e.g. through external recruitment and evaluation.

This will be difficult if there is no other large school or faculty in the country to compete with, as in the case of the EPAU. In this case intensive training and exchange programmes are required in order to ensure permanent updating.

In other words: The conservative academic environment which exists in many developing countries has to be changed into an open one, in which any innovation and any experiment are welcomed.

remise à jour doit être institutionnalisée à travers un recrutement extérieur d'enseignants, des échanges et des évaluations réguliers. Cela est néanmoins difficile si, comme dans le cas de l'EPAU, il n'y a pas d'université comparable dans le pays, donc pas de concurrence. Des programmes intensifs d'études approfondies et d'échange doivent ici assurer un renouveau permanent.

Solitions adaptées
La tâche d'une coopération n'est évidemment pas de reporter directement les structures d'une université du nord sur une autre du sud, mais de participer de manière créative au choix et à l'adaptation de solutions nouvelles. Pour cela, il faut tenir compte des connaissances des enseignants et de ce qu'ils sont prêts à accepter, du potentiel institutionnel et matériel de l'université et bien sûr de la problématique particulière du pays.

Par le passé, il était difficile d'obtenir des données concrètes sur les contenus et les méthodes de l'enseignement d'autres universités. De nos jours, une grande étendue de données sur presque toutes les matières et cours d'études est disponible dans l'internet et la coopération devrait s'en servir pour pouvoir profiter des modèles innovateurs des autres.

Intégration de la pratique
La distance séparant la pratique de l'enseignement de l'architecture, un problème fondamental des universités de sud, découle au moins en partie du système d'éducation élitaire de la période coloniale. L'exemple de la Chine démontre cependant que cette distance n'est pas de règle; ici, sont affiliés aux facultés d'architecture des instituts de conception où les professeurs et des étudiants avancés travaillent sur de projets concrets. Cela repré-

intensive Fortbildungs- und Austausch-Programme für eine ständige Aktualisierung sorgen.

Kurz: das vielfach konservative Hochschul-Klima muss in ein innovatives verwandelt werden, wo Experimente nicht als störend, sondern als bereichernd empfunden werden.

Angepasste Lösungen
Es ist nicht die Aufgabe einer Nord-Süd-Kooperation, die eigenen Strukturen direkt auf die Partner-Hochschule zu übertragen, sondern bei der Auswahl und Adaption neuer Lösungen mitzuwirken. Dabei muss die vorhandene Substanz, der Wissensstand und die Akzeptanz der Dozenten, die institutionellen und materiellen Möglichkeiten und natürlich auch die Problemlage und der Bedarf des Landes berücksichtigt werden.

Im Gegensatz zu früher, als die Daten über einzelne Studiengänge, Lehrinhalte und –formen noch mühsam erhoben werden mußten, steht heute im Internet gerade zum Thema Hochschulen und Studiengänge ein umfangreiches Material zur Verfügung. Dies ist ein wertvoller „Informations-Rohstoff", der bei der Kooperation genutzt werden sollte, um auch von anderswo erprobten Modellen zu profitieren.

Integrierte Praxis
Die Praxisferne der Lehre hat ihre Wurzeln teilweise in der Kolonialzeit und ist ein Grundproblem vieler strukturschwacher Hochschulen. Dass dies aber nicht die Regel sein muss, zeigt etwa das Beispiel China, wo den Architektur-Fakultäten größere Institute zugeordnet sind, wo die Professoren und fortgeschrittenen Studenten an konkreten Projekten arbeiten. Dies ist eine Alternative zur deutschen

Appropriate solutions
It is not the goal of academic cooperation to transfer directly the characteristics of one university to another. Instead, the challenge consists of finding new and appropriate solutions, which consider the existing structure and potential of the partner university, e.g. the qualification and motivation of the staff, the institutional set up and the problems existing in the country.

In the past information on specific courses was hard to find. Nowadays the internet offers plenty of information on the structure and characteristics of universities, faculties, courses and disciplines. This is a valuable source which should be made use of by any cooperation in order to learn from worldwide experience, and not exclusively from the partner university.

Integrated practice
The large gap between teaching and practice, which can be found in most developing countries, often stems from colonial times, when higher education was largely a privilege of the colonial elite. However, this is not always the case as can be seen in the Chinese schools of architecture with their design institutes where professors and advanced students work on specific projects. This is an alternative to the German model where the professors run private offices in order to keep in touch with the professional world.

However, it is often not clear what the courses in developing countries should focus on. On the one hand, higher education in architecture wants to catch up with the sophisticated building and planning in the affluent world, taking the risk of ignoring the basic needs of the poor population.

sente une alternative aux habitudes en Allemagne, où les professeurs mènent souvent un bureau d'architecture privé.

Il se pose néanmoins la question à quelle réalité la formation d'architecture et de planification se doit de préparer. Le souhait légitime de suivre l'architecture mondiale, sophistiquée formellement et technologiquement, est en opposition aux besoins fondamentaux de la population qui nécessite des solutions totalement différentes. Inversément, s'occuper surtout de «l'architecture de la pauvreté» pour les masses démunies interdit la participation au débat international de l'architecture et de plus les perspectives professionnelles sont très limitées dans ce domaine. La solution pour la formation est naturellement de servir les deux causes: La construction moderne, sophistiquée, et la construction avec des ressources minimes. L'université nationale de Mexico donne ici l'exemple en effectuant un travail remarquable aussi bien dans le domaine de l'architecture moderne que dans celui des bâtiments pour les pauvres.

Thèmes prioritaires

Dans la plupart des pays en voie de développement la formation d'architectes est déjà plus ou moins consolidée. Après deux ou trois décennies d'expansion déchainée, il convient maintenant avant tout d'assurer la qualité de la formation, même si cela implique une réduction du nombre d'étudiants. Des tâches importantes pour un enseignement de l'architecture de bonne qualité seraient par exemple:

- de couvrir équitablement toute l'étendue hétérogène des constructions à effectuer – pour riches et pour pauvres –
- d'augmenter la qualité et la durabilité de l'environnement bâti

Praxis, wo die Professoren in der Regel private Büros unterhalten, wo oft auch Studenten tätig sind.

Dabei ist allerdings die Frage, auf welche Realität sich die Ausbildung einstellen soll, noch vielfach ungelöst. Der legitime Wunsch einer Architektur-Fakultät, den Anschluss an eine formal und technologisch anspruchsvolle Architektur nicht zu verlieren, geht in armen Ländern vielfach an den Grundbedürfnissen der Bevölkerung vorbei. Umgekehrt begrenzt die vorrangige Beschäftigung mit den elementaren Bau- und Wohnungsproblemen der Massen eine aktive Teilnahme am der internationalen Architekturdiskussion.

Die Lösung liegt natürlich darin, dass die Ausbildung beides beinhalten muss: das anspruchsvolle moderne Bauen ebenso wie das Bauen mit minimalenRessourcen, das einen großen Teil der städtischen Realität bestimmt. Auch hierzu gibt es Beispiele, etwa die Nationale Universität von Mexiko, die sowohl im Bereich der modernen Architektur wie auch im armutsorienten Bauen eine beachtliche Arbeit leistet.

Prioritäre Themen

Die Beobachtung an vielen Schulen zeigt, dass die Ausbildungsgänge im Fach Architektur sich in den meisten Entwicklungsländern bereits mehr oder weniger konsolidiert haben oder sich auf dem Weg dazu befinden. Nach zwei oder drei Jahrzehnten stürmischer Expansion der Ausbildungskapazitäten sollte jetzt vor allem die Qualität im Mittelpunkt stehen, auch wenn dies möglicherweise eine Reduzierung der Studentenzahlen bedeutet, wie es sich in der EPAU anbahnt.

Wichtige Kriterien für eine qualitätvolle Architekturlehre wären etwa: das heterogene Feld der anstehenden Bauaufgaben – von

On the other hand, the exclusive concentration on the poor and on basic needs - i.e. on low-tech and informal building - will more or less exclude the academics from the present international discussion in architecture and urbanism.

However difficult it seems the schools of architecture have to try to combine both: high standard architecture and building technology on the one hand, and low-cost or low-tech building on the other, because millions of people desperately need shelter. An example of this can be found at the National University of Mexico which is intensively involved in high standard architecture as well as in building for the poor.

Priorities

In most developing countries the schools of architecture are already consolidated or on their way to consolidation. After two or three decades of rapid expansion the schools must now tackle their quality problem, even if this implies a reduced number of students.

The EPAU is an example of this because the number of new students has recently been reduced from 300 to 150 in order to improve the quality of education. Some criteria for reaching such quality could be: to cover the broad spectrum of building including the rich and the poor, to increase the quality and sustainability of the built-up areas, to promote a regional architecture which is culturally appropriate.

As far as urban planning and design are concerned most schools of architecture still have to develop or to consolidate their respective courses. In developing countries urban planning and design is a relatively young discipline. Its real importance only became clear in the seventies, due to rapid and

- de développer un style de construction indépendant, adapté au climat et à la culture.

En urbanisme et en planification urbaine, parcontre, la plupart des université doit encore accomplir un travail intensif d'élaboration. Ce domaine est nouveau dans les pays pauvres et son importance n'a été reconnue que depuis l'urbanisation rapide des années 1970. Etant largement dépendant de conceptions importées, l'enseignement dans ce domaine est souvent plus éloigné de la réalité que l'enseignement de l'architecture.

Indépendance de la recherche

La source de connaissances la plus importante, la recherche, est directement liée au prestige et au «ranking» des universités bien établies du nord.

Beaucoup d'universités à structure faible ne pratiquent pas de recherche active et sont donc plutôt des écoles que des universités. Une des plus grandes tâches de la coopération universitaire est certes de remédier à cela, mais les conditions ne sont fréquemment pas réunies et les partenaires «riches» sont souvent réticents à partager des thèmes prometteurs ou des moyens financiers destinés à la recherche déjà limités.

En comparaison avec des matières où la recherche nécessite des équipements coûteux et des équipes de recherche hautement spécialisées (médecine, physique, biologie moléculaire), une recherche productive en architecture et en urbanisme est possible avec des moyens relativement modestes. C'est pourquoi toute coopération devrait contenir des projets de recherche moins ambitieux.

reich bis arm – gleichermaßen abzudecken, die Qualität und Nachhaltigkeit der gebauten Umwelt zu erhöhen und einen eigenständigen, klimatisch und kulturell angepassten Baustil zu fördern.

Im Fach Städtebau und Stadtplanung muß dagegen an den meisten Hochschulen noch eine echte Aufbauarbeit geleistet werden. Dies ist in den Entwicklungsländern ein sehr junges Fach, dessen Wichtigkeit erst seit den 70er Jahren – im Zuge der raschen Verstädterung – erkannt worden ist. Weitgehend noch auf importierte Konzepte angewiesen, ist die Lehre im Städtebau und in der-Stadtplanung vielfach noch realitätsferner als in der Architektur.

Die nahezu explosive Verstädterung in vielen Entwicklungsländern gibt dem Fach Städtebau und Stadtplanung eine zukunftsentscheidende Bedeutung, was aber von den Hochschulen noch kaum wahrgenommen wird. Dabei gelten auch für dieses Fach die o.g. Qualitäts-Kriterien, d.h. die Ausbildung muss auf einen umweltschonenden, zukunftsfähigen, sozial- und kulturverträglichen Städtebau hinwirken.

Eigenständige Forschung

Auch ein halbes Jahrhundert nach der Entkolonialisierung existieren nicht nur in der Ökonomie, sondern auch im akademischen Bereich gewisse Dominanz-Strukturen der reichen Länder fort. Eine entscheidende Rolle spielt dabei die Forschung, die als „Wissensgenerator" direkt mit dem Status einer Universität verbunden ist.

Da es an vielen Hochschulen in Asien, Afrika und Lateinamerika keine aktive Forschung gibt, sind diese eher „Schulen" als echte Universitäten. Hier eine substanzielle Änderung herbeizuführen.ist eine der anspruchsvollsten Aufgaben der Hochschul-Kooperation. Dies scheitert oft genug aus vielen Gründen, darunter auch die man

uncontrolled urbanization. In this field many developing countries still depend on imported and often inappropriate concepts, so that education in this discipline is even more detached from reality than in architecture.

Fast urbanization and the necessity to establish urban infrastructure mean that training in urban planning and design has high priority, a fact which is still ignored by many universities in the developing world. This discipline, too, has to follow the same criteria as the education in architecture: i.e. to enable the students to develop appropriate, socially inclusive and sustainable solutions for the built environment

Self-sustained research

In spite of half a century of independence post colonial dominance still prevails in some areas. This also applies to research, which today is the main generator of scientific knowledge and professional know-how. Of course, international prestige and ranking of universities depend largely on research activities.

High standard research does not exist in many universities in Asia, Africa and Latin America, reducing their role to "schools" rather than universities. Certainly it is one of the most ambitious goals within academic cooperation to get involved in joint research, an attempt which very often fails due to many reasons, including a certain unwillingness to share limited rfunds and promising subjects. All this tends to perpetuate the dominance of rich countries in the field of research.

De courtes enquêtes sur le terrain, le soutien particulier de thèses de master originales ou l'analyse critique de plans et projets publics peuvent donner d'importantes impulsions. Des résultats probants dépendent souvent moins des moyens mis en œuvre que d'un énoncé de problème pertinent.

gelnden Bereitschaft, die knappen Forschungsmittel und interessante Themen mit anderen zu teilen, was letztlich zu einer raktisch unaufholbaren Forschungsdominanz der reichen Ländern führt.

Wo immer möglich sollte die Kooperation mit einer gemeinsamen Forschung verbunden werden, wobei es dabei nicht um ambiziöse Projekte geht. Anders als in denNaturwissenschaften erfordert die Architektur- und Stadtforschung keine teuren Geräte und Laboratorien. Das Spektrum reicht von Feldstudien und Erhebungen über die Förderung von Master-Thesen bis hin zur zur Analyse aktueller Projekte und Planungen. Entscheidend für ein gutes Ergebnis ist weniger der methodische Aufwand, sondern die richtige Fragestellung.

However, compared with disciplines like medicine, physics or microbiology, in which research depends on expensive equipment and highly specialized teams, successful research in architecture and urban planning can be done with modest means.

Wherever possible academic cooperation should incorporate research activities, e.g. field studies, inventories of buildings and urban areas, analysis of official policies and projects. The promotion of master's dissertations can also stimulate urban research activities. In urban research it is rather the right questions and less the sophisticated methods which decide on success or failure.

6.6
Dokumente / documentation / documents

Lehrbausteine / modules
- Composition, 1998
- Elements d'Architecture, 1997
- Introduction à l'Architecture, 1997
- Analyse Urbaine, 1997
- Support Didactiques, 1997
- Projection Urbaine, 1995
- Maquettisme, Théorie et Pratique, 1995
- La Représentation Graphique, 1995
- Relevé d'Architecture, 1994
- Architecture en pays d'Islam, 1994

Videos
Ville et désert, Tourisme, Infrastructure.

Documentations
Alger Métropole
Ghardaia - approche régionale

Arquitecture Algérienne
- Architecture à l'Epoque Ottomane en Algérie 1500–1830
- Architecture Algérienne 1830–1930 (in Bearbeitung)
- Architecture Moderne en Algérie 1930–1960.

Les Cahiers de l'EPAU
- Contexte et Production de la Forme (No.1)
- L'Enseignement d'Architecture (No.2/3)
- Recherche et Projets (No.4-1995)
- Patrimoine (No.5/6-1996)
- Habitat (No.7/8-1998)

Entwürfe / projets
- Villes Nouvelles dans le désert, 1997
- Ville Nouvelle Tilemsassine, 1996
- La Ville Nouvelle de Mahelma, 1995
- Place des Martyrs à Alger, 1994
- Ghardaia, Ville Oasis, 1994
- Place Cotta à Marbach/Neckar, 1993

Forschung / recherche
- Habitat Spontané, Teil 2, 1996
- Architecture Contemporaine, 1995
- Villes et désert, Alep 1995
- Habitat Spontané, Teil 1, 1994

Trialog-Artikel

7.0 Andere Projekte der technischen Zusammenarbeit in Algerien
Autres projets de la coopération technique en Algérie
Other technical cooperation projects in Algeria

7.1 Partenariat Université Batna - TU Berlin

Ce projet se base sur un accord de partenariat de 1974. Ainsi que dans tous les projets de ce genre, l´objectif principal était de renforcer l´université partenaire suffisamment pour qu´elle devienne capable d´un développement indépendant et puisse jouer un rôle actif dans le développement régional et national.

Plus précisément, le projet visait à la formation de personnel qualifié dans le domaine de l´électrotechnique, particulièrement en micro-électronique, en technique de l´information et en photovoltaïque. Ceci est dû au fait que ces cours d´études sont surchargés et qu´une simple graduation ne suffit pas pour trouver un emploi.

Les cours existants étant trop théoriques et ne fournissant pas la formation attendue par l´industrie, le projet se concentra sur la formation post-graduée, la recherche et le développement technique. Le projet visait également à mettre l´université partenaire en état d´agir en tant que consultante dans les domaines cités.

De nouveaux cours d´études post-gradués furent instaurés tels que «Génie industriel» ou «IC-Design» tous deux mettant l´accent sur des thèmes comme le traitement de l´information, la logistique, le contrôle de production et la protection de l´environnement. L´équipement de l´université partenaire a été considérablement amélioré et des appareils sophistiqués furent acquis.

On installa un réseau d´ordinateurs et un centre technique pour l´enseignement et la recherche. Dans le cadre du programme de formation approfondie des cours pour les enseignants eurent lieu ainsi que des séminaires de

7.1 Hochschulpartnerschaft Batna – TU Berlin

Das Projekt stützte sich auf ein Partnerschafts-Abkommen von 1984. Wie bei allen Projekten dieser Art bestand das Hauptziel darin, die Partner-Hochschule so zu stärken, dass diese zu einer eigenständigen Entwicklung befähigt wird und eine aktive Rolle in der regionalen und nationalen Entwicklung spielen kann.

Konkret zielte das Projekt auf die Ausbildung qualifizierter Fachkräfte im Bereich Elektrotechnik, insbesondere in den Fächern Mikro-Elektronik, Informationstechnik und Photovoltaik. Diese Studiengänge sind stark überlastet und die graduierten Absolventen finden nur schwer eine Arbeit

Weil die Ausbildung theorielastig ist und die entsprechenden Industriezweige höhere Anforderungen stellen, wurde vor allem die Postgraduierten-Ausbildung sowie Forschungs- und Entwicklungsaktivitäten gefördert. Dies sollte die Hochschule in die Lage versetzen, auch als qualifizierter Dienstleister – d.h. als Berater und Entwickler – in diesem Sektor aufzutreten.

Es wurden einige neue Postgraduierten-Studiengänge eingerichtet, vor allem „Genie Industriel" und „IC-Design". Wichtige Themen waren u.a.: Informationsmanagement, Logistik, Produktionssteuerung und produktionsintegrierter Umweltschutz.

Das Projekt hat die Sachausstattung der Universität erheblich verbessert und eine Reihe von Geräten beschafft. Es wurde ein Technik-Center mit Lehr- und Forschungs-Arbeitsplätzen sowie ein ein PC-Pool eingerichtet. Im Rahmen der Fortbildung wurden Dozenten geschult, Gruppen-Seminare durchgeführt und eine Reihe von Forschungaktivitäten initiiert.

7.1 Cooperation University of Batna – TU Berlin

This project is based upon a cooperation agreement from 1984. As in all projects of this kind the main objective was to strengthen the partner university in order to enable its selfsustained development and to promote its active role in the regional and national development process.

More precisely, the project aimed at postgraduate education of qualified specialists in electrical engineering and in particular in microelectronics, information technology and photoelectrics. The reason for this was that the courses in this field are critically overcrowded and that graduates without higher education have some difficulties in finding adequate jobs.

Usually the existing courses are too theoretical and do not fulfil the qualification requirements of the industrial sector. Therefore the project focussed on postgraduate education, research and technological development. Like other cooperation projects this one aimed at modernizing teaching and research and at enabling the partner university to act as a consultant in this sector.

New postgraduate courses were established, among these were the courses "Génie Industriel" and "IC-Design" both with emphasis on information management, logistics, production control and environmental protection.

The equipment of the partner university was improved considerably and some sophisticated instruments were acquired. A technical center with a number of work stations for teaching and research and a computer pool were installed. During a training programme lecturers were instructed and group seminars took place as well as joint

groupe. De plus on lança une série d´activités de recherche et des coopérations avec l´industrie électrotechnique ainsi qu´avec les institutions municipales et étatiques. Des séminaires pour créateurs d´entreprises furent également organisés.

Après la fin des versement de fonds de la GTZ, les contacts entre les partenaires continueront certainement, mais il est surtout important que l´université de Batna assure indépendamment la continuité des cours nouveaux et l´usage optimal des équipements. Dans ce domaine l´on peut regarder l´avenir avec sérénité, de plus l´université bénéficie de nombreux contacts avec des organisations de soutien nationales et internationales.

Ebenso wurde eine Zusammenarbeit mit der elektrotechnischen Industrie sowie mit staatlichen und kommunalen Einrichtungen eingeleitet. Auch Existenzgründer-Seminare fanden in diesem Rahmen statt.

Nach Ende der GTZ-Förderung ist für andauernde Kontakte zwichen der TU Berlin und Batna gesorgt. Wichtig ist aber vor allem, dass die Universität Batna in der Lage ist, die neu entwickelten Kurse und Einrichtungen selbstständig weiter zu führen. Die Hochschule kann sich dabei auf gute Kontakte zu nationalen und internationalen Förder-Organisationen stützen, was ebenso eine positive Prognose für die weitere Entwicklung der Universität Batna zulässt.

research activities with other central or local institutions. Seminars to set up small scale enterprises were also organized.

After the end of this project the contacts between the TH Berlin and the University of Batna will certainly continue. However, it is important that the partner university will now be able to promote its own development and to make full use of the new courses and equipment. The perspective of this development is quite good. Besides, Batna is already embedded in a close network of national and international contacts.

7.2 Compléter les cadastres

Ce projet se base sur la nécessité d´un cadastre complet et actuel pour d´une part résoudre les problèmes des agglomérations et du marché foncier pratiquement incontrôlable et pour que d´autre part la réforme économique entammée en 1987 puisse réussir. A ce jour seulement un tiers des surfaces agricoles est enregistré et la situation n´est guère meilleure au sein des villes. Compléter le cadastre est donc un objectif-clé pour le développement socio-économique du pays.
Le partenaire de coopération algérien est l´Agence Nationale du Cadastre (ANC). Cette institution

7.2 Förderung des Katasterwesens

Hintergrund dieses Projekts ist die Tatsache, dass die 1987 eingeleitete wirtschaftliche Reform sowie die Probleme der städtischen Ballungsräume und des unkontrollierten Bodenmarkts nur zu lösen sind, wenn es es aktualisierte und zuverlässige Boden- und Besitz-Kataster gibt. Gegenwärtig sind erst etwa ein Drittel der landwirtschaftlichen Nutzfläche erfasst, auch im städtischen Bereich gibt es noch einen enormen Rückstand bei der Grundstücks-Registrierung. Deshalb gehört der Ausbau des

7.2 Promotion of land registers

The background of this project is the fact that the problems linked with the economic reform of 1987, with urban agglomerations and uncontrolled real estate market, can only be solved if complete and up to date land registers exist. At the moment only one third of the agricultural land is properly registered, and almost the same deficit can be found in urban areas. Therefore the development of the land register capacity is an important area for further social and economic development.

est soutenue par des experts présents à court ou à long terme depuis 1995. Les points forts de la coopération sont l´introduction de méthodes et de techniques de cadastre modernes, les banques de données, le développement des institutions et le contrôle de qualité.

Un programme de formation fut instauré pour enseigner les méthodes et techniques modernes de cadastre. De plus des équipements de bureautique, des ordinateurs et des stations de photogrammétrie furent achetés.

Le renforcement des institutions de cadastre et la coopération entre celles-ci sont des buts que ce projet poursuit de concert avec d´autres projets de la coopération technique et le «Projet Documentation Foncière Générale» de la Banque Mondiale.

Du fait de la crise politique le projet dû être mené de l´étranger à partir de 1994, mais depuis 1998 le travail sur place a repris. La troisième phase visant à un renforcement continu de l´ANC et d´autres institutions de cadastre a été entamée. Le «groupe interprofessionnel foncier», un groupe de travail permanent formé d´institutions et de personnes actives dans le domaine du cadastre, doit lui aussi être consolidé.

Katasterwesens zu einer Schlüsselaufgabe bei der sozio-ökonomischen Entwicklung des Landes.

Algerischer Projektpartner ist die Agence Nationale du Cadastre (ANC). Diese Institution wird seit 1995 mit Langzeit- und Kurzzeit-Experten unterstützt. Im Mittelpunkt steht die Einführung moderner Kataster-Methoden und Techniken, darüber hinaus werden u.a. System-Management, Datenbanken, Organisations- und Qualitätsmanagement gefördert.

Im Aus- und Fortbildungsbereich standen moderne Kataster-Methoden und Techniken im Mittelpunkt. Es wurde auch eine umfangreiche Sachausstattung beschafft, u.a. Büroausrüstung, digitale Photogrammetrie-Stationen und PC-Peripherien.

Ein wichtiges Ziel ist die institutionelle Stärkung und eine enge Zusammenarbeit der einschlägigen Institutionen. Dabei arbeitet das Projekt auch mit anderen Projekten der TZ und mit dem Weltbank-Projekt „Projet Documentation Foncière Générale"zusammen.

Wegen der politischen Krise musste das Projekt ab1994 „ferngesteuert" werden, aber seit 1998 wird wieder vor Ort gearbeitet. Die 3. Projektphase hat begonnen, wobei es um die weitere Stärkung des ANC und der Grundbuchämter geht. Auch die „groupe interprofessionelle foncier" soll konsolidiert werden, wobei es sich um eine permanente Arbeitsgruppe von Institutionen und privaten Akteuren im Kataster-Bereich handelt.

The Algerian partner is the Agence Nationale du Cadastre (ANC). Since 1995 this instution has been supported by experts working for short or long terms. The important areas of cooperation are modern methods and techniques of land registering as well as system management, data banking, institutional development and quality control.

A training programme was implemented in order to qualify in modern land register methods and techniques. The equipment of the partner institution was also considerably improved, e.g. office and computer equipment and digital photogrammetric stations.

The project aims at strengthening the land register institutions and promoting close cooperation between these institutions. The project also cooperates with other technical cooperation projects and with the world bank project "Documentation Foncière Générale".

Because of the political problems, many of the planned project activities had to be put into practice in Germany starting in 1994. However, in 1998 German experts returned to Algeria to initiate the third phase of the project. This phase is intended to further strengthen the ANC and other land register institutions.

The "groupe interprofessionelle foncier" will also be consolidated in order to set up a permanent working group which includes all interested institutions and private representatives in this field.

7.3 Renouvellement urbain et amélioration de l´habitat

En Algérie, pendant la période socialiste, la planification, la production et la répartition des logements étaient monopolisées par l´Etat, car celui-ci devait fournir à tout citoyen ce qui était considéré lui revenir de droit : Une habitation.

Un point central était l´industrialisation de la production. Les grands immeubles d´habitation et les grattes-ciel, le plus souvent bâtis comme îlots urbains, étaient marqués par un déficit d´infrastructure urbaine et une qualité environnementale médiocre. La priorité étant donnée à la construction de nouveaux logements, l´entretien des édifices existants fut gravement négligé. Ainsi le besoin en logements de la population ne put être couvert malgré la construction de 1,2 million d´appartements.

Depuis les années 1980, l´Etat vend les appartements aux locataires à des prix dérisoires et beaucoup ont fait usage de cette opportunité. C´est donc aujourd´hui aux sociétés de copropriétaires de reprendre indépendamment l´administration des logements, mais le manque de moyens financiers et des incertitudes juridiques ont mené à une dégradation continue des immeubles et il s´avère difficile d´introduire des mécanismes d´économie de marché dans le secteur de l´habitat.

Le projet cherche donc à assurer la qualification des personnes-clé et à créer les conditions nécessaires à un assainissement des édifices et de l´environnement bâti, permettant ainsi un développement durable du secteur du logement. Les expériences faites avec la rénovation à grande échelle des ensembles d´habitation en Allemagne de l´est pourraient servir à cette fin.

7.3 Stadterneuerung und Verbesserung des Wohnungsbestands

In Algerien wurde während der sozialistischen Phase die Planung, Produktion und Bewirtschaftung der Wohnungen vom Staat monopolisiert. Die Wohnungsversorgung wurde als Grundrecht verstanden, wobei sich der Staat in der Pflicht sah, den Bedarf zu erfüllen.

Im Mittelpunkt stand die industrielle Produktion. Die Wohnblöcke und Hochhäuser, die in der Regel als isolierte „städtische Inseln" entstanden, zeigten erhebliche Mängel der städtischen Infrastruktur und des Wohnumfelds. Die Priorität lag beim Neubau, deshalb wurde die Instandhaltung in kritischer Weise vernachlässigt. So blieb – trotz dem Bau von 1,2 Millionen Wohnungen – die Wohnungsversorgung prekär und unzureichend.

Seit den 80er Jahren verkauft der Staat die Wohnungen an die Mieter, dies zu einem Bruchteil des Marktwertes. Viele Mieter haben davon Gebrauch gemacht und die neuen Eigentümer sind jetzt gefordert, die Verwaltung des Wohnungsbestands in eigene Regie zu übernehmen. Eine unsichere Rechtslage und Kapitalknappheit haben aber zu einer weiteren Degradierung des Bestands geführt und es erweist sich als schwierig, marktwirtschaftliche Mechnismen in diesem Sektor einzuführen.

Das Projekt zielt deshalb darauf ab, die wichtigen Akteure im Wohnungsmarkt zu qualifizieren und die Rahmenbedingungen zu schafffen, die zu einer nachhaltigen Sanierung der Bausubstanz und des Wohnumfelds notwendig sind. Dabei sollen auch die Erfahrungen, die bei der Erneuerung

7.3 Urban renewal and improvement of housing

During the socialist period the state monopolized planning, production and distribution of housing. Housing was understood to be a basic human right which had to be guaranteed by the state.

The industrialization of housing production was a central objective of this policy. High-rise buildings or multi-storey blocks were erected in isolated "urban islands", usually with deficient urban infrastructure and low environmental quality. Priority was on the mass production of buildings. Therefore the maintenance of the building stock was badly neglegted. As a result, in spite of the production of 1.2 million units the housing deficit became even worse and housing standards remained poor.

Since 1980 the government has sold the public housing stock to the tenants at a very low price. Therefore most families have already bought their flats and consequently, housing administration is now in charge of the new owners. However, so far unclear regulations and lack of money have contributed to further deterioration of the buildings. This shows clearly the difficulties in introducing market mechanisms in this sector.

The project intends to train the responsable persons within the housing sector and to create the necessary framework for a renewal and modernization programme, both for the buildings and for the built-up areas in order to launch a sustainable development.. Experience obtained in large-scale renewal programmes of public housing in East Germany is a valuable source of information for this project.

Au cours de la première phase, cinq ensembles d´habitations furent choisis et les personnes responsables localement furent formées pour assurer l´entretien et l´amélioration du bâti. Les points cardinaux de cette formation étaient :

- Planification et contrôle participatifs des mesures constructives ou urbanistiques;
- Organisation et contrôle de la planification d´après la méthode ZOPP;
- Développement d´un plan conceptuel comme instrument de participation et de réalisation;
- Parcellement pour permettre une définition claire des responsabilités
- Etablissement de standards pour l´entretien du bâti.

Dans une seconde phase du projet les expériences de la première phase serviront de base pour établir un cadre propice à la revalorisation des lotissements d´habitation, c´est-à-dire :

- Le cadre juridique et financier;
- La poursuite de projets-pilotes;
- L´instauration des formations de personnel pour le renouvellement urbain et des institutions nécessaires;
- Sensibilisation du milieu professionnel.

Le succès durable du projet dépend évidemment aussi des décisions politiques et des moyens mis en œuvre. Si tout deux sont adaptés, la revalorisation des lotissements d´habitation pourrait être étendue largement au-delà des projets-pilotes.

der Plattenbau-Siedlungen in Ostdeutschland gemacht wurden, genutzt werden.

In der 1. Phase wurden 5 Wohnsiedlungen ausgewählt und die lokalen Akteure im Hinblick auf die Erhaltung und Verbesserung der Bausubstanz ausgebildet. Dabei standen u.a. im Mittelpunkt:

- die partizipative Planung und Steuerung von städtebaulichen und baulichen Massnahmen;
- die Planungsorganisation und Projektsteuerung durch ZOPP;
- ein Rahmenplan als Instrument der Partizipation und Umsetzung;
- die Parzellierung als Voraussetzung einer klaren Verantwortlichkeit;
- Standards für die Instandhaltung des Bestands.

In einer zweiten Projektphase werden die Erfahrungen der ersten Phase genutzt, so dass nach Projektende ein funktionsfähiger Rahmen für die Aufwertung der Wohnsiedlungen geschaffen worden ist, u.a.:

- rechtliche und finanzielle Rahmenbedingungen;
- Fortführung der Demonstrativvorhanben;
- Aufbau von entsprechenden Organisationen und Qualifizierung von Fachkräften;
- Sensibilisierung der Fachöffentlichkeit.

Ein nachhaltiger Erfolg des Projekts hängt natürlich von politischen Entscheidungen und den bereitgestellten Mitteln ab. Ist beides in ausreichender Weise gegeben, so könnte die Aufwertung der Wohnsiedlungen über die Pilotprojekte hinaus erheblich ausgeweitet werden.

In the first phase 5 housing estates were selected and the local agents trained in urban renewal programmes. Some important aspects of this training programme were:

- participation, management and control of urban renewal activities;
- organization and control of the planning process by using the ZOPP method;
- development of a concept as an instrument for participation and implementation;
- a new pattern of land subdivision leading to clearly defined responsibilities;
- definition of standards for improvement and maintainance.

In the second phase the experiences of the first phase will be used to create a functioning framework for the efficient renewal of former public housing. This includes:

- the creation of the legal and financial framework;
- the continuation of the pilot project;
- the creation of the necessary institutions;
- the qualification of experts in urban renewal;
- the distribution of information on housing renewal.

Of course, any sustainable success of this project depends to a large extent on the political decisions and on financial resources which can be mobilized. Providing this happens, the pilot project could be extended considerably in order to include an increasing number of dilapidated housing estates.

7.4 Soutien au Département de Recherche Appliquée (DRA) du complexe sidérurgique SIDER

L´Algérie dispose de riches réserves de ressources naturelles, en particulier du pétrole, du gaz naturel et aussi, en quantité moindre, du minerai de fer. Etant donné que les produits d´acier, de fer et de métal doivent être importés en grandes quantités, le gouvernement cherche à accroître la production de fer et d´acier du pays et d´agrandir la palette des produits sidérurgiques algériens.

Le DRA-SIDER fut fondé en 1979 mais ne pu faire face à la difficulté et la multitude des tâches. Le but du projet était par conséquent de mettre le DRA en état d´assurer la recherche et le développement nécessaires à l´industrie sidérurgique algérienne.

Le DRA était donc le partenaire algérien de cette coopération qui eu lieu de 1993 à 2000. Le soutien fut assuré par un consultant à long terme et à travers les moyens financiers nécessaires à l´acquisition d´équipements tels qu´un spectromètre, des machines de contrôle des matériaux, de la littérature spécialisée ou autres.

Des programmes de formation intensifs furent organisés à l´université technique de Freiberg, au centre de recherche Oderbrücke ainsi qu´auprès d´autres institutions et entreprises françaises ou allemandes.

Le renforcement de la coopération dans la recherche avec la TU Bergakademie Freiberg, la plus vieille université allemande spécialisée dans ce domaine, permit au DRA de profiter de quelque expérience, par exemple au niveau de la protection de l´environnement (thème majeur de la coopération). Au total, 27 collaborateurs du

7.4 Förderung der Forschungsabteilung DRA des Eisenhüttenkomplexes SIDER

Algerien verfügt über große Rohstoffvorkommen, insbesondere Erdöl, Erdgas und Eisenerz. Da Eisen-, Stahl und Metallwaren in erheblichem Umfang importiert werden müssen, unternimmt die Regierung grosse Anstrengungen, die eigene Eisen- und Stahlproduktion zu erhöhen und die Produktpalette der im Land hergestellten Metallwaren zu erweitern.

Die DRA-SIDER wurde 1979 gegründet, konnte aber die wachsenden Aufgaben in diesem Bereich weder quantitativ noch qualitativ erfüllen. Das Ziel des Projekts war es deshalb, die DRA in die Lage zu versetzen, die von der algerischen Stahlindustrie gestellten Forschungs- und Entwicklungsaufgaben besser zu lösen.

Projektpartner des von 1993 bis 2000 laufenden Projekts war die Forschungsabteilung des Eisenhütten-Komplexes SIDER. Die Förderung erfolgte durch eine Langzeit-Fachkraft und durch die Beschaffung von Einrichtungen und Geräten (z.B. RFA-Spektometer, Materialprüfmaschine, wissenschaftliche Literatur, etc.).

Umfangreiche Aus- und Forbildungsmassnahmen für Partner-Fachkräfte wurden an der TU Freiberg, am Forschungszentrum Oderbrücke sowie an deutschen und französischen Forschungsinstituten und Industriebetrieben geleistet.

Durch die verstärkte Forschungskooperation mit der TU Bergakademie Freiberg konnte die DRA von der langjährigen Erfahrung dieser ältesten deutschen Montanuniversität profitieren. Dabei stellte der Umweltschutz ein wichtiges Thema dar.

7.4 Support of the research department DRA of the ironworks SIDER

Algeria has at its disposal rich natural resources e.g. petroleum, natural gas and, to a lesser degree, iron ore.

Products of iron and steel are imported in large quantities. Therefore, the government is pressing for the increase of local iron and steel production and the widening of the range of local hardware.

DRA-SIDER was created in 1979, but soon proved to be unable to fulfil its requirements in quantitative and in qualitative terms. Therefore, the project aimed at improving the capacity of DRA in respect to efficient research and product development.

From 1993 to 2000 the Algerian partner was DRA, the research department of the ironworks SIDER. A long term consultant gave support to this institution, also research equipment and instruments were sponsored (e.g. scientific literature, metal control machine, RFA-spectometer).

Intensive training programmes were organized at the University of Freiberg at the research center Oderbrücke and at other German and French institutes or companies. Three joint research projects were started with the TU Bergakademie Freiberg, which is the oldest German university specializing in this sector. The protection of the environment was an important aspect in the research.

Altogether 27 counterparts of DRA and other productive units of SIDER received intensive training at the research and qualification center Oderbrücke in quality management, quality audit and certification.

DRA et de différentes parties de SIDER suivirent une formation auprès du centre de recherche et d´enseignement d´Oderbrücke dans les domaines gestion de la qualité, surveillance de la qualité et certification.

Durant la première phase du projet (1993-1996), les prestations furent :

- Elaboration d´un concept de formation approfondie;
- Fourniture d´équipement scientifique technique;
- Instauration de coopérations de recherche.

La situation politique provoqua un changement de concept et un repli d´une grande partie des activités de préparation et de formation sur l´Allemagne. Le programme pu cependant être poursuivi grâce à des contact étroits et des séjours réguliers.

Au cours de la deuxième phase (1996-2000), la coopération dans la recherche fut intensifiée, surtout dans les domaines analyse des conditions d´environnement, amélioration de la qualité des produits et gestion de la qualité.

La restructuration de SIDER en 1995 mena à la création de 24 unités autonomes. Le DRA est devenu le Centre de Recherche en Sidérurgie Métalurgie (CERSIM), financé à 20% par l´Etat. La formation des collaborateurs du DRA devrait rendre l´institution apte à jouer un rôle de consultant dans la recherche et dans le développement non seulement pour le SIDER mais aussi pour des entreprises externes. Le CERSIM pourrait ainsi s´établir comme une entreprise de service efficace dans le secteur sidérurgie/métalurgie.

Insgesamt wurden 27 Mitarbeiter von DRA und SIDER zum Forschungs- und Qualifikationszentrum nach Oderbrücke geschickt, um eine Ausbildung auf den Gebieten Qualitätsmanagement, Audit und Zertifizierung zu absolvieren.

In der ersten Phase (1993-96) wurden u.a. folgende Aktivitäten realisiert:

- Erstellung eines Fortbildungs-Plans;
- Lieferung der technisch-wissenschaftlichen Geräte;
- Etablierung von Forschungskooperationen.

Die politische Lage erforderte eine Konzeptänderung, wobei ein grosser Teil der Management- und Ausbildungs-Aktivitäten nach Deutschland verlagert wurde. Durch regelmässige Besuche konnte jedoch das Programm weitgehend realisiert werden.

In einer 2. Phase (96-2000) wurde die Forschung intensiviert, dies vor allem im Hinblick auf Umweltanalyse, Verbesserung von Produkten, Qualitätsmanagement, u.a.

Die Umstrukturierung von SIDER 1995 hat zu 24 semi-autonomen Einheiten geführt. Die DRA ist nun ein nationales Forschungszentrum (CERSIM), das zu 20% vom Staat finanziert wird. Es kann erwartet werden, dass die Aus- und Fortbildung diese Institution in die Lage versetzt hat,Beratung und Dienstleistungen nicht nur für SIDER, sondern auch für externe Unternehmen anzubieten und sich auf diese Weise als ein effizientes Dienstleistungsunternehmen zu etablieren.

In the first phase of the project the following activities were started:

- a training programme;
- acquisition of technical equipment;
- implementation of research activities.

The political situation required a change of programme and many of the joint management and training activities had to be put into practice in Germany. However, due to frequent contacts the original programme could be implemented to a large extent.

During the second phase (1996-2000) the research cooperation was intensified and focussed on subjects like environmental aspects, quality improvement of products, efficient quality management, etc.

In 1995 SIDER was reorganized, creating 24 semi-autonomous units. DRA has now a status of a national research center (Centre de Recherche en Sidérurgie Métallurgie, CERSIM), 20% of which is financed by the Government.

Thus the training activities have enabled DRA to act as a research and development consultant not only for the SIDER, but also for other companies in this sector. Thus, DRA will be firmly established in the iron and steel sector by offering qualified consultancy and other services.